高等职业教育公共课系列教材

职业沟通能力提升实训教程

编著 苗杰

中国轻工业出版社

图书在版编目（CIP）数据

职业沟通能力提升实训教程 / 苗杰编著. —北京：中国轻工业出版社，2024.8

高等职业教育公共课系列教材

ISBN 978-7-5184-0724-8

Ⅰ. ① 职… Ⅱ. ① 苗… Ⅲ. ① 心理交往 - 能力培养 - 高等职业教育 - 教材 Ⅳ.① C912.1

中国版本图书馆CIP数据核字（2015）第309446号

责任编辑：张文佳　李金慧　　责任终审：劳国强　　制作设计：锋尚设计

策划编辑：张文佳　　　　　　责任校对：晋　洁　　责任监印：张京华

出版发行：中国轻工业出版社（北京鲁谷东街5号，邮编：100040）

印　　刷：三河市万龙印装有限公司

经　　销：各地新华书店

版　　次：2024年8月第1版第12次印刷

开　　本：787 × 1092　1/16　印张：13.75

字　　数：350千字

书　　号：ISBN 978-7-5184-0724-8　定价：39.80元

邮购电话：010-85119873

发行电话：010-85119832　010-85119912

网　　址：http：//www.chlip.com.cn

Email：club@chlip.com.cn

241440J2C112ZBW

前 言

信息时代的两大显著特点就是知识大爆炸和沟通无极限，处在这样时代中的我们似乎在持续沟通中不断追求高效能。沟通能力则成为一名合格的职业人的必备能力，更因其具有巨大的效益潜能而备受重视。在这样的背景下，侧重沟通能力培养与提升的培训教材和培训课程的大量涌现也算是顺应了时代需求。

作为职业沟通类课程的一名教员，在深入认识到沟通能力的重要性和人们提升能力的迫切程度后，同样也困扰于究竟怎样的教学方式才最适用。目前我们正在探索与实践一种以“行为导向”为特点的“GECU”教学模式。GECU（Guide，Experience，Comments，Understanding）教学模式其实是在教学中一种竭力追求课堂吸引力，强调学员参与度，寓教于乐的项目化教学模式。它高度强调课堂设计，目的是让学生们在“做”的过程中“悟”，通过“悟”达到“会”和“用”的教学效果。这种教学模式适用于侧重能力培养的通识类课程。正是基于这种教学模式才开发和编写了这本更偏重实际操作与领悟力的教材。

本教材仍主要采用项目引导，任务驱动型的编写方式，全书共包含7大项目，25项具体任务，内容全面覆盖了沟通再认知、语言沟通技巧、非语言沟通的控制、人际沟通技巧、工作中的沟通技巧、团队沟通和网络沟通技巧等多方面的内容。

本教材在编写过程中，注重“动静结合”。在展示具体任务所涉及知识点之前安排了“引导活动”的环节，主要是通过设计一个实操性较强的活动或情境，让学生全情投入与参与，并将所“悟”之“理”外化展示。这种突出“行为导向”理念的“动感”课堂设计，既可以调动学生的积极性和主动性，提升学生间的交流频率，活跃思维，把学生从网络世界拽回现实，更可以培养他们思考问题、团队合作以及语言表达等多方面的意识与能力。在具体任务的知识点之后，则安排了对应主题的典型“案例分析”，通过文字表述引发学生进一步的“静态”思维。这种“动静结合”的教材设计目的在于让教师感觉课堂“可控”，培养教师的实际操作设计倾向，让学生感觉课堂“有事可做、有理可获”，一举两得。

此外，教材还注意利用图片、表格、视频等形象化工具加深学生的印象，针对某些知识点设置“小故事”，力求将知识点讲解到位，并且在每个大项目最后设置了“自我测评”，帮助学生提升自我认知程度，这些设计进一步增加了教材的可操作性、趣味性和可读性。

本教材的建议教学时数为40学时，其中项目一4学时，项目二7学时，项目三5学时，项目四8学时，项目五8学时，项目六4学时，项目七7学时。教材使用者可根据各自的实际授课课时情况对内容进行酌情增减。

本教材是在编者结合教学经历撰写的多次讲稿的基础上编写而成的，其中的内容参考和借鉴了大量相关的教材、专著、论文和网络资料，许多地方没有一一注明出处，在此一并表示衷心的感谢。

本教材既可供高职高专在校生作为基础职业素养提升的教科书使用，也可作为社会上职业沟通外训或企业内训的培训教程，也可为刚踏入职场的新人及在职商务人员逐步提升个人职业沟通能力所阅读和借鉴。

由于时间与编者水平有限，本教材的错漏之处在所难免，敬请使用本教材的广大教师和学员们提出宝贵意见，以利于本教材的持续改进。谢谢！

编者电子邮箱：mj318@163.com

苗杰

2015年10月于青岛

目 录

项目一
沟通再认知

沟通是人类交换信息、获取信息、建立关系、生存发展所必不可少的一种能力。在如今经济全球化、网络一体化、信息大爆炸的时代，沟通能力更受重视，沟通成为职场人士必备的一项基本技能。戴尔·卡耐基说“一个人事业上的成功，只有15%是由于他的专业技术，另外的85%要依靠人际关系、处世技巧。软与硬是相对而言的。专业的技术是硬本领，善于处理人际关系的交际本领则是软本领”。正视沟通效能，运用沟通技巧，不断提升自身沟通能力已成为当今职业人必须面对的新课题。

任务一　明确沟通的含义、层次和类型

任务目标

明确沟通是信息和情感的交流，正视沟通现象的普遍存在，培养主动沟通的意识，切实理解沟通的双向性，养成"说、听、问、看"相结合的良好沟通习惯。

参考学时　2学时

引导活动 1　特色组队

活动要求

1. 学员自由组合，6~7人组合为一队。
2. 选出队长或组长。
3. 商定本队的队名。
4. 活动时间：15分钟，完成后汇总上交。
5. 该组一旦形成即为固定搭配，以后不得随意变更。以小组为单位完成的实训任务，小组成绩即为个人成绩。小组成员轮流承担公开汇报工作。
6. 感受分享：每组派1名队员分享组队感受，可围绕队员的组合方式，如何选择的队长，命名过程及队名含义等诸多问题展开。

知识支撑

一、沟通的含义

在我们的生活中，沟通几乎随时随地都在发生，如影随形。教师授课、学生听课，与人聊天、打电话、谈恋爱、浏览书籍、阅读信件、上网、求职、拜访、接待……可以说几乎生活中的每个环节都离不开沟通。人们通过沟通学会成长，解除内心的紧张与怨恨，使心情舒畅、性格完善、促进彼此的了解，改善相互的关系。

那到底什么是沟通呢？沟通的具体含义又是什么呢？

在汉语中，《现代汉语词典》对"沟通"的解释是使两方能通连。沟通一词最早本指开沟以使两水相通，《左传・哀公九年》有曰："秋，吴城邗，沟通江淮"。后来用以泛指使两方相通连，也指疏通彼此的意见。

在英文中，沟通（communication）这个词来源于拉丁语词根common（共有、共同）。《大英百科全书》对"沟通"的解释是"用任何方法，彼此交换信息，即指一个人与另一个人之间用视觉、符号、电话、电报、收音机、电视或其他工具为媒介，所从事交换信息的方法。"

综合起来看，多年来人们对"沟通"形成的诸多不同的定义大致可以分为两种：

一种是强调信息的单向传播和送达，他们认为，"沟通可视为一种程序，借此程序，组织中的每一成员，将其所决定的意见或前提，传送给其他有关成员。"

另一种则认为沟通是信息发送者和信息接收者共享信息的过程，即强调信息传递的双向性。

当然本教材中倾向于第二种观点，认为沟通可定义为：

沟通是发送者凭借一定的渠道（也称媒体和通道），将信息发送给既定对象（接收者），并寻求反馈以达到相互理解的过程。

职业沟通则是指人在职场中，人与人之间用语言、文字等符号交流信息、交流思想和情感来达成职业活动的双向互动过程。

二、沟通七要素

通过沟通的含义，结合沟通实例，可以发现任何沟通都包含七个要素，即发送者、接收者、信息、渠道、反馈、噪声、环境。这七要素在沟通中互相制约，共同构成和影响着沟通效果。

1. 发送者

发送者是指信息的发送者，是沟通过程的主要要素之一。发送者是利用生理或机械手段向预定对象发送信息的一方，其既可以是个人，也可以是组织。发送者的主要任务是信息的收集、加工和传播。

2. 接收者

接收者是发送者的信息传递对象。人们要分享信息、思想和感情，所以才要进行沟通。然而这种分享不是一种单向的过程，这个过程可逆向进行。很多情况下，发送者和接收者可在同一时间内既发送信息又接收信息。接收者的主要任务就是接受发信者的思想和情感，并及时地把自己的思想和情感反馈给对方。

3. 信息

信息是发送者所发送的内容，是由发送者与接收者分享的思想和情感组成的。所有的沟通信息都是由语言和非语言两种符号组成的，思想和情感只有在表现为符号时才能得以沟通。

语言中每一个词都是表示某一种特定事物或思想的语言符号，非常复杂。例如我们理解饥饿、挫折、伤害这些词时差别巨大，怎么解释这些词是由我们的经验决定的，因为人们的经验在一定程度上是有区别的，所以自然赋予这些词的含义也就不同。

我们还用非语言符号进行沟通，如面部表情、手势、姿态、语调和外表等。像语言符号一样，我们给非语言符号也赋予了特定的含义。打呵欠意味着厌烦或疲倦，皱眉头表明疑虑，不看着别人的眼睛可能是隐瞒着什么秘密等。很多时候我们的某些非语言行为会发出甚至连我们自己也意识不到的信息。

4. 渠道

渠道是信息经过的路线，是发信者把信息发出和接受者接受和反馈信息的手段。在面对面的沟通中，渠道主要是声音和视觉。大家熟悉的大众媒体中包括有：电子类传播媒体，如广播、电视、电影、电话、传真、网络；印刷类传播媒体，如报纸、杂志、书籍、传单等；其他传播媒体，如实物、模型、广告牌、灯箱、旗帜等；另外，经常性的会议、记者招待会、演说、报告、备忘录等都是重要的信息媒体。信息发送者要借助这些媒体将所要发送的信息传递给接收者，因此可以说，这些媒体就是信息经过的路线（渠道）（表1-1）。

渠道的主要任务是保证沟通的双方信息所经过的路线畅通。渠道在沟通过程中有着举足轻重的地位。所以在日常的商务活动中，渠道的选择方式必须尽可能符合信息的性质和传递的有效性。对于十分紧急和重要的信息，显然不宜采用备忘录的传递方式，而员工绩效评估结果的公布，采用口头表达的形式，就易失其严肃性和权威性。

表1–1 各种沟通媒体比较表

沟通方式	应用场合	优点	缺点
书面	布告、文件、信件、报告等	持久、有形，可以核实	效率低、缺乏反馈
口头	讲座、讨论会、交谈、电话	快速反馈、快速传递、信息量大	传递中间层次多，信息易失真、核实困难
电子媒体	电子邮件、传真、计算机网络	快递传递、信息容量大、远程传递方便、价廉	单向，电子邮件主交流，但无表情交流
非语言	体态（手势、胶体动作、表情）、语调、各种声、光信号	信息意义明确，内涵丰富	传递距离有限，界限含糊，可意会不可言传

5. 反馈

反馈是接收者接收到发信者所发出的信息，通过消化吸收后，将产生的反应传达给发送者的过程。例如，我给你讲一个笑话，你付之一笑，这就是反馈。沟通实质上不是行为而是过程。这意味着沟通的每一个阶段都要寻求受众的支持，更重要的是给他们回应的机会。通过反馈，才能真正使对方对沟通的过程和有效性加以正确把握。在沟通过程中，反馈可以是有意的，也可以是无意的，如教师在讲台讲课时就存在一个与学生之间的沟通过程，学生可能以不回应老师提问的方式表达不满，也可能以疲惫、精神不集中这种无意间的神情和表情的流露反馈他们对教师讲解的内容和方式不感兴趣。所以在沟通中，反馈是非常重要的一环，反馈让所有发信者得知对方是否接受和理解他所发出的信息，了解对方的感觉。

6. 噪声

噪声是沟通过程中的干扰因素，它是理解信息和准确解释信息的障碍，可以说妨碍信息沟通的任何因素都是噪声。噪声发生在发送者和接收者之间，可分为三种形式：外部噪声，来自于外部环境；内部噪声，来自发送者和接收者的头脑中；语义噪声，来自于语词的多维含义。

7. 环境

沟通均在具体的环境中发生。环境能对沟通产生重大影响，正式的环境适合于正式的沟通。例如，礼堂就是演讲和表演的好地方，但对于交谈就不合适；如更亲密的交谈，最好在一个较小和更舒适的房间里进行，在那里可以面对面地坐着交谈。根据环境的不同特点，沟通环境大致可归纳为以下四种：

（1）物理环境。物理环境指沟通发生的场所。一则小道消息在嘈杂的市场听到与以电话方式告知对方的效果截然不同，前者常显示出随意性，而后者却体现其私密性；在一个千人礼堂演讲与在自己办公室慷慨陈词，其气氛和沟通过程大相径庭。

（2）心理环境。心理环境是指沟通双方的情绪和态度。它包含两个方面的内涵。其一是沟通者的心情、情绪，处于兴奋、激动状态与处于悲伤、焦虑状态下，沟通者的沟通意愿、沟通行为是截然不同的，后者往往沟通意愿不强烈，思维也处于抑制或混乱状态。其二是沟通者对对方的态度。如果沟通双方彼此敌视或关系淡漠，沟通则常由于偏见而出现误差，双方都会较难理解对方的思想。因此，对同一信息，在心情不同的情形下往往会反馈出不同的态度。

（3）社会环境。社会环境指沟通双方的社会角色关系。对不同的社会角色关系，有着不同的沟通模式。上级可以拍拍你的肩头，告诉你要以厂为家，但你绝不能拍拍他的肩头，告诫他要公而忘私。因为对应于每一种社会角色关系，无论是上下级关系，还是朋友关系，人们都有一种特定的沟通方式预期，只有有关沟通在方式上符合这种预期，才能得到人们的接纳。但是，这种社会角色关系也往往成为沟通的障碍，如下级往往对上级投其所好，报喜不报忧等，这就要求上级能主动改变、消除这种角色预期带来的负面影响。另一方面，社会环境还包括沟通情境中对沟通发生影响但不直接参加沟通的其他人。如上司在场与否，或竞争对手在场与否，自己的措辞、言谈举止是大不相同的。

（4）文化环境。文化环境指沟通者长期的文化积淀，也是沟通者较稳定的价值取向、思维方式、心理结构的总和。由于它们已转变为精神的核心部分而为我们自动保持，是思考、行动的内在依据。因此，通常人们体会不到文化对沟通的影响。实际上，文化影响着每一个人的沟通过程，影响着沟通的每一个环节。当不同文化发生碰撞、交融时，人们往往能发现这种影响，外企工作人员可能对此深有体会。例如，在美国等西方国家中重视和强调个人，沟通风格也是个体倾向的，并且直言不讳，对于组织内部的协商，美国管理者习惯于使用备忘录、布告等正式沟通渠道来表明自己的看法和观点。而在日本等东方国家，人际间的相互接触相当频繁，而且更多是非正式的，一般来说，日本管理者针对一件事先进行大量的口头磋商，然后才以文件的形式总结已做出的决议。这些文化差异使得不同文化背景下的商务人员在协商、谈判过程中遇到不少困难。这反映了不同的社会角色及文化差异对同一信息的价值取向的不同，由此要求沟通的双方，必须站在对方的立场、尊重对方的民族习惯与其进行信息的交流，不能超越社会角色与忽视文化差异去进行沟通。

引导活动 2 绘制沟通框架二维图

活动要求

1. 请大家以上文沟通七要素的具体描述为基础，绘制一幅沟通框架图，向我们展示一个完整的沟通行为环。
2. 以小组为单位讨论并完成绘制。
3. 在A3纸上绘制一幅沟通框架二维图，力求准确体现要素之间的关系。
4. 在框架图下方写出七要素的含义。
5. 以小组为单位进行二维图展示，并选择一名组员代表小组向大家做讲解。

备注：本次活动时间为15~20分钟，全员参与，合理分工，即时完成，并保证二维图中有每位成员的笔迹出现。

三、沟通的层次

人类生活中充满着各种各样的沟通行为或沟通活动，这些沟通的深入与否、效果好坏、效率高低主要取决于沟通所能达到的层次。

根据沟通的定义，可以将沟通分为以下四个层次。

1. 信息的传递

沟通首要的是实现信息的传递，也就是说如果信息没有传达给既定对象，则意味着沟通没有发生。信息是事物现象及其属性标识的集合，是无形的，它以物质介质为载体，传递和反映世界各种事物存在的方式和运动状态的表征。在沟通过程中发送者将信息编码成符号（例如文字、数字、图像、声音、表情、动作等）并通过一定的渠道传递出去，这就是沟通的第一个层次。如果渠道不通或信息发送者编码错误则意味着沟通的第一个层次没有达到。当然后果就是接收者没有收到信息或收到的信息失真。

为了避免沟通时的信息失真，一个良好的沟通者既要做到传递信息准确，也要保证信息传递的渠道畅通。沟通者在传递信息时，要注意信息的完全性，客观性，不能有所遗漏、曲解、增加。在这一点上要特别注意谨慎区别基于推论的信息和基于事实的信息。例如“小刚把腿架在桌子上”和“小刚在偷懒”是两个人对同一现象做出的描述，前一句是描述现象具体细节，是基于事实的信息，而后一句显然是一个主观判断。两句话在信息内容上有本质的区别。渠道畅通也是信息传递的物质基础，渠道封闭或不畅，势必影响信息传递的效果。比如在手机通讯信号覆盖不到的偏远地区，即使有手机也无法接收或发送任何手机短信或电话。

小游戏

游戏规则：

①选择一个人作为信息发送者，请这个人在两张纸条上写上同一句话或画上同一幅画。

②以10人为一组进行分组，10个人分列两排站好，两排的间隔距离稍大，以免互相干扰。

③请两组中的第一个人认真阅览纸条上的内容，之后每组人从前至后逐次将纸条所含信息进行传递。

④分别对比一下两组的第一个人和最后一个人接收到的信息是否一致。如果不一致，请参与者讨论一下问题出在哪儿。

2. 信息不仅被传递到，还要被充分理解

沟通不仅仅是实现信息的传递，更要求传递的信息被充分理解。如果信息接收者对信息的理解与信息发出者不一致，这次沟通就是失败的、无效的。有效的沟通应该是信息经过传递后，接收者所感知到的信息与发送者发出的信息完全对等。但值得注意的是，由于信息是无形的，在沟通过程中，沟通者之间传递的只是代表信息的一些符号，而不是信息本身。发送者把信息编码成符号传递出去，接收者再进行解码。由于每个人头脑中的“信息—符号储存系统”各不相同，所以不同的人对同一符号就会存在不同的理解。

小故事

有一次，法国作家大仲马去德国的一家餐厅吃饭，他想尝尝有名的德国蘑菇，可是服务员听不懂法语，而他又不会说德语，大仲马灵机一动，在纸上画了一幅蘑菇图交给服务员，服务员一看，恍然大悟，飞奔出去。大仲马拈须微笑，心想服务员终于明白了自己的意思。谁知过了一刻钟，服务员气喘吁吁地跑来，却递给他一把雨伞。

3. 所传递的信息被对方接受

这是沟通的更高层次，但是信息被对方接受，这只是我们追求的目标，而不能成为判断沟通是否高效的标准。事实上，沟通双方能否达成一致协议，别人是否接受我们的观点，往往并不是沟通是否良好、是否有效这一个因素决定的，它还涉及双方根本利益是否一致、价值观是否相同等其他关键因素的影响。例如，在谈判过程中，即使沟通过程中不存在任何噪声干扰，双方谈判技巧十分娴熟，双方都能完全理解对方的意思，如果双方存在根本利益的冲突，往往谈判也不能成功。生活中购物时的讨价还价和能否成交也都能说明这一点。当沟通达到第二个层次，可称为有效沟通。若要想达到高效沟通，则需进入下一层次。

4. 引起对方反响

沟通的目的不是行为本身，而在于结果。如果对方在接收、理解信息的基础上，能够从心理上接受这个信息，并改变行为和态度，那么沟通可以产生预期的效果，这样沟通的整体目标可以得到最完美的实现。

通过分析沟通的四个层次，我们可以通过图1–1展示一下有效沟通和高效沟通的区别与联系。

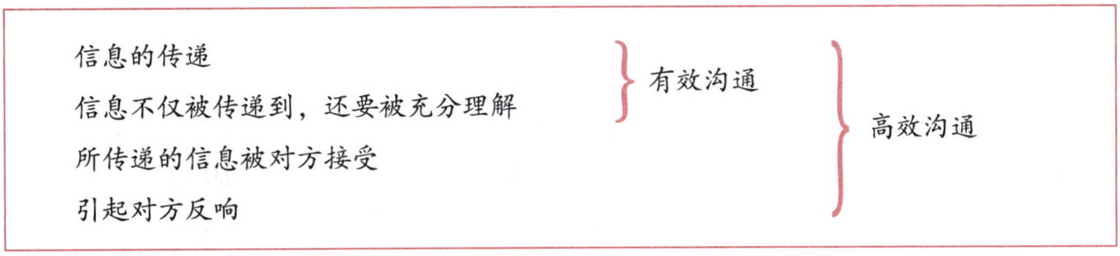

图1–1　沟通层次图

四、沟通的类型

根据不同的划分标准，可以把沟通分成不同的类型，常见的分类有如下几种。

1. 根据信息载体的不同沟通可分为语言沟通和非语言沟通

（1）语言沟通。语言沟通建立在语言文字的基础上，又可细分为口头信息沟通和书面信息沟通两种形式。

①口头信息沟通。人们之间最常见的沟通方式就是交谈，即口头信息沟通。口头信息沟通方式灵活多样，既包括演讲、正式的一对一讨论或小组讨论，也包括非正式的讨论以及传闻或小道消息传播等。

口头信息沟通是所有沟通形式中最直接的方式。它的优点是快速传递和即时反馈。在这种方式下，信息可以在最短时间内被传递，短时间内得到对方回复。如果接受者对信息有疑问，迅速地反馈发送者及时检查其中不够明确的地方并进行改正。

口头信息沟通的缺点是口说无凭，沟通范围有限，随机性强，而且存在巨大的失真的可能性。每个人都以自己的偏好增减信息，以自己的方式诠释信息，当信息经长途跋涉到达终点时，其内容往往与最初的含义存在重大偏差。如果组织中的重要决策通过口头方式，沿着权力等级链上下传递，则信息失真可能性相当大。

②书面信息沟通。书面信息沟通包括信函、报告、备忘录等其他任何传递书面文字或符号的手段。书面记录具有有形展示、长期保存、有据可查、逻辑性强、条例清楚、容易复

制、便于大规模传播等优点。一般情况下，发送者与接收者双方都拥有沟通记录，沟通的信息可以长期保存下去。如果对信息有疑问，过后的查询是完全可能的。对于复杂或长期的沟通来说，这尤为重要。例如一个新的投资计划的确定可能需要好几个月的大量工作，以书面方式记录下来，可以使计划的构思者考虑更周全，在今后的实施过程中有一个依据。

（2）非语言沟通。美国心理学家艾伯特·梅拉比安经过研究认为：人们在沟通中所发送的全部信息仅有7%是通过语言来表达的，而93%的信息是通过非语言来表达的。

非语言信息通常包括副语言、身体语言以及物体的操纵等。因此非语言沟通又可对应着分为三种：副语言沟通是指通过非语词的声音、语调、语速的变化来实现的信息传递和交流。比如“讨厌”一词可能由于语调不同，表达出不同的信息，有可能仅是口头禅，也有可能是撒娇，语调生硬则表示反感和憎恶。身体语言沟通是指人们通过人的肢体动作、行为、面部表情等来进行信息传递和理解，而物体操纵则是指人们通过物体的运用和环境布置等手段进行的非语言沟通。日常生活中，客人常常通过观察主人的办公室或住所的房间布置、装饰等，来获得其性格、爱好、修养、财力等各个方面的信息。国外有关研究证实，学生对课堂讨论的参与度直接受到学生座位的影响，以教师讲台为中心，座位越居中心位置的学生对于课堂讨论的参与度也越大。

2. 根据沟通所涉及的范围不同分为自我沟通、人际沟通和群体沟通

（1）自我沟通也称内向沟通，既信息发送者和信息接受者为同一个行为主体，自行发出信息，自行传递，自我接收和理解，比如通过各种方式进行的自我肯定、自我反省等（图1–2）。

（2）人际沟通是指在两个人之间的信息交流过程，最大的特点是有意义的互动性，即人际沟通必须是两个人之间的，有信息的发送者及接收者，同时有传播信息的媒介，并且双方能达成理解上的一致。

（3）群体沟通，又叫小组或者团队沟通，是指在三个及以上的个体之间进行的沟通。个体和群体之间以及群体和群体之间的一对多、多对多的正式或非正式沟通，比如会议、演讲、谈判等，都属于群体沟通。

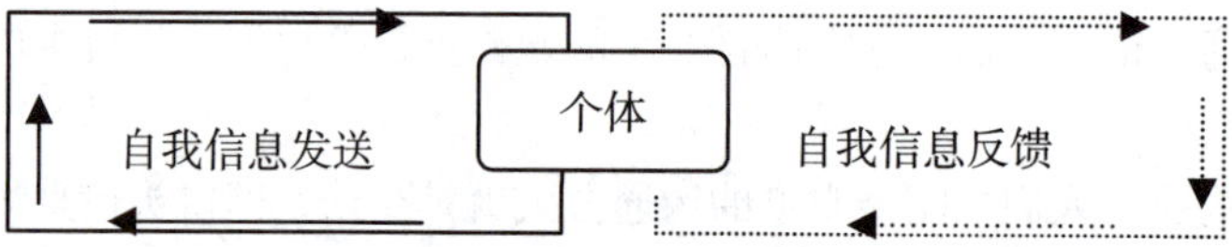

图1–2　自我沟通模式图

3. 根据沟通的方式和手段不同可分为正式沟通和非正式沟通

（1）正式沟通，就是按照组织结构所规定的路线和程序进行的信息传递与交流，如组织间的公函往来、组织内部的文件传达、汇报制度、例会制度等。正式沟通的优点是沟通效果好，有较强的约束力，可使内部各项工作保持一定的权威性。重要的信息和文件、组织的决策等一般都采用正式沟通的渠道传递。其缺点是信息层层传递，沟通速度慢，缺乏灵活性。

（2）非正式沟通，就是运用组织结构以外的渠道所进行的信息传递与交流，如员工之间的私下交谈、朋友聚会时的议论以及小道消息等。非正式沟通的优点是沟通方便，沟通速度快，能够提供一些正式沟通中难以获得的“内幕新闻”。其缺点是沟通难以控制，传递信息不确切，容易失真，而且还有可能导致小集团、小圈子的滋生，影响组织凝聚力和人心稳定。

除上述这些分类以外，还有单向沟通和双向沟通；上行沟通、下行沟通和平行沟通；人际沟通、组织沟通和跨文化沟通；直接沟通和间接沟通等，它们都是从不同的角度得出的分类，此处不再细致说明。

案例分析

案例一

世界上最愚蠢的银行

2008年9月15日上午10点，美国雷曼兄弟公司向法院申请破产保护，消息瞬间传遍全球。令人匪夷所思的是，德国国家发展银行居然在10分钟后，按照外汇掉期协议，通过自动付款系统，向雷曼兄弟公司即将冻结的银行账户转入了3亿欧元。毫无疑问，这笔款项有去无回。

转账风波曝光后，德国社会大为震惊，舆论哗然。普遍认为：这笔损失不该发生，因为此前雷曼兄弟公司破产的消息已经满天飞，德国国家发展银行事前应该做好防范措施才对。德国销量最大的报纸指责为“最愚蠢的银行”。财政部长发誓：一定要查个水落石出，严惩责任人。

短短10分钟里，德国国家发展银行内部到底发生了什么事情，导致出现发生如此愚蠢低级的错误？一家法律事务所受财政部的委托，进行了全面调查。几天后他们向国会和财政部递交了调查报告，记录了相关人员在这10分钟里忙了些什么。答案就在这里面，看看他们忙了些什么：

首席执行官乌尔里奇·施罗德：我知道今天要按照协议预先的约定转账，至于是否撤销这笔巨额交易，应该让董事会开会讨论决定。

董事长保卢斯：我们还没有得到风险评估报告，无法及时做出正确的决策。

董事会秘书史里芬：我打电话给国际业务部催要风险评估报告，可那里总是占线，我想还是隔一会儿再打吧。

国际业务部经理克鲁克：星期五晚上准备带上全家人去听音乐会，我得打电话提前预订门票。

国际业务部副经理伊梅尔曼：忙于其他事情，没有时间去关心雷曼兄弟公司的消息。

负责处理与雷曼兄弟公司业务的高级经理希特霍芬：我让文员上网浏览新闻，一旦有雷曼兄弟公司的消息就立即向我报告，当时我正要去休息室喝杯咖啡。

文员施特鲁克：10：03，我在网上看到了雷曼兄弟公司向法院申请破产保护的新闻，马上就跑到希特霍芬的办公室，可是他不在，我就写了张便条放在办公桌上，我想他回来后会看到的。

结算部经理德尔布吕克：今天是协议规定的交易日子，我没有接到停止交易的指令，那就按照原计划转账吧。

结算部自动付款系统操作员曼斯坦因：德尔布吕克让我执行转账操作，我什么也没问就做了。

信贷部经理莫德尔：我在走廊里碰到了施特鲁克，他告诉我雷曼兄弟公司破产的消息，但是我相信希特霍芬和其他职员的专业素养，一定不会犯低级错误，因此也没必要提醒他们。

公关部经理贝克：雷曼兄弟公司破产是板上钉钉的事，我想跟乌尔里奇·施罗德谈谈这件事，但上午要会见几个克罗地亚客人，等下午再找他也不迟，反正不差这几个小时。

请大家针对上述案例交流并讨论一下造成这种损失和后果的主要原因是什么？从这个案例中你获得的最深感受又是什么？

案例二

史上最牛女秘书

瑞贝卡（Rebecca）无论如何也没有想到，她对老板一封指责邮件的回复，会引起如此轩然大波，并使她一夜成名，被网民封为“史上最牛女秘书”。

2006年4月7日晚，EMC大中华区总裁陆纯初回办公室取东西，到门口发现自己忘记带钥匙，而此时他的秘书瑞贝卡已下班。陆试图联系未果，非常恼怒。在次日凌晨，陆通过内部电邮系统用英文发了一封措辞严厉的“指责邮件”，告诫她下次要在确保其服务的主管无事后，方能离开。陆同时将这封邮件抄送给了公司的其他几位高管。

原文如下：

Rebecca, I just told you not to assume or take things for granted on Tuesday and you locked me out of my office this evening when all my things are all still in the office because you assume I have my office key on my person.

With immediate effect, you do not leave the office until you have checked with all the managers you support–this is for the lunch hour as well as at end of day, OK?

（参考译文：瑞贝卡，我曾告诉过你，想东西、做事情不要想当然！结果今天晚上你就把我锁在门外，我要取的东西都还在办公室里。问题在于你认为我随身带了钥匙。从现在起，无论是午餐时段还是晚上下班后，你要跟你服务的每一名经理都确认无事后才能离开办公室，明白了吗？）

面对大中华区总裁的责备，两天后，即4月10日下午1：48，瑞贝卡致信陆纯初，并抄送EMC中国所有员工：

首先，我做这件事是完全正确的，我锁门是从安全角度上考虑的，北京这里不是没有丢过东西，如果一旦丢了东西，我无法承担这个责任。

其次，你有钥匙，你自己忘了带，还要说别人不对。造成这件事的主要原因都是你自己，不要把自己的错转移到别人的身上。

第三，你无权干涉和控制我的私人时间，我一天就8小时工作时间，请你记住中午和晚上下班后的时间都是私人的时间。

第四，从到EMC的第一天到现在为止，我工作尽职尽责，也加过很多次的班，我也没有任何怨言，但是如果你们要求我加班是为了工作以外的事情，我无法做到。

第五，虽然咱们是上下级的关系，也请你注重一下你说话的语气，这是做人最基本的礼貌问题。

第六，我要在这强调一下，我并没有猜想或者假定什么，因为我没有这个时间也没有这个必要。

本来这封咄咄逼人的回信已经令人吃惊了，但是瑞贝卡回信的对象选择了“EMC（北京）、EMC（成都）、EMC（广州）、EMC（上海）”。

4月11日开始，邮件被疯狂转发，并引起网络争论热潮。流传最广的版本居然署名达1000多个，邮件转发的大致顺序是：EMC—Microsoft—MIC—HP—SAMSUNG—Honeywell—Thomson—Motorola—Nokia—GE……这些大名鼎鼎的外企大多为IT或电子类相关企业。

瑞贝卡一夜成名，但这种局面并不是她愿意看到的。离职后，瑞贝卡曾无奈地表示，“这件事传得太广了，我都找不到工作了”。此后，她一直不愿接受采访。

受伤害的显然不止瑞贝卡一位。事件被曝光后，有网友贴出了陆纯初的简历和工作业绩，其中不乏人身攻击的言语。对此，EMC公司不得不出来表态，强调“该员工离职只是个人事件”。5月9日，几大网站均贴出了题为“EMC公司大中国区总裁陆纯初离职”的报道，报道称“据EMC公司内部人士透露，陆离职的消息已经于昨天在公司内部宣布，美国总部专门派人来调查过相关的事件，陆的继任者目前还没有宣布。”不过，EMC大中国区市场部经理吴薇于5月10日向本报证实，“陆纯初先生没有离职”，并进一步表示“对于EMC内部的人事问题不做评论”。

无论陆离职与否，事件中的当事方都没有赢家，恰如有专家指出的一样，EMC公司损失的是在华的信誉，而陆纯初和瑞贝卡的职业生涯受到的伤害“后遗症”会慢慢呈现，这是一场只有输家的PK。

请大家以小组为单位进行交流讨论下列问题：

（1）通过上述情景描述，猜测下瑞贝卡和陆纯初的性格特征？

（2）案例中瑞贝卡对此事的处理方法你是否认同？请谈谈你的看法和想法。

（3）你认为为什么瑞贝卡在此事后找不到工作？

（4）评价一下EMC公司对此事的危机公关处理。

案例三

秀才买柴

话说大唐末年，正值兵荒马乱之时，物资奇缺。隆冬时节，有一秀才去买柴。他对卖柴的人说："荷薪者过来！"卖柴的人虽然听不懂"荷薪者"（担柴的人）三个字，但是听得懂"过来"两个字，于是把柴担到秀才前面。

秀才开口便问："其价如何？"卖柴的人听不太懂这句话，但是听得懂"价"这个字，于是就告诉秀才价钱。秀才接着说："外实而内虚，烟多而焰少，请损之。"

卖柴的人愣了半天，还是听不懂秀才的话，于是担着柴就走了。

寒风中等柴烧的秀才也是好不郁闷啊。

请结合案例讨论下列问题：

（1）案例中的沟通达到了哪个沟通层次？

（2）案例中的沟通属于哪种类型？

（3）案例中双方沟通失败主要是由谁造成的？是单方面造成的吗？

（4）你认为秀才和卖柴人应该怎样做？

任务二　克服沟通障碍，追求高效沟通

任务目标

能正视并分析沟通过程中存在的障碍，并积极寻找克服障碍的方法，明确高效沟通的标准，掌握高效沟通的方法，提升沟通水平。

参考学时　1学时

引导活动 1　音频"搞笑车险理赔报案"分析

活动要求

1. 教师播放一段时长约4分钟的"搞笑车险理赔报案"的音频材料。
2. 音频材料仅播放一遍。
3. 要求学员集中精力认真听，尽可能多地搜集音频所涉及信息。
4. 音频播放结束后，以小组为单位讨论和汇报下列问题。

讨论问题

1. 请你尽可能多地列出导致此次沟通失败的因素，并对其进行分类汇总。

2. 对搜集到的信息进行整合，挑选两位小组成员分别扮演报案人和话务员，来重新模拟演示出险报案经过。

知识支撑

一、常见沟通障碍分析

从信息发送者到接收者的沟通过程并非都是畅通无阻的，沟通过程中经常存在这样或那样的障碍，从而导致沟通失败或无法实现沟通的目的。通过下面的沟通漏斗图（图1–3），可见在沟通中的信息流失量有多么严重。

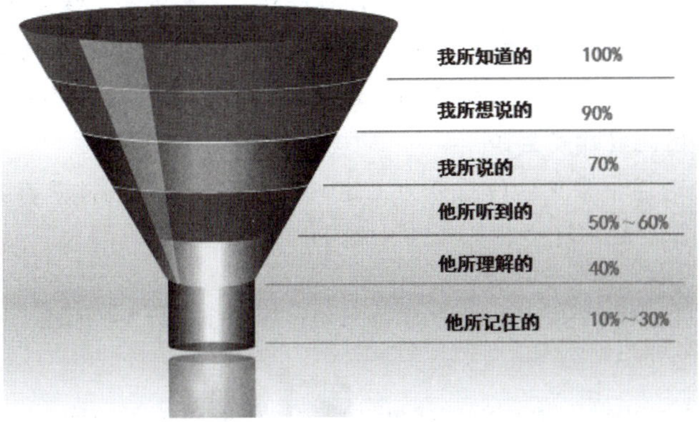

图1–3　沟通的漏斗

因此我们要正视障碍的存在，寻求解决之法。综合来说所谓沟通障碍，就是指导致信息在传递过程中出现的失真、错误或丢失的各种因素。我们可把沟通中常见的障碍大致可以分为下列四种。

1. 物理性沟通障碍

物理性沟通障碍指的是在沟通中干扰信息传递，导致信息失真、错误的各种物理性因素。物理性障碍通常具有客观性，不以主客体双方的意志为转移，但却切实影响到沟通的效果。例如通讯信号、信息的流向、企业中层级太多、分公司地理位置分散、沟通主客体物理距离太远、沟通发生的场所、沟通的媒介、时间压力、信息过量等这些都属于物理性的沟通障碍。

2. 管理性沟通障碍

管理性沟通障碍，是指组织中在沟通观念、领导方式、沟通体制与制度、与沟通相关的权限、职责设置等方面影响沟通的因素。比如组织中上下级的沟通观念、上级的领导方式、企业管理制度与权限分配都属于这类，这部分会在之后的“组织沟通部分”有比较详细的论述，此处不做详解。

3. 心理性沟通障碍

心理性沟通障碍则是指在沟通过程中干扰信息传递和交换的沟通者的各种心理性因素。例如察觉感官障碍，由于沟通者在察觉事物方面和感官功能方面存在着差距，所以常会造成沟通上的障碍。察觉是指人们对于现实事物所具有的认识。人们在年龄、国籍、文化、教育、职业、性别、地位、个性方面的不同都可能引起感觉差异和对情境的不同认识。这一方面往往是产生许多其他情感交流障碍的根源。另外沟通中主客体的情绪和态度等心理状态也会造成沟通障碍。

4. 语言性沟通障碍

语言性沟通障碍是指人们在进行语言沟通时，由于语言运用和理解上的错误、偏差导致信息原始失真的各种因素。例如在口语交流中，乡音太重、口齿不清、语义不明都容易造成沟通障碍。

小故事

一个广西人请远道而来的朋友吃饭，一般吃饭必上一盘田螺，主人夹起一颗田螺一看说："公的!"便弃之。又夹一颗又道："公的!"又夹又弃，嘴里不断嘀咕："又是公的。"朋友非常惊讶，心里想：厉害，广西人厉害，连田螺公母都看得出！后来才知广西人讲普通话，咬字不准，常带明显的地方口音，普遍的是将空读成公，口念成狗，风又念疯，因此经常闹笑话。

虽然我们把沟通中常见的障碍分为上述四种，但世上万物总是存在千丝万缕的联系，这四种沟通障碍之间也会彼此牵连，相互衍生。

二、沟通障碍的控制

如果想要获取有效沟通，提高沟通效果，就要采取方法克服和控制沟通中的各种障碍。

1. 克服沟通中的心理障碍

（1）知己知彼。沟通过程中除了明确沟通目标外，同时还要了解信息接收者的背景、心态、各种身体语言和想法，做到有的放矢。

（2）沟通双方表现出坦诚与友善的态度。沟通中主客体的态度会直接影响沟通效果。如果沟通双方彼此地势、淡漠，沟通就会常由于偏见而出现误差，最后双方都会很难理解对方的思想。

（3）控制情绪。当一个人情绪激动、沮丧或不稳定时，往往会遗漏或忽视某些沟通信息，因此，沟通前最好调整好自己的情绪。

2. 克服沟通中的物理障碍

（1）根据传递信息的性质和特点选择不同的沟通渠道和媒体。如简单明确的信息用口头沟通最为合适，复杂严肃的信息则使用书面沟通更为合适。

（2）人为参与或调控沟通中物理因素的设置，减少造成干扰的可能性和程度，让沟通双方处于恰当的物质环境中。虽然物理性障碍具有客观性的特点，但还是可以预先周详考虑，人为参与，从而减轻干扰的程度。如信息的流向、企业层级、分公司地理位置、发生地场所、时间压力、信息量等都或多或少地可以进行调节。

3. 克服管理沟通障碍

管理沟通是一门很深的学问，是一门交叉学科，它涉及管理学、组织行为学、沟通等多种知识。作为企业人员可通过学习来加深自己对管理沟通的理解，克服组织中的横向和纵向沟通障碍等多种管理性障碍，提高管理沟通水平。

4. 克服语言沟通障碍

（1）信息发出者要力求表达准确、清晰。这是一个良好的沟通者的基本要求。这也就要求沟通者避免方言、口齿不清、用词造句不准确等现象出现。

（2）信息接收者也应尽力准确理解收到的语言信息。

当接收者遇到一个蹩脚的信息发送者时，他对其语言信息的理解程度，一方面取决于发送者的语言表达情况；另一方面也取决于接收者个人的努力，这种努力可能是通过搜索背景资料，也可能是认真倾听对方，寻找到了更多佐证。

综上所述，要使沟通无障碍是需要参与沟通者共同努力才能达到的目标。

引导活动 2　买家卖家谁厉害

预设情景

小丽是一名某品牌化妆品柜台的售货员，这天一位中年妇女来到柜台，看上了一款高效抗皱保湿面霜。客人虽满心喜欢，但又觉得价位有点高。面对此情形，小丽该如何做才能促成交易呢？

活动要求

1. 以小组为单位讨论促成此次交易的营销手段和策略。

2. 鉴于时间所限，教员可随机抽取两组进行情景模拟，即小组选择两名同学分别扮演顾客和销售员小丽，展示营销过程。

3. 表演者必须认真体会角色感受，融入情境，全情演出（演员可适当给予加分奖励）。

4. 认真观看，以小组为单位对模拟营销过程中卖家小丽和买家妇女的沟通表现进行评价。

三、高效沟通的标准

从沟通层次上看，沟通可分为有效沟通和高效沟通，在职场生活中，人们往往不满足于有效沟通的效果，更追求高效的沟通效果。那什么样的沟通可以算作高效呢？

1. 定向传递

在沟通中，发送者即主体明确客体，分析客体，然后结合客体特征，对要传达的信息进行准确编码，然后选择合适的渠道传递出去，确保接收者即客体顺利收到。这一点是沟通中最浅的层次，但也是最重要和最基本的保障。

小故事

有一个刚念幼儿园的儿子放学回家，在客厅里唱歌：“我是一个小孬种！我是一个小孬种！”妈妈一听，非常惊讶地问她儿子：“你在唱什么啊？是谁教你的？”“老师啊！是老师教的啊！”儿子很高兴地回答，又开始重复地边跳边唱。后来妈妈想老师不可能教这个，第二天问过老师后才知道是“我是一个小闹钟！我是一个小闹钟！”

2. 信息对等

主体不仅将信息准确传递给客体，而且客体解码后所获得的信息与主体想要传达的原始信息完全对等。想要达到这个效果，非单方面的努力就能够完成，需要的是沟通双方的积极参与，对沟通过程有高度的融入度，有时甚至对双方的知识架构、思想纬度等也有一定的要求。

3. 心理接纳

在生活中，我们的沟通行为的最终目标不仅仅是对方理解我们的意思，我们更希望迎合对方的需求，满足对方的期待，让对方从心理上接受。但显然这并不容易达到，心理上的接纳与否受太多不可控的因素影响，利益、价值观、认知差异、历史背景等都可能影响沟通中客体的心理接纳程度。

4. 行为反馈

有人说："过程不重要，重要的是结果。"即使这种说法不够准确，但沟通的结果才是沟通整体目标的完美体现。如果沟通客体在接收、理解信息的基础上，也从心理上接受了这个信息，并在行为上也出现转变或反馈，那么沟通就达到了它的终极目标，就是最高效的。比如，通过绩效评估面谈，主管指出了某位员工工作中的问题，这位员工在接受这些批评以后，在工作态度和工作质量方面都进行了相应的改进，提高了工作效率，那么此时主管和员工的沟通就是高效的，实现了最高目标。

四、高效沟通的方法

情景分析法（也称5W1H法）是实现高效沟通标准的关键。这种方法要求在从事沟通活动之前，必须首先回答什么（why）、何人（who）、何时（when）、何地（where）、何事（what）、怎样（how）这六个问题，这样才可以使沟通工作更加容易进行并取得更好的成功机会。

1. 分析沟通的目标（why）

在许多沟通场合，你的沟通目标似乎是不言而喻的，例如，使你的建议被接受；获得你的下属、同事及上司的尊敬。然而，通常只盯着特定的短期目标会使你看不到更大的目标，因此在沟通前你要明确什么是沟通的大目标，什么是实现大目标之前要完成的小目标；什么是主要目标，什么是次要目标。

当你面对一个复杂的沟通环境时，把你想达到的所有目标列出来，找出所列目标中的一个或两个最重要的长期目标，并以大目标为参照物衡量你的次要目标。哪一个更迫切？哪一个是你的职责？哪一个可以委托给他人？哪一个尽管重要，但可以推迟，直到时间允许或获得更多的信息时再进行？对这些问题有了明确的答案后，你就为进一步的沟通打下良好的基础。另外，在你的整个沟通过程中一定要牢记这个区别，即手段和目标，不要让你的手段变成了目标，手段只是达到目标的工具。

2. 分析沟通对象（who）

对沟通对象的分析，意味着要了解你的沟通对象的性格、兴趣、价值观和需求等多方面的信息，从而选择最适宜的沟通方式。

成功的沟通很大程度上源于提供达成共识的框架的能力。通常，你选择的行动方向远不能使别人为达到你的目标而去行动。这是因为你没有真正了解对方，它意味着在沟通前你必须了解他们怎样想；怎样看待他们的利益；怎么能使他们支持你或至少不阻碍你。同时，也意味着你必须提供他们可以信赖的东西。

对沟通对象的分析是沟通前非常重要的一项任务。对沟通对象的分析可以从以下关键问题开始：

（1）我的沟通对象是谁。明确自己的沟通对象，不仅指确定信息的接收者，而且要了解沟通对象的个性、年龄、地位、教育程度、喜好、工作情况、宗教信仰等多种背景信息。如果在沟通中搞错或不清楚自己的沟通对象，即使能言会道、妙语连珠，也不可能取得预期的效果。

（2）我与沟通对象之间是一种什么样的关系。你与沟通对象之间是一种什么样的关系——上级、下级、平级、客户等。关系不一样，你和沟通对象各自所能控制的信息和行政权力的多少、大小也就不一样，这就决定了你在沟通时所采用的沟通方式也不一样。这一点很重要。在沟通时要注意根据自己和沟通对象的关系选择恰当的沟通风格，例如当你完全拥有权威和信息时可用“告知”的风格；当你握有一定的信息，但你的沟通对象却握有最后决策权时，使用“推销”的风格；当你们试图对某一行动步骤达成共识时，使用“咨询”的风格；当你的观点是众多人的观点时，使用“联合”的风格。

（3）沟通对象的态度如何。如果你已正确地界定了你的沟通对象，则需要进一步分析他们的态度，支持的、中立的还是敌意的。对于支持你的沟通对象，你需要激发并告知他们行动的计划，让他们知道他们的重要性及他们能帮你什么，尽你所能地使他们的工作容易并有回报。对于中立的沟通对象，应力争使他们参与到你意图中的事件中来。对于敌意的沟通对象，他们可能永远不会积极支持你，但通过表明你理解他们的观点，并解释为什么你仍相信自己的计划，有可能会使他们变为中立，而不至于妨碍你的计划。

（4）我的建议能迎合对方的利益需求吗。在商务活动中，通常以实现共赢为目标的沟通其成功的可能性最大。找寻双方的利益共同点，这非常值得重视。

3. 分析沟通的场景（when and where）

分析场景，即在沟通前考虑一下传递信息的时间、时机以及双方沟通的场所，以避免不当时间或地点可能造成的沟通干扰，提高沟通效果。

4. 分析沟通主题（what）

分析沟通主题，主要是要事先围绕目标具体考虑在沟通进行中我到底谈什么，讲什么，哪些信息在前，哪些信息在后，哪些信息省略，哪些详细说明等，简单点说就是分析沟通中的信息选择和信息设计的问题。

5. 选择合适的沟通语言和风格

选定并设计好你想阐述的观点和传递的信息之后，下一个就应该解决究竟采用什么样的语言和风格才会使你的信息准确、清晰、简洁并充满活力呢？

在沟通中，风格与语气须适合发起者、沟通对象及场合，这是判断风格和语言是否合适的尺度。某些场合需要幽默感及非正式感；某些场合却要求高度严肃。有时你只想传达纯粹的事实，有时候你却想不惜一切代价抓住对方的注意力。这些情形下的沟通能否成功取决于你的语言和风格运用是否合理。例如，清晰、充满活力的风格能使你的内容易于理解并令人信服；相反晦涩、没有生气的风格则只会使信息变得难以理解。

案例分析

案例一

印度尼西亚海啸的启示

2004年12月26日发生的印度洋特大地震海啸灾害先后殃及10余个国家，死亡约30万人，造成140多亿美元的财产损失，成为继1970年孟加拉热带风暴、1976年7月中国唐山大地震之后，30多年来世界第三大自然灾害，受到世界各国的广泛关注。

2004年12月26日早8时，在印尼苏门答腊岛西北部海域，大洋深处突发强烈地震，使几乎整个苏门答腊岛，马来半岛都震颤起来。地震的震波猛烈地撞击着海水，并迅速形成一圈圈的惊涛骇浪，向远处狂奔而去——一场可怕的大海啸形成了。向东、东南方向涌去的巨浪首先袭击了苏门答腊岛。上午9时前后，袭击了马来西亚和泰国的一些地方。9时30分左右疯狂登陆斯里兰卡、马尔代夫和印度东南沿海地区。

遭受地震和海啸袭击的印度洋沿岸各国官员事后承认，他们没能在苏门答腊岛附近海域发生9级地震后及时向国民发出海啸预警，若非如此，定将挽救成千上万人的生命。印度内政部负责人说，从印尼苏门答腊岛附近发生强烈地震到海啸抵达印度海岸，需要一个半小时的时间。如果在这段时间内政府能够通知人们海潮可能抵达的地区，很多生命就可以获救。印尼气象和地质部门的一位官员也承认，该国在监控灾害性天气工作方面一直存在薄弱之处。泰国官员称，该国没有在受海啸袭击的泰南部地区西部海岸部署海浪监控传感器，因此当地民众和游客无法得知海啸预警。《曼谷邮报》援引泰国气象厅前预报专家他玛萨罗·史密斯的话说，虽然地震很难预测，但地震引发的海啸却具有可预测性。气象局有一个小时的时间发布紧急预报，从而疏散人群，但他们没有做到。气象厅官员说由于缺乏卫星技术，气象厅无法发布实时预报。

印度洋沿岸这些国家在分享相关信息时渠道不畅通。美国地质调查局在检测到大地震之后本来试图通知印度洋沿岸各国准备防范海啸，但始终没有和这些国家的相关部门联系上。原因是“这些国家没有正式的警报传送渠道，在我们的通讯簿中，没有这些地区的负责人联络处”。由于印度洋沿岸国家没有预警机制，更造成了这些国家与其他国家在分享信息时渠道不畅。目前国际社会建立的海啸预警机制主要针对的是太平洋沿岸国家，在印度洋沿岸却没有一个海啸预警中心。26日发生的强烈地震虽然被地震台网测到，但是由于有关地区没有海啸波监测装置，根本无法及时发现海啸和确定海啸的运行方向，因而也无法及时预警。

请大家思考一下，印度洋大海啸带来的巨大灾难仅仅是自然原因造成的吗？除去自然原因外，还存在其他的原因吗？这其中存在什么沟通障碍呢？它带给我们什么启示？

案例二

不应该发生的火情

一天，主管发现自己的办公室起火了，赶紧跑到门口叫人救火。刚巧，有个员工走过，主管就朝他喊了句：“快拿桶水来！”员工边走边想：水龙头在哪里呢？水桶又在哪儿呢？突然，他想起不远处的食堂有水桶，便朝着食堂走去。等他用水桶打满水过来，发现办公室的火势已经很大了，主管见了他还责怪他做事怎么那么慢。这位员工心想，你要早说救火，附近就有灭火器，何必要我跑到远处去拿水呢？

请认真阅读上述案例，讨论一下在这次沟通过程中出现了什么障碍，并谈谈你的感想。

案例三

只会工作的凯茜

凯茜是一个设计项目团队的领导，该团队为一个有迫切需求的客户设计一项庞大而技术复杂的项目。乔是一个分派到她的设计团队里的工程师。

一天上午九点左右，乔走进凯茜的办公室，凯茜正在埋头工作。

“嗨，凯茜，”乔说，“今晚去观看联赛吗？你知道，我今天去看。”

“噢，乔，我实在太忙了。”

接着，乔便在凯茜的办公室里坐下来，说道：“我听说你儿子是个非常出色的球员。”凯茜将一些文件移动了一下，试图集中精力工作。她答道：“啊？我猜是这样的，我工作太忙了。”乔说：“是的，我也一样。我必须抛开工作，休息一会儿。”凯茜说：“既然你在这儿，我想你可以帮我比较一下，数据输入是用条形码呢，还是用可视识别技术？可能是……”

乔打断她的话，说：“外边乌云密布，我希望今晚的比赛不会被雨浇散了。”

凯茜接着说：“这些技术的一些好处是……”她接着说了几分钟，又问：“那么，你怎样认为？”乔回答道：“噢，不，它们不适用，相信我，除了客户是一个水平较低的家伙外，这还将增加项目的成本。”凯茜坚持道：“但是，如果我们能向客户展示这种技术实施后能使他们省钱并能减少输入错误，他可能会支付实施这些技术所需的额外成本。”乔惊叫起来：“省钱！怎样省钱？通过解雇工人吗？”“我们这个国家已经大幅度裁员了，而且，政府和政治家们对此没有任何反应，你选谁都没关系，他们都是一路货色。”

“顺便说一下，我仍需要你提供编写进展报告的资料，”凯茜提醒他。“明天我要把它寄给客户，你知道，我需要8~10页，我们需要一份很厚的报告向客户说明我们有多忙。”

“什么？没人告诉我。”乔说。“几个星期以前，我给项目团队发了一份电子邮件，告诉大家在下个星期五以前我需要每个人的数据资料。而且，你可能要用到这些你为明天下午的项目情况评审会议准备的材料。”凯茜说。“我明天必须讲演吗？这对我来说还是个新闻。”乔告诉她。“这在上周分发的日程表上有。”凯茜说。

“我没有时间与篮球队的所有成员保持联系，”乔自言自语道。“好吧，我不得不看一眼这些东西了。我用我6个月以前用过的幻灯片，没有人知道它们的区别。那些会议只是一种浪费时间的方式，没有人关心它们，人人都认为这只不过是每周浪费2个小时。”

凯茜：“不管怎样，你能把进度报告的资料在今天下班以前以电子邮件的方式发给我吗？”

乔：“为了这场比赛，我不得不早一点离开。”

凯茜：“什么比赛？”

乔：“难道你没有听到我说的话吗？联赛。”

凯茜：“或许你现在该开始做这件事情了。”

乔："我必须先去告诉吉姆有关今晚的这场比赛，然后我再详细写几段。难道你不能在明天我讲述时做记录吗？那将有你做报告所需的一切。"

凯茜："不能等到那时，报告必须明天发出，我今晚要在很晚才能把它搞出来。"

乔："那么，你不去观看这场比赛了？"

凯茜："一定把你的资料通过电子邮件发给我。"

乔："我不是被雇来当打字员的，我手写更快一些，你可以让别人打印。而且你可能想对它进行编辑，上次给客户的报告好像与我提供的资料数据完全不同，看起来是你又重写了一遍。"

凯茜重新回到办公桌并打算继续工作。

请大家以小组为单位讨论问题：

（1）凯茜和乔的这次沟通是成功的吗？

（2）这次沟通中存在什么障碍？

（3）你认为乔和凯茜面对这种情况应该怎样沟通更好？

任务三　沟通的作用与现代商务沟通的发展趋势

任务目标

明确职业沟通能力之于个人生存与发展的影响，理解沟通的重要作用，并清晰掌握现代商务沟通的发展趋势。

参考学时　1学时

引导活动　"杜拉拉升职记之装修风波"视频观看和分析

活动要求

1. 教师为大家播放一段电影《杜拉拉升职记》中的片段，并适当介绍"装修事件"的背景。

2. 视频仅播放一遍。

3. 学员认真观看，集中精力搜集并记忆片段中的信息。

4. 以小组为单位进行讨论，讨论主题有两个：一是从不同角度和不同人物为出发点，讨论交流下沟通在职场中都有什么作用；二是点评下视频中人物的沟通状况。

5. 讨论时间10分钟，小组代表汇报10分钟。

知识支撑

一、沟通的作用

目前职业沟通已经成为人们生存和发展所必需的基本能力，拥有良好的沟通能力就等于掌握了成功的钥匙。中国职业核心能力认证中心2010年对1000名人事经理所做的调查问卷结果表明，超过85%的人认为，在当今的人才市场中，最有价值的技能是沟通技能。同时也有很多机构的调查表明，企业中70%以上的问题来自于沟通不畅。综而观之，职业沟通的作用主要有以下几点。

（一）沟通之于职场个人的作用与影响

（1）有利于传递和获取信息。这是沟通的最主要的一项作用。信息的采集、传送、整理、交换，无一不是沟通的过程。通过沟通，交换有意义、有价值的各种信息，大小事务才得以开展。掌握低成本的沟通技巧、了解如何有效地传递信息能提高人的办事效率，而积极地获得信息更会提高人的竞争优势。好的沟通者可以一直保持注意力，随时抓住内容重点，找出所需要的重要信息。他们能更透彻了解信息的内容，拥有最佳的工作效率，并节省时间与精力，获得更高的生产力。

（2）建立、维系与改善人际关系。在职场中时时刻刻要与人打交道，而沟通就是与人建立、维系或改善人际关系的最重要手段。沟通与人际关系两者相互促进、相互影响。有效的沟通可以赢得和谐的人际关系，而和谐的人际关系又使沟通更加顺畅。相反，人际关系不良会使沟通难以开展，而不恰当的沟通又会使人际关系变得更坏。

（二）沟通之于组织的作用与影响

1. 疏通企业管理活动的瓶颈

信息沟通是整个管理活动中的瓶颈（图1-4）。如果信息沟通这个瓶颈不畅通，甚至堵塞了，那么任何一个管理者的任何管理活动都将无法实施。

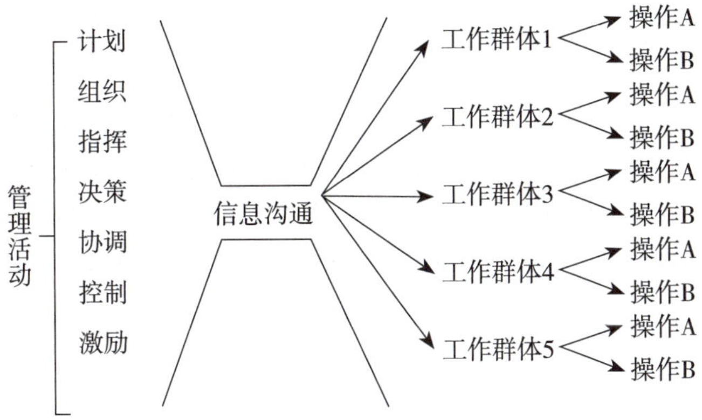

图1-4　信息沟通瓶颈模型

2. 组织收集资料与分享信息

在竞争日益激烈的现代社会中，一个组织要想顺利地开展工作，实现组织目标，首先必须获得各种有关环境变化的信息，才能使组织确定正确的目标与科学的战略决策，以求在不断变化的环境中得以生存和发展。同时，组织内的信息沟通也可以了解职工的意见倾向和工作结果，把握他们的劳动积极性与需求，洞察各部门之间的关系与管理效率。只有及时、全面地掌握商务组织内部管理过程活动的特殊性及各种信息、情报与资料，才能反映出沟通各方面的情况与变化，并借以及时控制、指挥整个组织的运转，实现科学有效的管理。

3. 稳定员工的思想情绪，改善组织内人际关系

在一个组织内部，无论是部门与部门之间，还是个人与个人之间，进行有效的沟通是极其重要的。我们常在一些组织中看到科研人员与生产人员或者经销人员之间关系紧张、矛盾激烈以及内部人际关系失调的局面，究其原因，是缺乏沟通或者沟通方式不当所致。众所周知，无论在日常生活还是在实际工作中，人们相互沟通思想与交流感情是一种重要的心理需要，沟通可以解除人们内心的紧张与怨恨，使人们心情舒畅。而且在沟通中双方会产生共鸣和同情，促进彼此的了解，改善相互之间的关系。如果一个组织的信息沟通渠道堵塞，职工间的意见难以沟通，将使人们产生压抑、郁闷的心理。这样，不仅影响职工心理健康，还将严重影响商务组织的正常生产。这一点2009年发生的富士康12连跳事件就是一个典型的案例。

4. 调动职工参与管理的积极性，激励员工无私奉献

在商务组织管理中，管理者的知识、经验及观念往往影响着职工的知觉、思维与态度，进而改变他们的行为。特别是当管理者为适应发展的需要，必须进行某项改革时，他的一个重要任务就是通过信息沟通转变职工态度，改变他们无法适应现状的传统行为，这样才能实现他们之间的良好合作，搞好商务组织的改革。因此，沟通既可以促进领导改进管理方式，又可以调动广大职工参与管理的积极性，使职工增强信心，积极主动地为商务组织献计献策，增强主人翁责任感，从而增强商务组织内部的凝聚力，使商务组织蓬勃发展。

5. 激发员工的创新意识，使决策更加合理有效

目前商务组织采取了各种各样的形式展开全方位的沟通活动，如高层接待日、意见箱制度、恳谈餐会、网上建议等。这些形式都可以让员工进行跨部门的讨论、思考、探索，并进一步激发员工的创新意识。这样通过多渠道、多方式的沟通，可迅速地收集、处理、传递情报信息，组织（部门或个人）决策才会更准确、更可靠。因此，科学决策的确定与商务组织沟通范围、方式、时间、渠道是密不可分的。

6. 维护、加强或调整组织在外部公众心目中的形象

组织形象在公众心目中的形成除了商务组织有意识地传播外，大多数时候是在与公众的日常交往和大量的商务沟通中建立和形成的。例如，商务组织与消费者之间的关系，是在商务组织为消费者提供产品或服务时建立的，在与消费者之间形成使用与服务关系中发展的。

有效的沟通，有助于商务组织良好形象的建立，也有利于根据市场动态和商机变化，及时调整形象定位。

7. 为组织营造良好的生存、竞争和发展的环境

一个组织欲扩大对外经营领域、扩大资源配置领域、扩大信息来源领域就必须做好与公众的沟通与协调工作。良好的、网络化的、系统化的外部关系可以使组织获得宽松和谐的社会空间，从而使组织能够自由地发挥自身的能力。例如商务组织与股东之间的有效沟通，可以加强彼此间的了解和信任，创造良好的投资氛围，稳定股东队伍，吸引新的投资者，最大限度地扩大商务组织的社会财源；商务组织与供应商保持良好的沟通关系，可以使商务组织获得稳定、充足的货源和能源，保证商务组织稳定持续的生产活动，并保证产品的质量和数量处在一个合理的水平，从而使商务组织有持久的竞争力；商务组织与消费者的有效沟通，

取得消费者的满意，会使商务组织的产品获得良好的口碑，可以促成大量的潜在消费者产生。总之，良好的外部关系，可以创造良好的人际关系、良好的舆论环境、公平的竞争环境和友好的合作环境。

二、现代商务沟通的发展趋势

随着现代商业竞争的日益加剧，信息化技术的发展，目前商务活动和企业沟通策略都在不断发生着变化。总体来看，现代商务沟通较之传统商务表现出如下这些特点，编者之所以将本部分内容命名为“趋势”则是因为下列各点既可看作特点，但这些特点又呈现不断加强的态势。

1. 重视质量和客户要求

向顾客提供高质量的产品和优质的服务是现代企业的生财之道。当今经营灵活、反应敏捷、业绩卓著的公司都尤其注重满足客户的要求并提高自身品质。

注重质量和客户需求，核心仍在于沟通。集思广益和团结协作等工作方法通常能够收到事半功倍的效果。好主意、好办法通过沟通可以在公司普遍传播，创意者也能为大家所认识。要想真正了解顾客的需要，管理者既要聆听他们有声的意见，也要关注他们那些无声的表示。

小故事

惠普走进关系营销时代

1999年7月，卡莉接替了已在惠普工作了33年的前总裁普拉特。卡莉上任伊始，便将分散的83个部门合并成了前端和后端的扁平化公司结构，用新的标准重新划分客户——以前更多是按地区和行业划分，现在按照企业客户、全球客户、商用客户划分，根据不同的目标市场将惠普划分为四大集团，每个集团独立运作、自负盈亏，同时，共享公司平台（包括人力资源、行政、财务管理、法律支持、企业发展、公关以及领导力发展中心、解决方案中心，等等）。2003年年初，惠普在全球部署将People Soft CRM用于客户服务。

在惠普的一系列变动之中，我们发现这样一个事实：惠普新的划分是按顾客的性质来确认的，建立了一套以顾客为中心的营销策略，他们原来的组织结构设计和专业运作是以产品为中心的。它有80多个产品部门、80多个生产部门，提出的口号“E-service（电子服务）”和“Total Customer Experience（完全客户体验）”不谋而合。而这套营销策略的背后透露着这样一个信息：在同质化的竞争时代，顾客资产变得越来越重要，新时代在呼唤CRM（Customer Relation Management，客户关系管理）[1]。

2. 现代信息技术被广泛用于商务活动中

技术领域的革命为商务活动提供了更多的可供选择的沟通手段和平台。传真、电子邮

1 注释：CRM是一个前台系统，它包括市场、销售和服务三大领域，是一种以客户为中心的经营策略，它以信息技术为手段，对相关业务功能进行重新设计，并对相关工作流程进行重组，以达到留住老客户、吸引新客户、提高客户利润贡献度的目的。从管理科学的角度来考察，CRM源于市场营销理论；从解决方案的角度考察，CRM是将市场营销的科学管理理念通过信息技术的手段集成在软件上面，得以在全球大规模地普及和应用。

件、视频会议等都已经被广泛应用于商务活动中。新技术使得企业的每位员工平等地获取信息，也可以帮助企业在节省资金的同时更好地为顾客服务。例如，美国运通公司在开通了客户在个人终端上进行电子查询的业务以后，核查每件包裹投递状况的费用由以前的5美元锐减为5美分，仅此一项就能够每年节约近200万美元。

3. 沟通呈现多元化的发展趋势

商务活动已经变得十分国际化，跨国公司的不断涌现使越来越多的管理者必须面临跨越文化与国界的沟通问题。因为来自不同文化背景条件下的人很容易因为文化上的差异而导致文化震撼。这就要求管理者必须更多地掌握跨文化沟通的知识，在尊重对方的基础上，灵活、机智地与来自不同国家和文化的人沟通，并且帮助来自不同文化背景的员工做到互相理解。

小故事

一位美国经理，被派往法国的高露洁分公司当经理，这位经理看见法国的同事就直呼其名，甚至拍他们的肩膀，也不愿花力气学习法语，所以在开会时翻译和速记员就成了他的左膀右臂。两年后，公司经营状况十分惨淡，于是总公司让一位法国人取代了他的位置。

姑且不论其管理手段上的问题，这位经理在跨文化沟通中有诸多不当之处。例如在美国同事见面可以直呼其名，拍对方肩膀，但是，在法国只有非常熟悉的和关系非常好的人才直呼其名和拍打对方肩膀。而且法国人也有坚持用法语的礼仪要求，而这位经理到了法国仍然坚持使用英语，这是伤害法国人的民族感情的，是对他们极其不礼貌的行为。他的这些行为势必引起其法国同事的反感。

4. 讲求团队组建和团队精神的培养

为了提高产品质量，同时降低生产消耗，越来越多的公司开始启用跨职能的项目小组。例如，在新西兰北岛海军航空站，由10位来自不同部门的中层管理者组成的合作小组团结协作，改进了战斗机配件的加工工序。他们将加工、运送每个零件的时间减少了42%，从而为海军在一年半内节约了170万美元。

团队组建的优势在于团队沟通的高效和无障碍，团队成员对团队具有强烈的归属感，他们之间互相学习、共同认识问题、解决问题，所以目前各大企业越来越注重组建团队并培养员工的团队精神。

案例分析

案例一

云律所——法律服务在你身边

最近，各大门户网站和IT数码类行业垂直网站页面上，“云计算”都成了关键词，甚至还有很多网站专门开辟出了云计算频道。云导航、云杀毒、云搜索、云盘……不知不觉，网络中的你我就已经被“云云”众生所包围，“云计算”渐渐融入每个网民的生活。

关于云计算，前Google中国区总裁李开复曾有过这样的比喻：最早人们只是把钱放在枕头底下，后来有了钱庄，很安全。现在发展到银行可以到任何一个网点取钱，甚至通过ATM，或者国外的渠道。就像用电不需要家家装备发电机，直接从电力公司购买一样。 也就是说，云计算就像是银行或电厂，让我们随时随地在云端资源库中获得需要的服务。云计算确实影响着我们，并不断满足着我们的各种工作和生活需求。

提到法律，你会有怎样的感觉？深奥、神秘、难以捉摸，提到律师，你又有怎样的印象？专业、严肃、遥不可及。除非你是专业人士，否则法律对你来说应该是个难以接近的领域。遇到法律问题，大多数人都会因为不懂法律知识、不知道怎样找到可以信任的律师而困扰。有时候可能只是一个小小的合同纠纷，也能让人抓狂。

云计算几乎无所不能，现在，它甚至开始帮我们解决法律问题。最近，记者发现“云律所”一词频频见诸各大网络媒体，受到越来越多的关注。而“云律所”概念提出者——上海律氏信息技术有限公司的理念正是：解决你的法律问题。

据了解，律氏创始人姜海波有过律师从业经验，深深体会到律师被动寻找案源的痛苦，更能体会到普通人遇到法律问题时不知所措的状态。消费需求对生产有着重要的反作用，没人能逃脱经济规律，全时如此，律师亦然。为了能够提高律师工作效率，同时让更多人的法律问题得到解决，双向满足律师和普通法律用户的需求，“云律所”应运而生。“云律所”概念最早出现于2010年，目前，上海律氏仍是国内唯一掌握“云律所”服务技术的公司。

“云律所”，顾名思义，就是传统律师事务所的云端化，是新技术在传统领域的新应用。普通个人或者企业在注册“云律所”之后，可以看到注册律师对法律法条的平民化解读、社会热点背后的法律问题分析，让法律问题变成你我愿意时时关注的信息。亡羊补牢不如未雨绸缪，“云律所”给出了法律问题的最佳预防方式。就算真的遇到法律困扰，通过“云律所”，你也可以轻松地向专业律师一对一咨询。与传统法律服务网站不同，“云律所”拥有律师微博系统，你可以通过它关注感兴趣的律师，阅读律师动态的同时，对每位律师的专业性和责任感做出自己的判断，方便以后选择。有了“云律所”，足不出户就能解决你的法律困扰。

同时，“云律所”也为律师的工作带来新变化，它独有的微博系统改变了传统法律服务的困境：为律师和法律需求者创造良好的沟通环境。律师们在“云律所”里为普通用户解读法条、一对一解决法律问题，让更多人了解自己、信任自己，在满足普通用户法律需求的同时，也获得了更多的案源。“云律所”的平台化使普通用户和律师群体精准对接，形成供需良性循环。

有了“云律所”，法律遥不可及的形象很快就能有所改善了，法律服务也将变得触手可及。在这个法制意识越来越强的社会，“云律所”的出现正好顺应了时代的发展方向，云计算开始更加全面而彻底地改变我们的生活。

其实，除了以上事例，云计算在我们生活中的应用还有很多。但管中窥豹，通过

"云律所"的诞生和发展，就能发现"云"服务已经融入了我们的生活，改变潜移默化却无处不在。

案例二

2010—2014年淘宝天猫历年双十一销售额数据分析

据宇博智业市场研究中心获悉，2014年双十一，阿里移动端成交额达到243亿，是2013年移动交易额的4.54倍，占到今年总成交额的42.6%，创下全球移动电商平台单日交易的历史新高。

最终，双十一全天的移动端成交数字，定格在243亿。这一数字是2013年双十一53.5亿的4.5倍，相当于丽江市一年的GDP。

此前公布的阿里巴巴财报也显示，2014年第三季度，阿里巴巴移动端交易额高达1990.54亿元，占整体交易额的35.8%，成为全球最大的移动电商平台。

历年阿里双十一销售数据如图1-5所示。

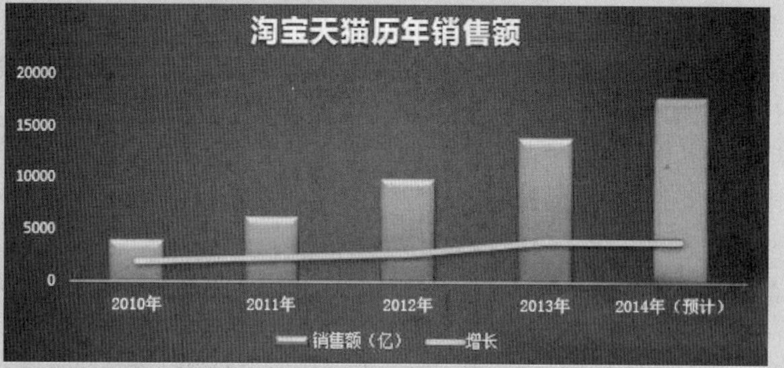

图1-5　2010—2014年淘宝天猫历年销售额数据

回顾历年双十一，其成交额呈几何级增长，2009年，淘宝在11月11日发起"品牌商品五折"活动，当天销售额1亿元；2010年同一天，销售额翻了9 倍，增至9.36亿元；2011年，成交额飙升至52亿元；2013年，阿里双十一实现191亿元成交额，仅天猫就达成了132亿元。2013年，双十一"光棍节"支付宝交易额达350.19亿元。这相当于中国日均社会零售总额的5成，是美国年度最大网络购物日——"网络星期一"（感恩节后的第一个星期一）的 2.5倍以上。信息显示，过去几年，中国社会零售总额涨了1.8倍，而网络零售总额则飙涨了19倍。

讨论问题：

请学员认真阅读上述两个案例，然后以小组为单位讨论下列问题：

1. 这两个案例体现了现代商务沟通的哪项趋势？
2. 从利弊两方面讨论下技术发展之于沟通带来的影响和你的感受。

自我测评

初次见面你给人的印象可好？

你想知道你与人初次会面后给人的印象吗？不妨做做下面的题目，做出最适合你的选择。

1. 与你初次见面，经过一番交谈，你能对他（她）的举止谈吐、知识能力等方面做出积极、准确的评价吗？

A. 不

B. 很难说

C. 我想可以

2. 你和别人告别时，下次相会的时间、地点是：

A. 对方提出的

B. 谁也没提

C. 我提议的

3. 当你第一次见到某个人，你的表情是：

A. 热情诚恳，自然大方

B. 大大咧咧，漫不经心

C. 紧张局促，羞怯不安

4. 你与对方寒暄后，是否很快就能找到共同感兴趣的话题？

A. 是的，我对此很敏锐

B. 我对此感到很难

C. 必须经过较长的时间才能找到

5. 你与人交谈时的坐姿通常是：

A. 两膝靠拢

B. 两腿叉开

C. 跷起二郎腿

6. 你同他（她）说话时，眼睛望着何处？

A. 直视对方的眼睛

B. 看着其他的东西或人

C. 盯着自己的纽扣，不停地摆弄

7. 与他人交谈时，你选择的话题是：

A. 两个人都喜欢的

B. 对方所感兴趣的

C. 自己所热衷的

8. 通常与别人第一次交谈，你们分别占用的时间是：

A. 差不多

B. 对方多我少
C. 我多于对方
9. 会谈时你说话的音量是：
A. 很低，以至于别人听得较困难
B. 柔和而低沉
C. 声音洪亮热情
10. 你说话时姿态如何？
A. 偶尔会做些手势
B. 从不指手画脚
C. 我常用姿势来补充言语表达
11. 你说话的速度怎么样？
A. 频率相当高
B. 十分缓慢
C. 节律适中
12. 假如别人谈到你兴趣索然的话题，你将：
A. 打断别人，另起话题
B. 显得沉默，忍耐
C. 仍然认真听，从中寻找乐趣

评分规则：

根据下表将各题得分相加，统计总分。

选项 题号	A	B	C
1	1	3	5
2	3	1	5
3	5	1	3
4	5	1	3
5	5	1	3
6	5	1	3
7	3	5	1
8	3	5	1
9	3	5	1
10	3	5	1
11	1	3	5
12	1	3	5

结论：

1. 12~22分：首次印象差。很可能你在与人交往时存在一些不良习惯。你本身是很愿意给别人一个好印象的，但是由于你的不经心或言语无趣，无形中使别人留下关于你的不良印象。必须记住第一印象在交谈中具有很大的影响力，一时的轻率可能要你处处数倍的努力去弥补。

2. 23～46分：首次印象一般。你的表现中存在某些令人愉快的成分，但同时又有不够精彩之处，这使得别人不会留下恶劣的印象，却也不会产生很强的兴趣。如果你希望提高自己的魅力，必须在细节上加以改善，努力在“交锋”的第一回合显示出最佳印象。

3. 47～60分：首次印象好。你的适度、温和、合作给第一次见到你的人留下了深刻的印象。无论对方是你工作范围还是私人生活的接触者，无疑他们都有与你进一步交往的愿望。

项目二
语言沟通技巧

人类区别于其他动物的最重要特征之一，就是人类有自己的语言。语言是人类最重要的交际工具。在社会交往中，语言沟通顺畅与否往往会直接影响到沟通效果。通过语言这座桥梁，我们才能了解彼此的需要，感受彼此的心情，分享彼此的悲喜。在职场中，一个人的语言运用能力更会影响你的人际关系，甚至会影响到公司形象。良好的语言沟通能力是职业人必备的一项基本素质。

任务一　语言沟通的基本原则和礼仪

任务目标

掌握语言沟通的基本原则，了解口头沟通和书面沟通的特点，能够正确选择语言沟通的形式，掌握社交中最基本的语言礼仪。

参考学时　2学时

引导活动1　面试自我介绍

活动要求

1. 假定明天你要去参加某公司的招聘面试，在招聘中面试官经常会要求求职者做一下简短的自我介绍。
2. 每个小组派1位同学参加此活动。
3. 自我介绍时间3分钟，介绍中所需信息自行拟制。
4. 其他同学充当面试官，认真倾听，并评出你心目中的最佳表现者。
5. 教师点评。

知识支撑

语言沟通其实就是指以语言符号为载体而实现的沟通。语言根据表现形式的不同，可分为口头语言和书面语言，相对应的语言沟通形式就可细分为口头沟通和书面沟通两种。口头沟通就是指借助语言进行的信息传递与交流，在我们日常生活中口头沟通表现很多，如会谈、电话、会议、广播、对话等。书面沟通则是指借助文字记录来进行的信息传递与交流，其形式如通知、文件、通信、布告、报刊、备忘录、书面总结、汇报等。

口头沟通时，信息传递速度快，反馈及时，但沟通范围有限，过程受时间限制；书面沟通准确，权威，不易歪曲，比较正式，不受时空限制，信息可长期保存，便于反复阅读、查看和核对，但是信息传递速度较慢，反馈不够及时，另外书写、打字、印刷费时费力。

一、语言沟通的基本原则

为追求语言沟通的高效率，作为沟通者在采用这种形式时有些基本的规则需要遵守。

1. 准确

作为良好的沟通者，在向对方传递信息之前，先要使用准确的符号来进行编码。编码的准确与否会直接影响对方对信息的理解程度。利用语言进行沟通时，就是要注意用词准确，表达准确。当然这种准确表现在多方面，如发音准确，语义准确，语调、重音、停顿准确，书写准确等。如果不能准确地对要传达的信息进行编码，那有效沟通也就无从谈起。

小故事

2011年5月9日，故宫博物院斋宫诚肃殿展出的部分展品失窃，北京警方全力以赴，仅用58小时就迅速侦破此案。5月11日19时40分，犯罪嫌疑人石柏魁在北京市丰台区友联时代网吧被抓获。5月13日，故宫博物院有关负责人来到北京市公安局赠送锦旗，对公安局迅速破获故宫博物院展品被盗案表示感谢。但是，书写着“撼祖国强盛，卫京都泰安”的锦旗却引发网友广大关注。广大网友纷纷指出，“捍卫”之捍，并非撼动之“撼”，准确的用词应该是“捍祖国强盛，卫京都泰安”。这一事件对故宫的形象损害很大。后故宫博物院在2011年5月16日在官方微博——“故宫官网”就故宫博物院5月13日向北京市公安局赠送的锦旗上出现错字一事向公众道歉。故宫官网微博发出声明：“由于我们工作的疏漏，在5月13日向北京市公安局赠送的锦旗上出现错字，谨向公众致歉。因篇幅限制，全文见所附照片。”在不到30分钟的时间里，该微博被转发7000多次。故宫此举获网友赞扬。

2. 清晰

对于语言表达要清晰，不会有人持反对意见，因为这不仅是原则，也是语言表达好坏与否的评判标准。就是那些持“模糊派”观点的艺术家，他们也是要借用“模糊”的手法表达一个清晰的主题。实际上“清晰”的内涵不仅仅是简单，至少有四方面含义：

（1）逻辑清晰。整个表达应当有逻辑的思路，有一根主线贯穿。切忌甲乙丙丁无谓的罗列：虽然每句话都很清晰，但对方不知道你到底要干什么，反倒弄不明白了，若干个清晰的组合倒成了模糊一片。换句话说，就是语言表达要条理清楚，主题突出。

（2）表达清晰。第一，发音要准确，语调音高运用恰当；第二，不能在口头表达中病句不断，语病连篇，这肯定使表达不清晰，肯定会使别人对你处理信息的能力提出质疑；第三，要使这些正确的句子完整地表现事情的各个方面，语句词语的附带色彩把握要正确。

（3）简洁。良好的语言沟通要力求简洁，追求以少量的话传递大量的信息。无论是同董事长、高级总裁还是客户、一般员工进行沟通，简洁都是一个基本点。每一个人的时间都是有限的、有价值的，没有人喜欢不必要的、烦琐的沟通。大文豪鲁迅指责制造长而臭的文字无异于“谋财害命”。简洁不是指在形式上采用短句子，也不是指在内容上省略重要信息，而是指“字字有力，乃至字字千斤”。

小故事

古时有一妇女丈夫意外去世，想改嫁，遂请人代笔写了一纸诉状，洋洋洒洒一大篇将妇人的情况和请求介绍得十分详细。谁料想诉状上递衙门后却石沉大海，妇人久久没等到县大老爷的批复。妇人无奈，又另请一个秀才帮忙重新写了一份，秀才在纸上却只写了八个字“夫死，无嗣，翁鳏，叔壮”，秀才告知妇人这次肯定没问题。妇人怀着忐忑的心情上递诉状，没几天竟收到了衙门的回复“准”。

（4）活力。活力意味着生动，从而易于被人记住。人在其工作中有诸多责任进行大量沟通。根据心理学中的规律，人们通常对某个念头或信念只能保存短时间的关注。根据记忆中的规律，人们只能保存对于接触到的信息的部分回忆。因此，在沟通中的精神不集中或淡忘都是很正常的现象。“活力”的素质就是使你的表达不在这正常现象之中，而处在爱不释手，难以忘怀之中。

小故事

著名的女主持人杨澜，还在担任《正大综艺》节目主持人时，曾被邀请为某市的一次大型文艺晚会担任主持人。出人意料的是，在演出晚会到中途时，杨澜不小心在下台阶时摔了下来。在这种大型场合出现如此情况，确实令人尴尬。但杨澜非常沉着地爬了起来，凭着她主持人特有的口才，对台下的观众说："真是马有失蹄，人有失足呀。我刚才的狮子滚绣球的节目滚得还不熟练吧？看来这次演出的台阶不是那么好下哩！但台上的节目会很精彩的，不信，你们瞧他们。"杨澜这段自我解嘲式的即兴话语非常成功，不但使自己摆脱了难堪，更显示出了她非凡的口才，以致她话音刚落，会场就立刻爆发出热烈的掌声。

无论是口头沟通还是书面沟通，因都属于语言沟通，所以人们在采用这种沟通形式时，上述这些基本原则还是需要明确并遵守的。

引导活动2 电视剧《潜伏》片段欣赏

活动要求

1. 教师播放一段时长约5分钟的电视剧《潜伏》中的一段片段。
2. 学员认真观看视频，搜集信息。
3. 小组讨论，讨论主题主要有两个：一是分析下余则成与翠平的语言表达风格，并猜测推理两人的性格；二是指出视频中哪些话属于书面语，哪些话属于口语，并对比说明两者的区别。
4. 小组派代表说明讨论结果。

二、多维的语言表现形式

在沟通过程中，常常会遇到一些矛盾的、顾此失彼的境况，处于两难的境地。例如，我们常会碰到下列情景：既想拒绝对方的某一要求，又不想损伤他的自尊心；既想吐露内心的真情，又不好意思表述得太直截了当；既不想说违心之言，又不想直接顶撞对方；既想和陌生的对方搭话，又不能把自己表现得太轻浮和鲁莽……凡此种种，难以一一列举。但概而言之，都是一种矛盾：行动和伤害对方的矛盾，自己利益和他人利益的矛盾，自己近期利益和长远利益的矛盾。为适应这些情况，各种各样的语言表达方式应运而生，它缓解了这些矛盾。某些语言形式从表面上看，似乎违背了语言表达的清晰、准确、简洁、活力的原则，但实际上是原则的一种必要的补充，是另外一种诠释，是在更高级阶段上的清晰和准确。

1. 直言不讳

直言不讳是最直接体现准确清晰原则的语言表达形式。这种最原始、最简单的做法，只要运用得到，效果会非常好。因为大家都明白"出自肺腑的语言，才能触动别人的心弦"。

只有直言，才能产生人与人之间的信任。直言是真诚的表现，是关系密切的标志。相反，委婉只能造成心理上的隔阂感，形成“见外”。试想，如果你与很熟悉的同事一见面就说“对不起”，一插话就问“我能不能打断一下”，你的同事能不以异样的眼光看待你吗？直言还是自信的结果，自信是交往的基础。那种过分害怕别人的反应，说一句话都要思前想后的人是没有自信可言的。人们是不愿意同畏畏缩缩的人打交道的。

直言不讳，并不意味着粗鲁，不讲礼貌，如果在谈判桌上直言，特别是在说逆耳之言时能注意以下问题，会使直言的效果要好。第一，直言时配上适当的语调、速度和表情、姿态。你在对一群正在打扑克的喧哗人说“请不吵闹，家里有人做夜班”时，语调温和，并欠身举手示意，略带抱歉的笑意，就容易使人接受。第二，在拒绝、制止或反对对方的某些要求和行为时，诚意地陈述一下原因和利害关系。例如，有人向你借照相机使用，你不太愿意借给他，就索性向对方挑明原因：“前几次就是为这件事和妻子闹了别扭，望你谅解。”这样，对方一般也就不会强人所难了。

2. 委婉陈述

委婉表达产生于人际沟通中出现了一些不能直言的情况。一是总会存在一些因为不便、不忍或不雅等原因而不能直说的事和物，只能用一些与之相关、相似的事物来烘托要说的本意。二是总会存在接受正确意见的情感障碍，只能用没有棱角的软化语言来推动正确意见被接受的过程。还有一些其他类似的情况。

常见的委婉手法有如下一些：

（1）用相似相关的事物取代本意要说的事物。如恩格斯《在马克思墓前的讲话》中说“3月14日下午两点三刻，当代最伟大的思想家停止了思想。……他在安乐椅上安静地睡着了，但已经是永远地睡着了。”恩格斯用“停止思想”“睡着了”“永远地睡着了”来取代“死”的概念。

又如在餐厅中人们谈到上厕所，一般都用“洗手间”来取代“厕所”这一概念。

（2）用相似相关事物的特征来取代本意事物的特征。在一次记者招待会上，一位美国记者问周总理：“请问中国人民银行有多少资金”？周总理说：“中国人民银行现有18元8角8分”。直接回答，涉及国家机密；拒绝回答损害招待会和谐气氛；不予回答，有损总理个人风度。借用人民币币种面值总额取代资金总额这一特征，真可谓三全其美，妙不可言。

（3）用与相似相关事物的关系类推与本意事物的关系。《人到中年》的作者谌容访美时，用“能与老共产党员的丈夫和睦生活了几十年”来间接回答关于她与共产党关系的提问。有人问：“听说你至今还不是中共党员，请问您对中国共产党的私人感情如何?”谌容回答：“你的情报很准确，我确实还不是中国共产党党员。但是我的丈夫是个老党员。而我同他共同生活了几十年尚无离婚迹象，可见……”。

（4）用某些语气词如：“吗、吧、啊、嘛”等来软化语气，这样可以使对方不感到生硬，试比较下列三组句子：

别唱了！今天别去了！你不要强调理由！

别唱了好吗？今天别去了吧！你不要强调理由嘛！

无疑每组中的第二句都显得比较客气婉转，会使对方易于接受，有更强的说服力。

（5）用个人的感受取代直接的否定。把“我认为你这种说法不对”用“我不认为你这种说法是对的”，把“我觉得你这样不好”用“我不认为你这样好”来取代。

（6）以推托之词行拒绝之实。假如别人求你办一件事，你回答说办不到会引起不快。

你最好说："这件事目前恐怕难以办到，今后再说吧，我留意着。"（推托给将来和困难。）再如，别人请你去他家玩，你要说没空，来不了，会令人扫兴，你最好说："今天恐怕没有时间，下次一定来。"（推托给将来和没空。）又如，别人向你借钱，你手头也不宽裕，你可以说："这件事我将同我的内当家商量商量。"（推托给将来和爱人。）

（7）以另有选择行拒绝之实。假如有人向你推销一件产品，你不想要，你可以说："产品还可以，不过我更喜欢另一种产品。"又如，有人要求下星期一进行下次洽谈，你不想在这天洽谈，你可以说："定在星期五怎样？"

（8）以转移话题行拒绝之实。例如，甲问："星期天去不去工厂参观？"乙答："我们还是先来商量一下，下次推销的安排怎样准备吧？"又如，甲问："我们明天去展销大厅再见面好吗？"乙答："好吧，不过我想时间定在展销前不如定在展销后。"

3. 模糊表达

模糊表达就是使输出的信息"模糊化"，以不确定的语言进行交往，以不精确的语言描述事物，以达到既不伤害或为难别人，又保护自身的目的。

（1）以大概念取代小概念。苏联驻加拿大商务处贸易代表在加拿大进行间谍活动，加拿大政府发出通令，限令他们10日之内离开加拿大，因为他们进行了与其身份不符的活动。出于外交礼仪上的需要，用包含了间谍活动在内的与其身份不符的活动来代替间谍活动这一概念。

（2）以弹性概念取代精确概念。1978年黄文欢同志因不满黎笋集团的倒行逆施，辗转到中国，他要回避到中国有多久和还要住多久的问题。当一名英国记者问，他何时到达北京时，他回答说"我到北京的时间距今天不久。"用"不久"这一有伸缩性概念取代精确的时间长短描述，既回避了敏感的问题，也不能说失去了真实性。

（3）回避。假如有人问你："你说广州产品好还是上海产品好"？你并没有这种经验，也不宜表现自己无知，可以答曰："各家都有自己的特点。"例如一个法国人问一个中国女孩："你喜欢中国人还是喜欢外国人？"因为是社交场合，女孩回答："谁喜欢我，我就喜欢谁。"避免了说喜欢外国人而可能遭致的不爱国的指责以及回答喜欢中国人会遭致的让外国友人扫兴的难堪。

（4）答非所问。电影《少林寺》中，觉远对法师不近色、不酗酒的要求都以"能"作答。法师："尽形寿，不杀生，汝今能持否？"觉远难以回答。法师高声再问："尽形寿，不杀生，汝今能持否？"觉远："知道了"。这样模糊的回答，既能在法师面前过关，又不违背自己要惩治世间恶人的决心和本意，真正做到了两全其美。

（5）以选择式代替指令式。1944年毛泽东同志致信丁玲、欧阳山："……除了谢谢你们的文章之外，我还想知道一点，如果可能的话，今天下午或傍晚拟请你们来我处，不知是否可以？""还想知道""可能""拟请""是否可以"等多个词语，充分体现了毛主席谦和的作风。

使用模糊法时，一定要注意不同民族对模糊意义的理解各有不同，在跨民族、跨国界的使用要慎重。

小故事

在1972年9月，周总理为田中角荣首相举行的招待会上的一幕就是很典型的事例。田中角荣致答谢词："……过去的几十年间，日中关系经历了不幸的过程。其间我国给中国国民添了很大的麻烦，我对此再次表示深切的反省之感。"周恩来看到田中角荣不了解“麻烦”这一模糊用语在汉语中语气太轻了，不了解在中国人看来，这是对日本过去的侵犯罪行所采取的一种轻描淡写的态度，就问道：“您对日本给中国造成的损失怎么理解?”田中角荣不得不再次表白：“给您添麻烦这句话包含的内容并不那么简单。我们是诚心诚意地如实表达自己赔罪的心情，这是不加修饰的，很自然地发自日本人内心的声音。……我认为，前来赔罪是理所当然的”。由这精彩的一幕，我们可以得出一个有益的教训：在社交中运用模糊法仍然需要准确地运用模糊语言。

4. 正话反说

正话反说，就是将本来要陈述的意思反过来表达，修辞上面称之为反语。反语的哲学依据是：“将欲取之，必先予之”“欲进先退，欲前先后”。

小故事

在《三国演义》中，孔明为了不让司马懿攻进空无一兵一卒的西城，便大开城门，频频招呼司马懿“来、来、来，请上城来听我抚琴吧!”司马懿却反令大军倒退30里。这场妇孺皆知的“空城计”就是孔明巧妙地利用了司马懿的多疑性格得到成功，而其中孔明善用反语策略也无疑是一个重要因素。

在《晏子春秋》中，烛邹不慎让一只打猎用的鹰逃走了。酷爱打猎的齐景公下令将之斩首，晏子用下面的一段话救了烛邹。晏子：“烛邹有三大罪状，哪能这么轻易杀了呢？请让我一条一条地列数出来再杀他，可以吗?”景公：“当然可以。”晏子指着烛邹的鼻子说：“你为大王养鸟，却让鸟逃走，这是第一条罪状；你使得大王为了鸟的缘故而要杀人这是第二条罪状；把你杀了，天下诸侯都会责怪大王重鸟轻士，这是第三条罪状。”景公：“别杀他了，我明白你的意思。”

晏子用的反语表面上是数落烛邹的罪状，实际上是批评齐景公重鸟轻士，并指出了这样做的危害。这样既收到了批评的效果，又没使身居高位的君王难堪，可谓是使用反语策略成功的典型杰作。

5. 沉默是金

沉默所具有的含义太丰富了：它可以是无言的赞许，也可以是无声的抗议；它可以是欣然的默认，也可以是保留已见；它可以是威严的震撼，也可以是心虚的无言；它可以是毫无主见，附和众议的表示，也可以是决心已定，无须多言的标志。

沉默是唯一获得诗歌赞美的语言表达手法。这首诗是诗人丘特契夫写的短诗《别声响》，这首诗被俄国大文豪列夫·托尔斯泰赞美：“我不知道还有比它更好的诗歌了。”“别声响，你怎能表达自己的思想？别人怎能理解你的思想，每人都有各自的生活体验，一旦说出，它就会变样，就像喷泉喷出会被弄脏，怎能捧起它喝个舒畅？——别声响。”沉默的作用实在是太大了，所谓“沉默是金”是深刻的至理名言。

6. 自言自语

在这里，自言自语不是真正意义上的自言自语，它不发生在独处的场合，而发生在公共场合；它实际上是说给别人听的，不过采取了自言自语的形式。在陌生人群中，以一句“今天太热”之类的话作为引子，可能引起交谈；走出考场，以一句“唉，今天考得不理想”的自叹可能引起陌生考友的攀谈。例如，战国时孟尝君的门客冯谖靠几次弹剑高歌式的自言自语，以“长铗归来乎”而引起孟尝君的注意。现代一位著名话剧演员曾在年轻时期报考戏剧学院，因错过报名时间，便在考场外自己引吭高歌而招来主考官的注意，从而得以走上剧坛。

7. 幽默诠释

幽默是一个外来词语，是英语humor的音译。幽默手法的运用必须自然，切忌强求。幽默只是手法，而非目的。幽默是一种精神现象，不只是简单的笑话或滑稽所能描述；幽默是一种风格、行为特性，是智慧、教养、道德处于优势水平下的一种自然表现。幽默可以化解难堪，化解矛盾，缓和气氛。

小故事

20世纪50年代社会主义改造运动中，上海的一位老教授因基层干部作风粗暴而投河自杀，幸被人救起。陈毅市长知道后，采取多种行动挽回影响。一是狠狠地批评了那位基层干部，一是亲自去老教授家赔礼道歉，一是在一次高级知识分子大会上，用幽默的手法批评了老教授。“我说你呀，真是读书一世，糊涂一时。共产党搞思想改造，难道是为了把你们整死吗？我们不过想帮大家卸下包袱，和工农群众一道前进。你为何偏要和龙王爷打交道，不肯和我陈毅交朋友呢？你要投河也该先打个电话给我，咱们再商量商量嘛！”

幽默也可以用来含蓄地拒绝。例如，一位好友向罗斯福问及美国潜艇基地的情况。罗斯福问道：“你能保密吗？”好友回答：“能。”罗斯福笑着说：“你能我也能。”好友也就知趣地不再问事了。

幽默可以针砭时弊。例如，领导问：“你对我的报告有什么看法？”群众：“很精彩。”领导：“真的？精彩在哪里？”群众：“最后一句。”领导：“为什么？”群众：“当你说我的报告完了，大家都转忧为喜，热烈鼓掌。”这段幽默讽刺了领导干部长篇大论，不着边际的作风。

使用幽默，可以在轻松的气氛下进行严厉的批评。例如，某商店经理在全体职工大会上说：“要端正经营作风，加强劳动纪律，公私分明，特别是那‘甜蜜的事业’——糖果柜台。”

幽默可使你获得有力的反击武器。例如，德国大文豪歌德一次在公园散步，遇到了一个恶意攻击他的批评家。那位批评家不肯让路，并傲慢地说：“我从不给傻瓜让路。”歌德立刻回答：“我却完全相反！”说完，立即转到一边去了。

8. 含蓄隽永

含蓄手法的盛行是由于以下一些原因：许多事情只能意会，不可言传；人们越来越高雅，有素养，人们越来越需要得到尊重，采用暗示，即不公开地、隐蔽地给人以启示的做法最能表现高雅和享受尊重；人们越来越倾向耐人寻味的永恒或长久，不喜欢一览无余的短暂；犹抱琵琶半遮面比之完全显露更有魅力。含蓄的具体运用方法有：

（1）通过提醒给予启示。例如，在事故多发地点竖立的一块牌子中，上书“事故高发地段”或“这里已有十人死于车祸”，以提醒人们：注意交通安全，特别是在这里。

（2）通过引导给予启示。某大学中文系因进修生、旁听生多而时常挤得在校生没有座位。为了改变这种状况，于是班长在课前宣布："为了尽可能地让来我班听课的进修生、旁听生有座位，请本班同学坐前六排。"这实际上是暗示了进修生、旁听生不可坐前六排。

（3）不失矜持、自尊地给予暗示。如电影《五朵金花》中金花以"蝴蝶飞来采花蜜，阿妹梳头为哪桩"来启发情人。《阿诗玛》中，阿黑以"有心想把鲜花戴，又怕崖高花不开"来试探阿诗玛。

（4）不伤大雅地给予启示。一位行者去买夜壶（即尿壶），在一个摊子上选了几个，虽都不错，但都嫌大。老板为做成买卖，说了一句："冬天到了，夜长着哩！"一笔生意因此做成。

（5）避免分歧，不伤和气地给予启示。例如，1972年，在中国为美国总统尼克松举行的酒会上，周恩来总理这样说："由于大家都知道的原因，中美两国隔绝了二十多年。"这一发言，一举多得，堪称"绝妙好辞"：影射了美国敌视中国的责任，又不伤客人面子，甚至可说暗含对客人明智之举的赞赏。

关于语言表达艺术的划分难以完全统一。事实上各种方法也很难绝对地划分，很难截然分开。这些方法是互相联系，互相渗透的。例如，委婉离不开含蓄，含蓄中也包含着委婉，幽默中体现着委婉。

三、常用语言礼仪

语言所包含的信息是语言的内核，语言的表达形式是语言的外衣，语言的礼仪是语言通向外界的桥梁和窗口。合理的内核穿上了华丽的衣裳就是一个美丽的待嫁姑娘，但若没有透明的窗口，人们会看不到她。因此在语言沟通中也不可忽视语言礼仪。

1. 正确称谓

在社交中，如何称呼对方是十分重要的开始。人们对别人如何招呼自己是十分敏感的。称呼得当，双方产生良好的第一印象和心理上的相容性，创造出良好的气氛，交际就会变得顺利。称呼不当，最严重的是刚刚相会就不欢而散。一般而言，也会使气氛不融洽，不得不花力气做许多补救工作，使交际平添不必要的麻烦。

一般而言，恰当的称谓取决于双方的身份、年龄以及双方关系的性质，深度和所处的交际场合。选择恰当的称谓必经考虑这三个基本的方面。特殊而言，应在有了一定了解后，考虑对方的特殊癖好。如有的年龄较大，但不喜欢被人尊称得"老"；又如有的人，本来年龄不大，但不愿被人小视而称呼得"小"。

称谓的形式有泛称和尊称两种。

泛称是对人一般的称呼，常用的有以下几种形式。第一种形式是姓氏加职称、职务或职业，如：王教授，王厂长，王老师。第二种方式是直呼姓名。第三种形式是泛尊称，如适用于女性的小姐、女士，男性的先生等。第四种形成是受尊敬或令人羡慕的职业加泛尊称，如大使先生等。此外，还有非正式场合下的一些形式：前缀"老""小"，如老王、小王；姓氏加辈分，如王伯伯，王阿姨；姓名加同志。这些形式各有各的适用场合，不恰当的使用就会给人一种无礼的感觉或相反地使人有一种疏远的感觉。

尊称是对人表示尊敬的称呼。常用以下一些形式来表示："贵——贵姓、贵人、贵公司”；“大——大名、大作”；“老——老总”，使用率最高、应用范围最广的称呼。

泛称的使用要注意不能过泛，不能滥用泛称。尊称的使用也要注意一定的界限，同样不能滥用。例如，“师傅”是对一切行当有专长的人的尊称。这些行当主要指传统意义上的工、商、戏剧等行当，对于教师、医生、记者等泛称为“师傅”，往往会引起不快。例如，除了前面提到过的特殊癖好之外，对于一般的年长女性尊为“小姐”是会引起不快的。

2. 适当寒暄

只有称呼无寒暄就好像在文件上只签字而无具体批示，使人感到别扭和不易理解。寒暄的作用有多个层次，最浅的层次是应酬，讲一些并非完全没有意义的话语；较高的层次是沟通感情，创造和谐的气氛，体现人的亲和需求；最高的层次是逐步升华人与人之间的亲和需求，逐步达到水乳交融般的关系，进入交往的佳境，达到预期的交际目的。

寒暄的常用形式有如下三种：

第一是问候型。典型的例子是“你好”“早上好”“春节好”之类。官场、商界常用的例子是“幸会！幸会！”。中国传统型的例子是“吃饭了吗?”“上哪儿去呀?”之类，在这里貌似提问的话语并不表示真想知道你的起居行为，不过传达说话人的友好态度而已。这三种类型也是各有各的作用，因而也要注意运用得当。例如，在国际交流场合不要使用中国传统式的寒暄，因为外国人并不一定了解中国的民情风俗。又如，官场、商场中常用的“幸会”也非在一般场合下适用。

第二种寒暄形式是攀认型。只要愿意，人们之间总可以找到这样或那样的“亲”“友”关系，如“同乡”“同学”“同事”“同宗”“同门”等诸如此类沾亲带故的关系。它们在初次见面时往往能成为建立交往、发展友谊的契机。

第三种寒暄形式是敬慕型，即用敬重、仰慕表示出自己的热情和礼貌。如：“王先生，久仰大名”，“大作早已拜读，受益匪浅。”

寒暄无论采取何种类型，使用不宜过多，过多地使用会使人厌烦；寒暄的使用要注意分寸，恰到好处：过分的吹捧会使人感到虚伪和警觉。

3. 介绍技巧

人与人之间的相识相知离不开介绍。介绍有两种：自我介绍和为他人做介绍。自我介绍是推销自己形象和价值的一种重要方法与手段；为他人做介绍也是社会交往活动中非常重要的一项义务。

自我介绍，要注意四个方面。第一，必经镇定、自信。清晰地表述自己的特征，流露出友善、关怀、自信的眼神。人们对自如、自信的人充满信心和好感，对局促不安的人产生怀疑和阻隔。第二，注意繁简有度，自我介绍包括姓名、年龄、籍贯、职业、职务、单位、住址、履历、特长、兴趣等要素。要素的选取和繁简的确定要适合于交往的目的。第三，掌握分寸。介绍自己的长处时不可流露出自得。介绍自己的弱点时可配合自谦、自嘲、幽默的语气。第四，在语言之外，可辅以证明材料：身份证、工作证、获奖证等，以增加信任程度。

假如你的父母给你了一个响亮、好听又容易记的名字，那绝对是很幸运的事，但是大部分的情况下，我们的名字都有一定程度的“菜市场化”，但是也别气馁，你可以给自己取个好记的英文名字、昵称，或者花点心思把自己的名字说得更有特色。有一次，一个朋友这样介绍自己：“我的名字是王志成，三横一竖王，没志气的志，一事无成的成!”高手才懂得幽自己一默，因此，他自贬的说辞不但不会让人留下负面印象，反而记忆深刻，让“王志成”这个平凡到不行的“市场名”，顿时鲜活立体了起来。

介绍他人时，要根据场合、尊者优先了解情况的原则以及在场人员的身份角色来确定介绍顺序。介绍中要辅助必要的非语言行为来加强效果。当然更重要的是语言运用要恰当。需要注意的有这样几点：第一，介绍语言要简单扼要，在商务交往中最常见的介绍包括三要素，即姓名、单位、职务或职称。第二，介绍时切忌出现厚此薄彼的情况，即一方介绍很详细，另一方很简单。第三，介绍时用词准确，发音标准，声音和语速适中。

4. 商务交谈中的话题选择

商务面谈的话题选择有其不同于其他环境的要求，下面从两方面来说明。

商务交谈中禁谈的话题是：第一，不得非议党和政府；第二，不可涉及国家秘密和行业秘密；第三，不得非议交往对象的内部事务；第四，不得背后议论领导、同事和同行；第五，不得涉及格调不高的内容。格调不高的话题包括家长里短、小道消息、男女关系、黄色段子；第六，不得涉及个人隐私。与外人，特别是外国人交谈时，应该做到“五不问”：不问收入；不问年龄；不问婚否；不问健康；不问个人经历。

商务交谈中可以考虑选择的话题包括：第一，向对方请教他擅长的问题；第二，格调高雅的问题，例如哲学、历史、地理、艺术、建筑、风土人情等；第三，轻松愉快的话题，例如电影、电视、体育比赛（足球、游泳）、流行时尚、烹饪小吃等；第四，天气和交通。

“会说话和会写字”的人很多，但是真正懂得如何运用语言，熟练掌握语言技巧的人却不多。正如语言学家王力先生所说：“会说话的人不止一种：言之有物，实为心声，一謦一欬（kài），俱带感情，这是第一种；长江大河，渊源莫寻，牛溲马勃，悉成黄金，这是第二种；科学逻辑，字字推敲，无懈可击，井井有条，这是第三种；嬉笑怒骂，旁若无人，庄谐杂出，四座皆春，这是第四种；默默端坐，以逸待劳，片言偶发，快如霜刀，这是第五种；期期艾艾，隐蕴词锋，似讷实辩，以守为攻，这是第六种。”所以，只有不断学习，不断修炼，才能让我们的语言具有魔力，带来效益。

案例分析

案例一

纪晓岚巧对帝问

清代著名学者、《四库全书》总编纂纪晓岚机敏过人，能言善辩。有一次，乾隆皇帝去察看《四库全书》的编纂情况，适逢纪晓岚因天气炎热打着赤膊在屋里编稿。一听皇帝驾临，他来不及穿衣服接驾，慌忙钻到桌子下面，叫人谎称不在。过了好一会儿，房内鸦雀无声，纪晓岚从桌底钻出，问道：“老头子走了没有？”其实乾隆并未离去，听到这话龙颜大怒，责问纪晓岚为什么叫“老头子”？纪晓岚自知话已无法收回，闯下了大祸，情急之中，他略加思索，随即说道：“皇上万寿无疆，谓之‘老’，位居万民之上是为‘头’，人称天子是为‘子’，合起来即为‘老头子’。”乾隆听后，被纪晓岚无懈可击的狡辩逗乐了。

请大家以小组为单位讨论下列问题：

（1）纪晓岚使用了什么语言技巧来化解了危机？

（2）通过这则案例可以看出口头沟通有什么特点？

（3）在口头沟通中特别需要注意什么？

案例二

新版“南南合作”

有一家广告公司和一家实力雄厚的媒体公司进行谈判，广告公司派出的谈判代表是部门主任李女士，一个上午过去了，谈判没有任何进展，双方互相僵持着。

在进行午宴时，李女士决定说点轻松点的话，以缓解紧张的气氛，她站起来，对双方的合作进行了一番令人叫绝的介绍：“我们两家公司，一家在海南，一家在湖南，可以说是‘南南合作’。各位知道，国际上的南南合作是世界经济发展的共同体。如果我们两家公司能合作，就是联谊发展的姊妹连体。现在，我可以告诉诸位，我们这种秦晋之好的合作将结出丰硕成果。今天正好是七月七，喜鹊已把天桥架通，愿我们天天都在七月七中度过。”

媒体公司的经理不禁拍手叫好，道：“说得好，说得妙，就凭你这‘南南合作’‘姊妹连体’，咱们的事不必再谈了，我答应和你们合作的要求。”李女士的这段讲话，巧妙地运用了“南南合作”“姊妹连体”等比喻，生动地道出了两家公司配合默契的联手合作，并对发展前景作了生动的预测，寓意十分深刻。

这则案例中运用了怎样的语言技巧？对于“南南合作”的旧词新解你认为是否恰当？目前生活中这种“旧词新解”现象也不在少数，你还能举出几个例子吗？你喜欢这种语言运用形式吗？

任务二　面谈技巧

任务目标

掌握、理解面谈的概念，熟知面谈的流程和类型，能够有效控制面谈进程。

参考学时　2学时

引导活动 1　拟定面谈方案

预设情境

刘曦是某大学中文系的一名教授，他酷爱摄影，其最新作品《生命》获得了全国艾诺杯摄影大赛的特等奖。图2-1为其获奖作品。假定你是学校校报的一名编辑，校报领导安排你对刘曦老师进行专访。

图2-1 摄影作品《生命》

活动要求

1. 请以小组为单位完成下列任务。

（1）访谈前你认为需要做哪些准备工作？

（2）拟定一份详细的访谈方案。

2. 访谈方案拟定注意事项：以时间轴为序列出所有访谈用语和问题；包含开放性问题和封闭性问题两种；在问题后注明问题的设计原因；问题结构设计合理。

知识支撑

在我们的生活和工作中，面谈是经常发生的一种语言沟通现象。人们会通过面谈来获取一个职位，通过面谈来收集信息，建议和指导下属的工作等。面谈不同于闲谈，它具有自己的特点，当然要取得面谈的成功，也要掌握相应的面谈技巧。

一、面谈的概念

所谓面谈，是指任何有计划的和受控制的，在两个人（或更多人）之间进行的、参与者中至少有一人是有目的的，并且在进行过程中双方互有听和说的谈话。可以说面谈属于谈话的范畴，但又是一种特殊的谈话。

面谈不同于闲谈（或闲聊）。依据上述定义，可知面谈不是普通的谈话，它是为了达到预定的目的而有组织、有计划开展的交换信息的活动。而闲谈等普通谈话很多时候是没有明确目的的，纯粹为谈而谈，话题跳跃性大，毫无主题。

二、面谈的特点

（1）目的性。参与面谈的一方或双方有明确的目的。

（2）计划性。对于谈什么，在何时何地谈，跟谁谈，如何谈等都有预先的计划。

（3）控制性。面谈中至少有一方处于控制地位，或者由双方共同控制。

（4）双向性。面谈必须是相互的，即双方都有听和说的交互行为。

（5）即时性。面谈一般要求沟通双方即时对沟通信息做出反应。

在图2-2这五个特点中，目的性是面谈的最基本的属性，也是面谈区别于其他谈话的根本之处。其他四个特点都是为实现目的性而服务的。因为目的性的存在，所以面谈便有成败之分。如果面谈达到了或者基本达到了目的，那么面谈就是成功的，相反，如果没有达到目的，面谈就是失败的。

图2-2　面谈过程图

三、面谈前的准备工作

1. 对象选择

对象选择，即选择面谈的对象，并对面谈对象进行全方位的调查和分析。例如定期或不定期地从团队中选择需要面谈的对象：如最近表现很好的员工、很差的员工、突然情绪低落的员工等，需要向员工调查、询问时，均要选择合适的面谈对象。

2. 了解背景资料

古语有云："知己知彼，百战不殆"。选定了面谈人选后，就应该思考并设法了解其爱好、性格、家庭背景、朋友圈子、平时表现等。在企业人事资料可向人力资源部索取（仅限于查看，不能复印或留底，限于公司规定的权限），你对面谈的对象越了解，你的面谈基础就打得越好，可方便你制定沟通策略，在面谈中"有的放矢"，对不同的人采取不同的沟通方式。

3. 准备好面谈的问题

在面谈中双方所处的地位并不相同，一方处于主导地位，引导整个面谈进程，另一方为配合方。因此作为主导方的人员就需要提前选择和设计面谈问题，问题的选择恰当与否，结构安排是否合理，能直接影响面谈的进程和所要达到的预期效果。因此以阿拉伯数字提前依次列出所有问题，这是必要的功课，免得面谈时漏掉重要的、需获取的信息。

4. 收集证据、核对标准

如果面谈中会向对方传达负面信息，还必须注意提前收集证据和核对标准，因为只有如此，才能规避主观性评判的误区，才能令对方心悦诚服。例如在企业中违纪和绩效管理面谈中这点准备尤其重要，违纪的证据、公司制度的比对、绩效考核的结果、评分的依据等，有理有据，不要因为准备不足被员工问倒，陷于被动。最好有量化的资料信息，如："7月份，迟到2次，早退1次，8月份迟到3次"。

5. 环境和时机的选择

面谈是主题性谈话，目的性很强，因此为保障面谈顺利进行，排除干扰，选择合适的环境和时机非常重要。在办公室或单位会议室进行面谈，创造的是一种正式的氛围；如果选在餐厅或咖啡厅进行面谈，气氛就会轻松一些。同样时机选择也同样重要，如一个员工刚休婚假回来，要宣布对他的处理决定，最好缓2~3天；员工家里刚出了不幸的事情，处理决定也应稍缓。不要当头一棒，不要雪上加霜，注意人本关怀。尽量不要在节日前后处理员工违纪事宜等。

引导活动2　2014央视春晚记者专访李敏镐片段分析

活动要求

1. 教师播放一段“2014年央视春晚记者采访李敏镐”的视频。
2. 学员集中精力认真观看视频，搜集信息。
3. 以小组为单位完成下列题目：
（1）按照时间顺序列出记者提出的所有问题，并给问题标示序号。
（2）分析问题属性，判断是开放性问题还是封闭性问题。
（3）讨论一下这些问题间有没有联系，是怎样的联系。
（4）评价一下李敏镐对每个问题的回答。

四、面谈中的问题设计

问题是面谈中获取信息的基本手段，在面谈中问题的设计对于面谈的成功极为重要。

1. 设计问题的原则

第一，依据面谈的目的。问题来源于目的，有什么样的目的就会有什么样的问题，问题的设计是为达到面谈目的服务的。第二，依据面谈的对象的特点来组织语言，使对方能听懂，加强相互之间的有效沟通。

2. 问题的类型与特点

不仅信息具有多样性，人对信息的需求也各不相同，所以为获得既定的信息，在面谈中提问时所采用的问题也应有所不同。通常，问题可以分为开放性问题和封闭性问题两种，它们各具特点，只有综合运用，才能发挥最大的效率。下面来看以下这两类问题的特点。

（1）开放性问题。所谓开放性问题是指那些范围广阔，不要求有固定结构的问题，回答问题的人可以做出多种回答。例如，请你谈谈你认为将会发生什么事情？你的工作干得怎么样？你认为这种饮食怎么样？新的规章对部门士气影响如何？

开放性问题一方面可以引出一般性的信息，而且可以让交谈者感到谈话过程无拘无束，允许交谈者自由谈论他们有何感受，因此开放性问题常作为鼓励交谈对象暴露个人思想和情感的主要方法；另一方面开放性问题有利于发展沟通双方相互之间的关系。但是开放性问题往往回答比较困难，特别是在交谈者滔滔不绝时，话题可能会不着要点，这种问题也很耗时，频繁使用会很难控制交谈进程。

（2）封闭性问题。封闭性问题提供的答案是限制性的，有时问题本身就已经隐含着答案。最常见的封闭式问题只要求交谈对象回答是否。例如“你最后一次在哪里就职?”“你是愿意在项目A还是项目Z中工作?”

封闭性问题的优点是交谈对象可以很快地、坦率地做出特定反应，问题提出者比较容易得到需要的特定信息，但是这种问题不能保证你获得最大限量的信息，不能充分了解交谈对象的思想和情感。所以在商务活动中，封闭性问题常用于搜集统计资料、采集和获取信息。但是在说服性谈话中使用封闭性问题则不容易达到目的，因为不容易了解对方的动机。

（3）开放式问题和封闭式问题的使用场合（表2-1）。

表2-1　何时使用开放式/封闭式问题的建议

开放式问题使用场合	封闭式问题使用场合
了解被访者优先考虑的事情	节省时间、精力和金钱
让被访者无拘束地讨论他的看法	维持、控制面谈的形势
明确被访者的知识深度	从被访者处获取非常特定的信息
弄清被访者表述能力怎么样	鼓励被访者完整描述一个特定事件
	鼓励腼腆的人说话
	避免被访者泛泛而谈

3. 确定问题的顺序

面谈中最常见的问题顺序有三种：

（1）漏斗型。从一般到特殊，即从大方面问起逐步缩小范围。例如，有关在大楼内吸烟的规章，你认为怎么样？这些规章公平吗？这些规章是否限制了员工的抽烟，实施状况如何？

（2）倒漏斗型。从特殊到一般，即从小方面问起逐步扩大范围。例如，这些规章是否限制了员工的抽烟，实施状况如何？这些规章公平吗？有关在大楼内吸烟的规章，你认为怎么样？漏斗型和倒漏斗型这两种顺序是用一系列相关问题进行深入的了解。

（3）隧道型。各个不相关问题的平行组合。它适用于只要求获得对各种问题的最初答案，而不要求做进一步了解的情况。

4. 安排问题的结构

安排问题的结构就是指将问题排定到不同的话题、子话题之下，形成一个体系，构成面谈指南，具体指导面谈的展开，控制面谈的进程。

通常问题的安排可以大致分为三种：结构化、非结构化、半结构化。

如果面谈指南是非结构化的，那面谈中问题安排则没有既定的模式、框架和程序，问题的提出较为随意，也无固定答题标准，问题的内容和顺序都取决于面谈者本身的兴趣和现场应试者的回答情况。这种问题的安排方法给谈话双方充分的自由，提问者只需要尽量鼓励被访者尽可能完整地回答你的问题即可。但也有一些问题，如易受提问者主观因素的影响，面谈的结果无法量化以及无法与平行的评价结果进行横向比较等。

如果面谈指南是结构化的，也就是说面谈中问题的设定也都是经过考量的，问题按照既定的模式和框架进行安排，在这种情况下，提问者只需按面谈指南进行提问并记录被访者的回答即可。

如果面谈指南是半结构化的，提问者则需要在既定的框架基础上根据特定情况在某个话题下列举的几个推荐问题中选取合适的问题，表2-2即为半结构化的指南范例。

表2-2 半结构化的指南范例

教育	工作经历	自我评价
你的专业吸引你的地方在哪里 在大学里对你最有影响的经历是什么 对你来说最难掌握的学科是什么，为什么 假如你从头上大学，你会选择什么课程 你与同学和教员们相处时，你遇到过哪些困难 你从课外活动中学到了什么	你是怎样得到现在的工作的 什么职责占用了你的大部分时间 对于你的工作你最喜欢和最不喜欢的部分是什么 你碰到的最大的挫折和最大的喜悦是什么 你的主管的哪些方面是你喜欢和不喜欢的 你的工作曾受到哪些批评	对于我们的行业和公司你知道哪些 我们的产品或服务有什么地方使你感兴趣 你的长期职业目标是什么 你的强项和弱点是什么 你曾做过什么 你认为在一个好的公司里是什么决定了一个人的进步 在你的生活中，最重要的三件事是什么

五、面谈中的其他技巧

在面谈中除了最重要的问题设计外，还有一些其他方面也需要注意。

1. 要善于维护和推进会谈良好的气氛

在会谈过程中，要时刻关心面谈的氛围，切不可让面谈出现紧张不利的趋向，切不可让开始所创造的良好氛围被破坏，需要时要适时转换话题。

小故事

访谈者：感谢你今天花时间和我谈谈。

被访者：噢，这一点不成问题。我能帮你做什么吗？

访谈者：我想知道你能否对我讲点有关上星期在办公室发生的那件事。首先，你知道它是怎样开始的吗？

被访者：不知道。当时我正在干我的活，突然，那两个人就动手了。

访谈者：我明白。你没有听到他们在动手前的谈话吗？

被访者：我没听到。照我看来，好像起因于那个穿蓝衣服的人。

访谈者：你没有留意吗？

被访者：我怎么知道他们会打架。

到此，问题显然已经开始激怒被访者，访谈者对一个话题刨根问底，而被访者认为已经说得够多了。此时，访谈者应该从这一话题上转移，努力减轻被访者的不快。例如访谈者可以问“是的，你真的没有预料到这种情况。然而，或许你能向我描述一下打斗之后发生了什么？”

2. 学会控制时间

大多数的面谈都是由面谈者来控制时间的。时间的控制与多种因素相关。如面谈中访谈者要注意及时将被访者引入自己需要的信息范围内，防止其跑题，以防延时，另外还与面谈中问题的结构情况相关，通常结构化的问题安排时间控制比较容易，而非结构化的问题安排则比较难。这就需要面谈者在面谈之前做好预先的准备工作。

3. 提问时要注意把握时机

在面谈中提问时把握时机非常重要。交谈中如果遇到某问题未能理解，应在双方充分交换意见的基础上再提出问题。过早提问还会打断对方的思路，而且显得十分不礼貌；过晚提问则会被认为精神不集中或未能理解，也会产生误解。

4. 注意采用适宜语速、语气、语调、句式

在面谈中如果说话太急、语气生硬、语调过高、句式不协调，都容易让对方感觉不舒服，引起负效应；而说话太慢，语言没有生气，又会使对方心里着急，不耐烦，甚至兴趣缺失。

5. 理解别人，善于倾听

在面谈中要以理解的态度同人交谈，善于倾听对方的话语，才能更准确地接收到需要的信息，找到解决的方案。

案例分析

案例一

一位青年记者的首次采访任务

有一位青年记者去采访一位中年女科学家。

青年记者问这位女科学家："请问，您毕业于哪所大学？"

女科学家回答："对不起，我没有上过大学，我搞科研全靠自学，我认为这样也能成才。"

记者一愣，然后说："您又成功地完成了一个科研题目，请问，您的新课题是什么？"

女科学家皱了皱眉头，说："看来您并不了解我的工作，我一直致力于这个项目的科学研究，目前只是又有了一些新的突破，但远远没有成功，所以谈不上什么新课题。"

记者一听很尴尬，企图转换话题以缓和气氛，于是问："您的孩子在哪里上学？"

女科学家说："我早已决定把毕生的精力贡献给自己的事业，因此我一直独身至今。请原谅，这个问题我不愿多谈。好吧，我的工作在等待着我，恕我不奉陪了。"

请大家考虑一下案例中青年记者与女科学家的这段对话是正式谈话，还是非正式谈话？这次谈话属于面谈的范畴吗？这次采访成功吗？你认为是什么原因导致了这个后果？你觉得怎样做才能确保这次采访的效果呢？

案例二

小Q的绩效评估面谈

经理：小Q，有时间吗？

小Q：什么事情，头儿？

经理：想和你谈谈，关于你年终绩效的事情。

小Q：现在？要多长时间？

经理：嗯……，就一会儿，我9点还有个重要会议。哎，你也知道，年终大家都很忙，我也不想浪费你的时间。可是HR部门总给我们添麻烦，总要求我们这样、那样的。

小Q：……

经理：那我们就开始吧，我一贯强调效率。

于是，小Q就在经理放满文件的办公桌的对面，不知所措地坐下来。

经理：小Q，今年你的业绩总的来说还过得去，但和其他同事比起来差了许多，但你是我的老部下了，我还是很了解你的，所以我给你的综合评价是3分，怎么样？

小Q：头儿，今年的很多事情你都是知道的，我认为自己还是做得不错的呀，年初安排到我手里的任务我都完成了呀，另外我还帮助其他的同事做了很多的工作。

经理：年初是年初，你也知道公司现在的发展速度，在半年前部门就接到新的市场任务，我也对大家做了宣布，结果到了年底，我们的新任务还差一大截没完成，我的压力也很重啊！

小Q：可是你也没有因此调整我们的目标啊！

这时候，秘书直接走进来说："经理，大家都在会议室等您呢！

经理：好了，好了，小Q，写目标计划什么的都是HR部门要求的，他们哪里懂公司的业务，现在我们都是计划赶不上变化，他们只是要求你的表格填得完整、好看。而且，他们还对每个部门分派了指标。其实大家都不容易，再说了，你的工资也不错，你看小王，他的基本工资比你低，工作却比你做得好，所以我想你心里应该平衡了吧。明年你要是做得好，我相信我会让你满意的。好了，我现在很忙，下次我们再聊。

小Q：可是头儿，去年年底评估的时候……

经理没有理会小Q，匆匆地和秘书离开了自己的办公室。

请大家以小组为单位讨论下这次绩效评估面谈成功吗？效果好吗？你觉得存在哪些问题，谈谈你的感受。

案例三

部门主管和职员之间的一次面谈

主管：小柳，我一直想找时间与你谈谈关于你在某些工作方面的事，也许我的话并不是你喜欢听的。

小柳：你是我的领导，既然你找我谈谈，我也没有太多的选择。请说吧。

主管：我不是什么法官，也不可能给你什么判决，我只想要你认真对待这次谈话。

小柳：可是……是你安排了这次会谈。继续发你的牢骚吧。我还记得一次我们吃午餐时你告诉我你不喜欢我那身褐色套装和蓝色衬衫的打扮。我觉得那有些无聊。

主管：我很高兴你提到仪表。我想你给客户造成了一个不合规范的印象。一个技术服务人员看上去应当是精明的。你给人的印象好像是你买不起好衣服，你的裤子是松的，你的领带是不合时宜的，并经常沾满油渍。

小柳：公司可以向顾客要价很高，但我的报酬不允许我购买绚丽的衣服。我对自己装扮得使客户感到炫目这一点几乎没有兴趣。而且，我从来没有听说过来自他们的抱怨。

主管：然而，我想你的仪表应当更加稳重一些。好，让我们再谈谈另一件事。在对你的例行审查中发现的一件事，我认为你做得不对。你连续三周星期三请一个客户吃晚饭，但你填写的出车单表明你每周都是下午三点回家。那种行为是不符合职业要求的，对于这三次晚餐费用报销你怎么解释。

小柳：出车单可以说是下午三点，但我出去后可以去约见客户，既然约见客户就不妨请他们吃饭，公司不是有规定如果工作需要可以在500元范围内自己做主请客户吃饭吗？

主管：但你是怎样在下午三点在饭店吃晚饭的呢？

小柳：我认为所有在下午一点以后吃的饭都是晚饭。

这次面谈你认为成功吗？你觉得此次面谈存在的主要问题是什么？如果你是主管，该怎样克服或者说你会怎么做？

任务三　电话沟通技巧

任务目标

掌握接打电话的基本技巧，了解电话沟通礼仪。

参考学时　1学时

引导活动　视频“声音是有表情的”分析

活动要求

1. 教师播放一段视频“声音是有表情的”。
2. 学员看完后，小组讨论以下几个问题：

（1）生活中你利用电话沟通的频率高吗？主要使用电话的哪些功能沟通？

（2）谈谈电话沟通的利弊。

（3）视频中主人公说“声音是有表情的”，你怎么理解这句话？

（4）你认为电话销售中需要特别注意哪些问题？

知识支撑

在我们的日常工作和生活中，电话是使用最多的一种远距离沟通工具。一个人打电话的水平，常常会影响到他能否顺利达成此次沟通的目标。作为一名职业人有必要全面了解使用电话的基本礼仪和接打电话的技巧，以便于使自己的工作更顺利地展开。

一、打电话的注意事项

1. 提前确认电话的通话对象

在与沟通对象正式打电话沟通之前，要再次确认此次电话沟通的对象，并尽可能多地了解沟通对象的基本情况，然后再根据沟通对象适当调整沟通和语言表达方式。生活中，跟陌生人、客户、老婆、长辈打电话自然不能完全使用同一语言模式。

2. 表现你的真诚和友善

微笑着开始说话，精神饱满地通话，注意语调和语速，让通话人感受到你的真诚。

3. 以职业化的问候开始

问候之后确认下接电话的人是不是你要找的人，然后主动说明自己的身份。

4. 算好时间

选择何时打电话是一种基本礼貌，也是电话沟通成功的前提。打电话之前要根据对方的工作性质、生活习惯等来确定打电话的时间。打电话要选择双方都比较方便的时间，以免打扰对方工作或休息。

小贴士

打电话的时间

（1）以职业来看。

会计师：切勿在月初和月尾，最好是月中接触。

医生：11点以后和下午两点以前，最好的日子是雨天。

推销员：10点以前或者下午四点以后，最热、最冷或雨天最好。

行政人员：10点前后到下午3点为止。

股票行业：避免在开市后，最好在收市后。

银行家：10点前或下午4点后。

公务员：工作时间内，切勿在午饭前或下班前。

饮食业：避免在用餐时间，最好是在下午3点到4点。

律师：10点前或下午4点后。

零售商：避免周末和周一，最好在下午2点到3点。

（2）按星期来看。

星期一：这是周末结束上班的第一天，工作会很忙碌，所以打电话尽量避开这一天。

星期二到星期四：打电话最合适的时间。

星期五：一周的工作结尾，这时打电话，多半得到的回复是“等下周我们再联系吧”，也不宜选择这一天打电话。

（3）按一天来看。

上午的10：00~11：00和下午的3：00~6：00是拨打电话的最佳时段。

上面小资料中给出的时间段只是大致的划分，实际生活和工作中还要具体情况具体分析，切不可照搬照套。例如时差的问题在涉外交往中特别需要注意。

5. 写好通话提纲

如果内容多，时间长，应写好通话提纲，在电话结束前确认一下主要观点，要说明的事情，请人转告的事项是否都一一完成。如果是电话销售中，还有必要做好通话方案，确定通话的主要目标和次要目标，以便能够有所收获。

6. 如果拨错电话，要致歉

二、接听电话注意事项

1. 热情招呼，自报家门

拿起电话先问好，接着介绍自己，报出单位和自己的名字，然后确认对方的单位、姓名及来电意图。

2. 恰当用语，应答慎重

在打电话过程中，对方看不到你，也接收不到你的非语言的信息，唯一可以判断你的诚意和为人的标准就是你的声音和措辞。在措辞方面，电话交谈时多使用礼貌用语，用词须谨慎，慎用俚语和术语。在职场中，电话应答需要注意使用规范化用语，即使无规范化用语，在应答时也需要对语言运用多加注意（表2–3）。

表2–3　接听电话用语

不恰当的应答	恰当的应答
你找谁？	您好！请问您找哪位？
有什么事？	请问您有什么事？有什么能帮到您？
你是谁？	请问您贵姓？
不知道。	抱歉，这事我不太了解。
我问过了，他不在。	我再帮您看一下，抱歉，他还没回来，您方便留言吗？
没这个人。	对不起，我再查一下，您还有其他信息可以提示一下我吗？
你等一下，我要接个别的电话。	抱歉，请稍等。

3. 声音清晰，精神饱满

打电话时声音的音量大小应该与你和桌子对面的人交谈时的音量相同，即距离一至两米远。嘴巴不能离话筒太近，这样对方会感觉很刺耳；同时也不能离话筒太远，以免听不清楚。沟通者发音要清晰、准确、有力，不能打电话时吃东西或趴在桌上。另外语速也要适当，不要太快，也不要太慢，尽量在三分钟内将沟通目的表达清楚。

4. 节约时间，重点重复

在通话时我们一般要考虑对方的时间安排，遵循“电话三分钟原则”，这是基本礼仪。因此通话双方应该明白自己的主要目标是什么，用简练的语言清晰地表达自己的思想。切勿漫无目的的长篇大论或者是语无伦次，这样会浪费对方的时间，产生负效应。合理控制通话时间，在结束通话前将所商定的重要信息进行再次核对。

5. 礼貌结束电话，内容及时上报

结束通话后，根据通话记录，将通话的重要信息整理后上报给上司，做到及时、准确、无遗漏。

三、电话沟通需要注意的其他细节

（1）及时接听，铃响不过三声。不要让铃声响太久，要迅速接听，如果超过三声，要跟

对方致歉。

（2）听到电话铃响，若口中正嚼东西，不要立刻接听电话，应迅速吐出食物，再接电话。

（3）如果电话中要找的人不在时，要先和对方说清楚，然后再礼貌地询问对方是否需要传话。

（4）对打错电话要礼貌热情。

（5）会晤重要客人或参加会议期间来电，向其说明原因与致歉并承诺稍后再联系。

（6）接到投诉电话，千万不能与对方争吵 。

（7）迟到、请假应自己主动打电话说明情况。

（8）外出办事随时同单位联系。

（9）延误拜访时间应事先与对方联络。

（10）外出时，告知去处及电话。

（11）与外出上司联络，力求简洁。

（12）以传真机传送文件后，用电话联络。

（13）同事家中的电话不要轻易告诉别人。

（14）借用别家公司电话应注意最好不要超过10分钟。

案例分析

案例一

两段电话销售通话对比

对话一：

客户：你好，请问哪位？

销售员：您好，×先生，我是××保险公司的销售员，请问您需要买保险吗？

客户：不需要，你们怎么会有我的电话？以后不要再骚扰我了！

……（电话挂断）

对话二：

客户：你好，请问哪位？

销售员：您好，×先生，我是××保险公司的理财顾问，有些投资方面的问题想向您咨询一下，可不可以耽误您两分钟的宝贵时间？

客户：可以，有什么问题呢？

……（交谈继续）

请大家对比这两段对话，讨论下为什么第一段电话中断，而第二段电话对话得以继续？这两段对话中反映了客户的哪种心理？作为销售人员应该采取什么策略来克服这种心理呢？

案例二

循序渐进的电话销售

销售员："您好，请问，李峰先生在吗？"

李峰："我就是，您是哪位？"

销售员："我是××公司打印机客户服务部章程，就是公司章程的章程，我这里有您的资料记录，你们公司去年购买的××公司打印机，对吗？"

李峰："哦，是，对呀！"

章程："保修期已经过去了7个月，不知道现在打印机使用的情况如何？"

李峰："好像你们来维修过一次，后来就没有问题了。"

章程："太好了。我给您打电话的目的是，这个型号的机器已经不再生产了，以后的配件也比较昂贵，提醒您在使用时要尽量按照操作规程，您在使用时阅读过使用手册吗？"

李峰："没有呀，不会这样复杂吧？还要阅读使用手册？"

章程："其实，还是有必要的，实在不阅读也是可以的，但寿命就会降低。"

李峰："我们也没有指望用一辈子，不过，最近业务还是比较多，如果坏了怎么办呢？"

章程："没有关系，我们还是会上门维修的，虽然收取一定的费用，但比购买一台全新的还是便宜的。"

李峰："对了，现在再买一台全新的打印机什么价格？"

章程："要看您要什么型号的，您现在使用的是××公司33330，后续的升级产品是4100，不过完全要看一个月大约打印多少正常的A4纸张。"

李峰："最近的量开始大起来了，有的时候超过10000张了。"

章程："要是这样，我还真要建议您考虑4100了，4100的建议使用量是15000张一个月的A4正常纸张，而3330的建议月纸张是10000张，如果超过了会严重影响打印机的寿命。"

李峰："你能否给我留一个电话号码，年底我可能考虑再买一台，也许就是后续产品。"

章程："我的电话号码是888××××转999。我查看一下，对了，你是老客户，年底还有一些特殊的照顾，不知道你何时可以确定要购买，也许我可以将一些好的政策给你保留一下。"

李峰："什么照顾？"

章程："4100型号的，渠道销售价格是12150，如果作为3330的使用者，购买的话，可以按照8折来处理或者赠送一些您需要的外设，主要看您的具体需要。这样吧，您考虑一下，然后再联系我。"

李峰："等一下，这样我要计算一下，我在另外一个地方的办公室添加一台打印机会方便营销部的人，这样吧，基本上就确定了，是你送货还是我们来取？"

章程："都可以，如果您不方便，还是我们过来吧，以前也来过，容易找的。看送到哪里，什么时间好？”

后面的对话就是具体的落实交货的地点时间等事宜了，这个销售人员用了大约30分钟完成了一个CN公司4100打印机的销售。

请大家仔细阅读上述电话销售案例，然后交流讨论下三个问题：

1. 你觉得这则通话是成功的吗？

2. 你认为销售员在打电话之前做了哪些工作？

3. 销售员是如何一步步完成自己的预期销售目标的？

案例三

顾客的投诉电话

客户：是天宇公司吧，我姓张，我有些问题需要你们处理一下！

接线员：你好，张先生，我可以帮您什么？

客户：我使用你们的笔记本已经快一年了，最近我发现显示器的边框裂开了。因为我知道你们的电脑是3年保修，所以想看看你们如何解决？

接线员：您是指显示器的边框裂开了？

客户：是的。

接线员：您有碰过它吗？

客户：我的电脑根本没有摔过，没有碰过，是它自动裂开的。

接线员：那不可能，我们的电脑都是经过检测的，不可能。

客户：但它确实是自动裂开的，你们怎么能这样对我？

接线员：那很对不起，显示器是不在我们3年保修范围之内的，这一点在协议书上写得很清楚了。

客户：那我的电脑就白裂开了？

接线员：那很抱歉，我不能帮您。请问还有什么问题吗？

客户：见鬼去吧。

请大家认真阅读案例，思考并交流讨论下列题目：

①接线员是否有弄清楚客户打电话的主要目的？

②接线员是否了解客户的资料？

③如果你是该公司的接线员，你认为自己应该怎么做？

任务四　商务信函的写作

任务目标

了解商务应用文体的基本写作要求，明确商务信函的写作原则，掌握商务信函的写作技巧。

参考学时　2学时

引导活动　商务信函的拟写

背景材料

你在一个城市的工会中工作，你的主要工作是书写并编辑月刊杂志《大众打工族》。某天你收到这样一封信：

亲爱的编辑：

每个月我得到两份工会杂志——一份发给我，一份发给我丈夫。我们的姓不同，所以你们的电脑可能认识不到我们的关系。我们是夫妇，不需要两份杂志，发一份的话，可以节约印刷费和邮资，而且降低环境污染。我的名字是王洁，丈夫的名字是李纲，请把我们俩的名字合并，拿一份杂志就可以了。

此致

敬礼

王洁

你碰巧几年前研究过对在该城市工作的夫妇只发一份杂志以省钱的可能性，研究发现复杂的计算机合并和清除程序对于工会的紧张预算来说太昂贵，人工检查邮寄清单避免重复邮寄所花的钱也要比节约邮资多得多，而印刷费用也不一定下降，因为大批量印刷可降低每份的价钱。但是你非常想为自己和工会树立良好的形象，因此想建议将多余的杂志可以送给非工会成员，或拿到医生或牙医的候诊室或理发美容店，这样与别人共享可以扩大公众对本城市工会和工人的支持。

基于上述情况，请你给王洁女士写一封商务信函，向她解释为什么不能给他们夫妻合邮一份杂志。

活动要求

1. 以小组为单位完成此次商务信函的撰写工作。
2. 活动进行时间20分钟。
3. 信函要求文体正确，格式规范，表述简洁清晰。

知识支撑

商务信函是目前应用极为广泛的一种文种，它是企事业单位与外单位或客户进行书面沟通的主要形式之一。商务信函从大类归属上看，属于事务文书，因此它的写作基本按照商务应用文体的要求来做。

一、商务信函的基本写作要求

1. 客观性要求

客观性要求是指应用文的内容必须在广泛开展调查研究的基础上形成，具有真实性特征，正面观点必须符合客观真理，有关的办法、措施必须具有准确性、针对性、可行性强。应用文体的写作切忌主观性。

2. 规范性要求

规范性是指公务及事务文书在体式、处理程序、语言、数字使用、标点符号等方面都具有一定的规范，这些规范保证了应用的约束效力，也是其区别于其他文体的重要标志。

例如应用文的体式规范目前有两种：一种体式规范是“约定俗成”的，如书信等，另一种体式规范是“法定使成”的，如对于行政公文十三种国家在《国家行政机关公文格式》中对公文用纸、排版、字号等都做了严格规定，正文用3号仿宋体，一般每面排22行，每行28个字。这些体式都对人们写作有很强的约束性。再如程序规范方面，最有代表性的就是行政公文的收发文程序，而事务文书的处理程序则会根据实际情况有所增减。

二、商务信函的撰写原则

商务信函是以公司名义撰写的，通过邮政系统或电子邮件的方式递送的有关经济贸易事务的书信。商务信函针对的是企业外部沟通对象，例如，顾客、供应商、分销商或政府代理人。

商务信函具有纯粹的业务性，内容集中单一，行文叙述具体明确，比较讲究礼节性用语等特点，在撰写商务信函时需要遵循下列原则。

1. 主题突出，观点明确

任何一封商务信函都应具有明确的目标，信文内容应紧紧围绕这一目标展开，主题专一明确，不节外生枝。

2. 文词严谨，内容完整

商务信函要求文辞严谨，不能夸张粉饰，模棱两可，且行文条理清楚，内容完整。

3. 简洁通顺，书写规范

简单扼要是应用文写作的基本要求，也是商务信函的起码要求。商务信函应用准确简练的语言将要求对方办理或回答的事项表达明白，而书写规范主要指信函应符合既定的格式要求，体现规范性和正式感。

4. 态度诚恳，谦恭有礼

商务信函除了应达到的商务目的外，还应有建立友谊、树立良好形象的作用。因此遣词造句和行文语气上，都应讲求策略，态度诚恳，谦恭礼貌。例如，在商务信函中，如果要拒绝对方的要求，通常不能使用的语句有：“我们不能同意给您贷款”“ 您发货的时间拖延了”“您订购的书已经不再出版了”，可以使用的语句如“作为×××银行的代表，我很抱歉地通知您，这次我们不能满足您进行商业贷款的要求（真诚的态度表达你的歉意）”，“同其他信贷机构一样，如果月度债务偿还总额超过月度毛收入一定比例的话，我们不能进行这项贷款业务，即使是对像您这样有着优良信用记录的人（合情合理的解释拒绝的理由）”，“当然，我们的贷款委员会将会很愿意重新考虑您的贷款要求，如果您的财务状况有所变动的话，如月收入增加，短期债务减少，规模小一些的贷款要求或者其他因素的变动（保留一定余地，不将此次处理作为最后的结局）”。

三、商务信函的版式

无论是英文商务信函还是中文商务信函，我们通常可以看到以下三种排版格式。

1. 齐头式

这种版式信函的特点是所有内容都从最左边开始，排成一条竖线。齐头式信函的优点是高效，书写快捷，是传统英文信函中用的比较多的形式。但这种版式也有一个问题就是，看起来不对称，特别是在使用没有信头的信纸时，寄信人的地址要写在或打印在信纸的左上角，就显得更加向一边倾斜（图2–3）。

2. 半齐头式

这种版式的特点是日期和署名靠右放置，主题居中，其他的内容都是从左边开始，段落也都采用齐头式。这种版式的优点是整个页面看起来比较平衡。这种版式是现代传统英文信函的形式（图2–4）。

3. 半缩头式

这种版式和半齐头式很相似，但是每个段落都首行缩进，与齐头式相比，这种版式的优点是不显得那么凌乱，是中文商务信函比较常用的一种版式（图2–5）。

在实际工作中究竟使用哪种版式，这要取决于你所在机构的风格、性质和你个人的偏好。

图2–3　齐头式

图2–4　半齐头式

图2–5　半缩头式

四、商务信函的格式

（一）国内商务信函的格式

国内商务信函的常用格式包括：标题、函号、称谓、正文、信尾、附件标注、附言等，有公函式商务信函和普通商务信函之别。

1. 公函式商务信函

（1）标题。标题的位置在信文首页上方，居中书写，标题应表明事由。事由要求概括出函件的主旨，中心，使收件人一目了然地明白信文的主要内容。

商务信函的标题常用的有两种形式：

a. 由事由加文种名称“函”构成，类似于两项式的公文标题，如“关于要求承付打印机货款函”“关于申请商标注册咨询函”。

b. 先写“事由”二字，加冒号提示，然后直接标写该信件的内容。如“事由：机动车索赔”“事由：058号衬衣发盘”。

（2）函号。函号即发函字号或发函编号。中文商务信函的编号常有两种形式：

a．仿效行政公文发文字号，形成“×函【20××】×号”或“（20××）×函第×号”的形式。如“琼纺财函【2003】99号”或“（2003）琼纺财函99号”，这里的“琼纺财函”是指“海南省纺织公司财务处商函”，“99号”是该公司年度发函的顺序号。商务信函的发函号没有行政公文那么严格。

b．采用直接编号，如“23号”。设置函号是为了便于收发函双方对商函的处理、归档、备查、是否需要编号，或采用何种形式编号，并无具体规定。

函号的位置没有固定的统一的要求，通常出现在标题右下方或信头的左上方。

（3）称谓。称谓是对收信人或收信单位的称呼。

称谓的位置在标题或函号的左下方，单独占行，顶格书写，后面用冒号。

商务信函比较注重称谓。若收信方是单位，应写全称或单位内的部门名称；若写给个人，要在公司名称和对方姓名之后加职务衔，以示尊重。如“××百货公司××经理：”“××厂长：”“×××董事长：”等。不知道对方职务或职称的，可选“先生”“女士”“小姐”等称呼。

与港澳台地区进行商务往来，依照习惯还应在称谓上加上“台览”“惠览”等文言敬语，如“王先生台览”。首次写信表示敬称常用一般信函形式，如“尊敬的董事长助理刘先生台览”，商务信函在称呼后一般不用寒暄语，可直接进入正文。

（4）正文。正文是商务信函的核心，文中叙述业务往来的实质性问题，正文写作要求内容单纯，一文一事，文字简明，事实有据，行文礼貌。

正文包括开头、主题、结尾三部分。

a．开头应直截了当，简单扼要地说明发函意图、缘由；复函则要引述对方来函，以示复函的针对性。

b．主体表达信函的中心内容。一般是根据发函缘由详细地陈述具体事项，或是针对所要洽谈的问题或所联系的事项，阐明自己的意见。要求语气要客气，问题要明确，事实要清楚，表达要明白。

c．结尾比较简单，就是一两句话，但却是点睛之笔，措辞应特别注意恰当得体。结尾一般用精练的词语将主体所述之事加以概括，并提出本函的要求，如“候复”“希望上述答复能够满足贵方的要求，并候早复”“希望速予办理见复”等。有些商务信函在结尾也常使用一些惯用语“此致”“此复”等。一般商务信函不使用祝颂语。结尾的惯用语和祝颂语可一行书写，也可两行。

（5）信尾。信尾包括落款、签章、日期。

a．落款通常写在结尾或另起一行的偏右下方的位置。以单位名义发出的信函，落款可写单位名称或单位内具体部门名称，也可同时署写信人的姓名。有负责人姓名的还要注明职务。使用专用发函纸，则填写日期即可。

b．签字、加盖公章。重要的信函，为郑重起见要加盖公章。加盖公章时要盖得工整，公章应端正，且骑年跨月。有发函人署名的必须亲手签名，不能用图章代替手签，打印的信件在打印的姓名前面也必须签署真名，因为商务信函是重要的凭证。

c．日期一般写在署名的下一行或同一行偏右的位置。发函日期要写明具体的年、月、日（甚至时）。作为凭据，日期是商务信函非常重要的一项格式，要求书写完整，不可省略、遗漏。

（6）附件标注。附件是随函附发的有关材料，如报价单、发票、确认书、单据等。由于文本页数多或不便写入正文，这些资料均可作为附件处理，附在信函之后。

附件的标注位置可在落款之前，也可在落款之后，靠左侧写“附件：”或“附：”字样，然后注明附件的名称和件数。如“附件：海图公司最新地图目录三份”“附：74号男式真丝睡衣彩色图片一套”。

（7）附言。信函写完后，发现内容有漏、或有补充说明之事、或有必须修正之处，可在落款左下方标写“又及”“又启”“再者”“再启者”字样，然后提醒予以补叙。

交代有关事项，也可直接补叙有关事项，然后标写“又及”“又启”字样。如“又及：××××经理特意嘱笔问候”“又启：来函可邮寄新址”或“×××经理特意嘱笔问候。又及”“来函可邮寄新址。又启”。

如果附言补叙的内容较多，应另写一函，以示尊重。

上述公函式商务信函的七项格式，并非每件商务信函必须具备，其中附件标注、附言应依实际需要选择使用。

公函式商务信函的格式构图如图2-6所示。

事由：×××××
×函【20××】×号
××公司：
正　文
××公司（公章）
总经理××（签名）
年　月　日
附件：　　　（附件）
又及/又启/再者（附言）

图2-6　公函式商务信函格式构图

2. 普通商务信函的格式

普通商务信函是便函在经济活动中的应用，其格式与一般信函相同，只包括称谓、正文、信尾、附件、附言5项。其中称谓、正文、信尾是必有项目，附件、附言是可有项目。

普通商务信函格式如图2-7所示。

××公司：
正　文
特此函达。
××公司（公章）
总经理××（签名）
年　月　日
附件：　　　（附件）
又及/又启/再者（附言）

图2-7　普通商务信函格式构图

撰写商务信函，具体使用公函式商务信函还是普通商务信函，没有一定之规，依实际需要采用。

（二）英文商务信函的格式

在商务活动中，有时需要按照英文商务信函的格式进行写作，这就需要掌握西式商务信函的格式。西式商务信函的格式由信头、称谓、问候语、正文、祝颂语、落款和附件等几部分构成。

1. 信头和封内地址

信头是英文商务信函的格式，信头出现于信文首页的上部，在左上方写收件人地址、单位、职称、职衔、姓名等，右上方写发信人的地址、法定名称、姓名、电话、传真、E-mail、邮政编码、寄信日期等。我国香港多采用英文商务信函。

有的工商企业的信笺印有信头，发信人只需在发函时在其上按需要填写即可，收件人的地址则写在信纸的左上方的位置。

2. 称呼

与其他书信一样，在第一行顶格书写收信人的名称。若收信人是个人，则要在个人姓名后加上“先生”“女士”或对方的职务。如果不知道收信人具体是谁时，可以采用亲爱的人力资源部主管/先生或女士。

3. 问候语

对公司的商务信函一般不写问候语，对个人，可在称呼的下一行空两格写“您好”，以显得亲切自然。

4. 正文

信函的主体要直截了当地告诉对方需要办理的事项，让对方尽快明白来函意图，以便及时复函。多数情况下，用简短精练的一段话开场，说明你的目的或对你要传达的信息做出相关的介绍。一般商务信函要求一文一事，主旨鲜明、集中、突出，如果将多件事情同时函告，应分层分段，使主次分明。有关的表格和其他资料，不宜放在正文中，可注明有何附件，以便核对。

5. 祝颂语

企业之间常用“此致”“敬礼”表示。另外，还可根据不同对象采用不同的祝颂语，如商业企业的负责人习惯敬祝“生意兴隆”“财运亨通”等。祝颂词应分两行书写，前一行写“敬祝”“此致”“顺祝”等，第二行顶格写祝颂内容，如“商祺”“生意兴隆”等。祝颂词一定要礼貌、规范。

6. 落款

落款包括签署和日期两项，常写于信函末尾的右下角，国外客户来函签署时，常在写明发函单位名称的同时，还有发函人亲自签名，并写上职务或职称，以示庄重和负责。

小资料 一封西式商务信函

信头	格斯莫产品公司 大山街320号 电话：×××-××××，传真：×××-×××× 电子邮箱：×××××××@wildfire net
收信人的姓名和地址	理查德，威尔逊先生， 欣文街2号 芝加哥，伊力诺伊州60411
称呼（名头）	亲爱的威尔逊先生，
正文	感谢您订购了我们的5号鲈鱼钓具，很遗憾。由于定购量太大，5号鲈鱼钓具现在缺货，不过到这个月底就不会出现缺货现象了，到时我们会将您订购的货品用两天内送达的特快专递发给您，这不需要您另外付费。 如果您觉得满意的话，就不必再给我们回答了，如果您想要取消订货，请致电555-5678，格斯莫公司会给您全额退款的，不管怎样，我们都会从《钓鱼月刊》上将5号钓具的介绍复印下来给您，这会帮助您更有效地使用该产品。祝您钓鱼愉快。
结尾	致敬。
署名	丽莎古德里奇
日期	2003年6月30日

五、商务信函示例

1. 信用查询信函

敬启者：

我们从新加坡的伊藤公司获得一份重要订单，该公司通知我们，贵公司为该公司查询信用的地方。为此，请来函告诉我们该公司商业信誉与信用状况，本公司将甚为感激。今后如有机会，本公司愿为贵公司提供同样的服务。

×××敬上

××××年×月×日

2. 答复询问信函

敬启者：

贵方9月16日查询公司的来函收悉。现提供事实如下，供参考。

该公司创立于1950年，从事进出口贸易业务。由于其营业额大且商誉极佳，公司拥有300名员工，每年采购额高达九百万美元，董事们极为负责，被认为十分可靠。

关于贵方所提到营业额一事，就我方意见，贵方可以完全依赖。但是，这是本人个人意见，至于贵方与该公司交易一事，我们对贵方不负责任。

×××敬上

××××年×月×日

3. 询问报价信函

敬启者：

我方在《经济日报》上看到贵公司的广告，对贵公司的皮箱和各类皮鞋甚感兴趣。

请贵方将附表内各项以CIF上海报货价来函告知，并请贵公司将产品详细情况、最快交货日期及正常情况下订货的折扣告诉本公司。

本公司对各类皮革、日用杂货每年需求量甚大，请贵方惠赠一份目录及详细说明书。

×××敬上

××××年×月×日

4. 请开信用证信函

敬启者：

贵方3月28日寄来的DF-16号订单及其装船通知单均已收到，至为感激。

贵方订购的产品正在交运中：贵方通知我们将按照我方意思开出一份5月30日前有效的不可撤销的信用证，烦请贵方立即寄来。

信用证一到，本公司就依照贵方装船通知单上的要求立即包装起运。本公司向贵方保证，我们将进行完整的装运，让您完全满意。

×××敬上

××××年×月×日

5. 要求对方付款信函

敬启者：

阁下3月6日订货已交由“阿波罗”轮承运，今天已从东京港启航，特此奉告。

现随函附上美金6128元汇票，开给对方的汇票是见票即付期票，同时附上装船文件，敬请查收。

依照安排，现已指示我银行发出我方汇票付款文件，对贵方是有利的。

×××敬上

××××年×月×日

案例分析

案例一

齐头式与半齐头式对比

下文是一篇英文商务信函和它的中文译文。

22 May 2007

Kee & Co., Ltd

34 Regent Street

London, UK

Dear Mr. Smith,

Thank you for your letter of the 20th of this month. We shall be glad to enter into business relations with your company.

In compliance with request, we are sending you, under separate cover, our latest catalogue and price list covering our export range.

Payment should be made by irrevocable and confirmed letter of credit.

Should you wish to place an order, please E-mail or fax us.

Yours sincerely,

Yang Lian

Chief Seller

中文译文：

尊敬的史密斯先生：

非常高兴收到贵公司本月十六日有关建立商务关系的来函。谨遵要求另函奉上最新的出口商品目录及报价单。款项须请以不可撤销保兑信用证支付。如欲订货，请寄电子邮件或传真为盼。

出口部主任杨连谨上

2007年5月22日

请结合上述两封信函，在充分对比的情况下谈谈齐头式信函格式和半齐头式格式的异同。

案例二

公函式商务信函格式训练

请将以下这篇寄送报价单信函改写为公函式商务信函的格式，标题、函号等要素个人自拟。

敬启者：

从香港工商会获悉贵公司名称，得知贵公司拟在本市场与我公司进行交易。我公司从事一般商品进出口业务已有多年，在商界赢得了顾客和朋友们的赞誉。

现随函附寄价格表一份，请参考。虽然此表已过时数周，其价格已可能不适于当今市场，但我们所以寄上此表是为了使贵公司了解一下我公司所经营的项目。由于时间和篇幅所限，我不能将所有可提供的商品全部列入表中，为此，如贵公司对表中未列项目感兴趣，请发函来询。如能收到贵方对我商品提出的详细要求，将不胜感激，确信贵我双方能圆满地达成交易。

若贵方对我表中所列报价无兴趣，亦请转告对此感兴趣的朋友或公司为盼。

顺致最良好的祝愿。

×××敬上

××××年×月×日

案例三

一封致歉函

假如你是一位手机销售部经理，某老客户想购进700部BMC型手机，希望一周后交货，而这款手机因为销量好暂时脱销。你现在不能满足他的需求，为了表示歉意，也为了和该客户长期合作，你需要给他写一封致歉信函，你该怎么做呢？

自我测评

电话沟通能力评估

（一）回答以下问题

1．你对工作中打进电话的人经常是什么样的态度？

A．公平合理的　　B．没有注意过　　C．经常不满意

2．你是否很愿意告诉别人对自己工作的感受？

A．经常　　B．从不表露　　C．不经常

3．你的个人问题总会影响到你对工作的态度吗？

A．经常　　B．持反对意见　　C．从不

4．如果有人批评你的单位或公司的话，你通常会有什么反应？

A．赞同　　B．持反对意见　　C．虚心倾听

5．你的电话留言是否能及时地传达给合适的人？

A．经常　　B．有时

C．一点耐心都没有

6．打电话给你的人或旁观者觉得你的耐心怎么样？

A．很有耐心

B．不错，你应该更好一些

C．一点耐心都没有

7．当有人打电话打扰了你，你一般会是什么反应？

A．你感到很恼火，但尽量去帮助他们

B．你很乐意为他们效劳

C．你告诉他们你很忙，建议他们先去找别人帮忙

8．你的同事、朋友或家人认为你接电话的语气怎么样？

A．很好　　B．有时很好　　C．很糟

9．在通过电话交谈时，你经常面带笑容对话吗？

A．经常　　B．有时

C．为什么要微笑，就算笑了对方也看不见

10．你接电话时说的第一句话是什么？

A．电话号码

B．你的单位名称

C．你好！或早上好！

11．电话结束时，你会向对方道谢吗？

A．总是这样的

B．有时会

C．只有当对方态度好的时候

12. 你觉得应该怎么形容你在电话交谈中的语调?
    A. 平平淡淡
    B. 和气友善
    C. 随性，反正对方也看不见
13. 在铃声响过多少次之后你会接电话?
    A. 尽可能少的次数　　B. 3次或更少一些　　C. 不超过5次
14. 打电话时，如果对方的回答达到了你打电话的目的，你会为此而致谢吗?
    A. 经常　　B. 有时　　C. 极少
15. 如果有人打电话询问一些事情而你不太肯定答案的时候，你会怎么做?
    A. 告诉他们你认为正确的答案
    B. 告诉他们你不知道，请他们等一下，你找找看
    C. 告诉他们你不知道，把问题的细节写下来，设法找到准确答案，然后安排时间让他再打过来

（二）答案

得分 选项 / 序号	A	B	C
1	3	2	1
2	3	2	1
3	1	2	3
4	2	1	3
5	3	2	1
6	3	2	1
7	2	3	1
8	3	2	1
9	3	2	1
10	1	2	3
11	3	2	1
12	1	2	3
13	2	3	1
14	3	2	1
15	1	2	3

（三）结论分析

44~45分（优秀）：你在电话中的表现非常得体，你几乎可以和每个人融洽相处；你可能还会有某些地方需要改进，仔细检查你的答案，看看哪些题目你得的分数最低，那就是你的薄弱环节。

40~43分（良好）：大多数的时候，你在电话中的表现会令对方满意；不过你应

该进一步提高你的技巧，检查一下你的答案，找出毛病。不要满足于现状，要不断改进。

35~39分（不错）：你应该增强自信心，要信任自己。相信自己能做得更好，这会让你在电话中更加自如地与对方交谈。

30~34分（有待改善）：你总是想着怎样回答对方的问题，处于一个被动的位置，没有主动掌握双方的交谈过程。不管是接电话还是打电话，你要尽量主动一些、积极一些。检查一下答案，看看哪些题目你得的分数最低，改进这些方面。

低于30分（各方面都需要改进）：你在电话中的表现很糟，不能妥善处理出现的问题，把你的答案与标准答案比较一下，考虑一下你该如何改进。

项目三
非语言沟通的控制

语言是人类最重要的交际工具，但交际的工具不只有语言，很多非语言符号也是重要的沟通工具。事实上，非言语沟通比语言沟通更常见，也更富有表达力。关于非言语沟通在人际沟通中的重要性，有人总结过这样一个公式“交际双方的相互理解=语调（占38%）+表情（55%）+语言（7%）”。因此，了解并掌握非言语沟通技巧很有必要。

任务一　明确非语言沟通的作用和种类

任务目标

明确非语言沟通在沟通中的重要作用，了解非语言沟通的特点，掌握非语言沟通的类型。

参考学时　1学时

引导活动1　解析“身体语言的秘密”

活动要求

1. 先提供几张表情图片，要求学员以小组为单位在纸上写出各种表情所传达出的情感，并由教员汇总展示。（时间5分钟）

2. 教师再播放一段视频《身体语言的秘密》。

3. 大家以小组为单位讨论下列问题：

（1）人类在通过表情传达情感方面是否具有一致性？

（2）身体语言与人类的有声语言哪种更能准确传递信息？

（3）身体语言在沟通中有什么作用？

（4）除了表情与身体语言，你还知道哪些非语言沟通的方式？

知识支撑

非言语沟通是指人们通过非语言文字符号进行信息交流的一种沟通方式。人们利用身体动作、面部表情、空间距离、触摸行为、声音暗示、穿着打扮、实物标志、色彩、绘画、音乐、舞蹈、图像和装饰等来表达思想、情感、态度和意向。

一、非语言沟通的特点

非言语沟通具有以下六个方面的特点：

（1）普遍性。在人类沟通过程中，几乎每个人从小就自觉不自觉地学会了非言语沟通的能力。据考证，这种沟通能力的获得是人类有史以来就有的一种本能。人类产生以后，就开始了人与自然界及人与人之间的沟通活动，这种非言语沟通在人们的语言符号产生之前就已经是最重要的沟通形式了。随着人们实践活动的发展，社会的进步和人际交往范围的扩大，人们的非言语沟通能力也不断得到丰富和发展。不同国家不同文化背景的人非语言沟通的表达方式也有所不同，但与各国各民族所用的语言比较起来，非言语沟通的信息共享更强一些。比如音乐和舞蹈可以跨越言语障碍进行人与人之间的非言语沟通与交流。

（2）民族性。不同的民族有不同的文化和风俗习惯，这种不同的文化传统和风俗习惯决定了其特有的非言语沟通符号。例如，在欧洲一些国家，亲吻、亲鼻是一种礼节，是一种友好热情的表示，尤其是对女性而言。但中国人往往不太习惯，而更习惯以握手的方式来表达同样的感情。

（3）社会性。人与人之间的关系是一种社会关系。社会中的不同职业角色，不同阶层都对非言语沟通有着较细微的规定性，如关系亲密的年轻人喜欢以相互用手拍肩膀以示友好或表示“哥们儿”。然而，如果用同等方式去向父母亲或年龄较大的长辈来表达友好就显得缺乏礼貌了。

（4）审美性。非言语沟通所表现的行为举止是一种美的体现。对此类行为认同的基础是人们的审美观念。人们审美观念的形成与年龄、经历有着很大关系，例如，年轻女孩穿着超短裙，自己认为很美，但有些老年人则觉得有失庄重，给人轻浮之感，毫无美感可言。如果沟通的参与者意见不一致，对外在美所体现的心灵美看法不同，在一定程度上会影响人际沟通。

（5）规范性。这种规范性是指一个社会群体或一个民族受着特定文化传统的影响，长期以来对非言语沟通所产生的社会认同。每一种社会角色都有着被大家承认的行为举止准则，在运用非语言符号时，要考虑沟通对象的文化因素、民族因素、环境因素、年龄因素、心理因素、社会道德因素等。一旦忽略了某种非语言符号所特有的规范性，便会造成误解和障碍。

（6）情境性。非言语沟通一般不能够单独使用，不能脱离当时当地的条件、环境背景，包括与相应语言情境的配合。只有那些善于将非语言符号与真实环境背景联系起来的人，才能使非语言符号运用得准确、适当。

二、非语言沟通的作用

人们在日常交往中往往会发现，有时非语言沟通可以起到语言文字所不能替代的作用，一个人的手势、表情、眼神、笑声等都可以说话或传情。所以，非言语沟通不仅是利用语言进行信息交流的一种补充，而且是一种人与人之间的心理沟通，是人的情绪和情感、态度和兴趣的相互交流和相互感应。非语言沟通的作用具体有以下几种。

1. 表情达意

在日常工作、生活中，人们总是会自觉或不自觉地通过非语言沟通形式来传递信息和表达感情。非语言沟通这种形式，一方面可以传达给对方信息，例如，两人相距太远，我挥动手臂，向他“再见”，在噪声较大的工地或停车场，人们无法听见对方的讲话，便可以用手势来指挥吊车的工作、停车的位置和距离；另一方面更重要的是它更能真实地表明人的态度和情感。因为非语言的行为在很大程度上是习惯性的、无意识的。与人交谈后，你会很清楚地记得谈话的内容，但在谈话中你做了哪些动作、哪些姿势却难以说清，因为它们是习惯，是自然而然的情感流露。例如，我们会不自觉地接近自己喜欢的人，而与自己不喜欢的人保持距离；对某话题感兴趣的时候，会注视对方的眼睛，而不感兴趣或心不在焉时，眼神是游离的，所以良好的沟通者更应该学会控制自己的非语言沟通行为。目光、手势、形体动作、面部表情等都以非语言的形式存在，并向人们传递我们的情感与情绪。

小故事

毛主席的挥手之间

在方纪的散文《挥手之间》，描述了在抗日战争时期，毛泽东去重庆谈判前与延安军民告别时的动作。“机场上人群静静地站立着，千百双眼睛随着主席高大的身影移动。”“人们不知道怎样表达自己的心情，只是拼命挥着手。”“这时，主席也举起手来，举起他那顶深灰色盔式帽，举得很慢，很慢，像是在举一件十分沉重的东西，一点一点地，一点一点地，等举过头顶，忽然用力一挥，便在空中一动不动了。”

“举得很慢很慢”，体现了毛泽东在革命重要关头对重大决策严肃认真的思考过程，同时，也反映了毛泽东和人民群众的密切关系和依依惜别之情。“忽然用力一挥”表现了毛泽东的英明果断和一往无前的英雄气概。毛泽东在这个欢送过程中一句话也没有讲，但他的手势动作却胜过千言万语。

2. 验证语言信息

人类语言传达的意思大多数属于理性层面，这种经过理性加工的语言往往不能真实地表露一个人的真正意向，甚至还会出现“口是心非”的现象。非言语行为通常是伴随语言行为发生的，是深动的、持续的，它既能直观地表达意思，也能验证语言信息是否真实。

小故事

麻将后面的政治新闻

我国新闻界的前辈徐铸成先生有一次谈到他早年采访中的一段经历。1928年阎锡山和冯玉祥曾经酝酿联合反蒋介石，可是当冯玉祥到达太原时，阎锡山却把他软禁起来，借此行动向蒋介石要钱要枪。后来冯玉祥的部下做了一番努力，才逐步扭转危局。那天徐铸成到冯玉祥驻太原的办事处采访，看到几个秘书正在打麻将，心里一动，估计冯玉祥已经脱身出走了，因为冯治军甚严，如果他在家的话部下是不敢打牌的。徐铸成赶紧跑到冯玉祥的总参议刘治州家采访，见面就问：“冯玉祥离开太原了?”对方大吃一惊，神色紧张地反问：“啊？你怎么知道?”这个简短的对答，完全证实了徐铸成的判断。徐铸成就这样通过一桌麻将和采访对象的神色语气，获得了冯玉祥脱身出走的重要信息。以后他又经过深入的访谈，摸清了冯玉祥、阎锡山将再度联合的政治动向，在当时这是一条极其重要的政治新闻。

可见非语言行为在沟通中所表现出的真实性和可靠性要比语言强得多，特别是在情感表达、态度显示、气质表现等方面，非语言沟通更能显示出它独有的特性和作用。

3. 影响并调控语言沟通

在沟通过程中，非语言沟通不仅起着配合、辅助和加强语言沟通的作用，而且能够影响并调控语言沟通的方向和内容。如在交谈中，讲话者应把目光集中在听话者身上，尤其是面部，意思是“我正在跟你讲话。”而听话者也应不时地注视一下说话者，表示“我在听着呢”。讲话者快讲完时，总是抬起眼看着对方，示意对方“该你讲了”。这时对方会接收到这一信号，将目光移向别处，表示“我已经准备接话了”。然后听话者转为讲话者，重复刚才的一幕，谈话继续进行。如果在讲话者喋喋不休时，听话者东张西望，那就表示“够了，别讲了”，这时谈话者应及时做出调整。这种目光信号的交换伴随着整个谈话过程，调节着谈话的结构和内容。

4. 显示自我情况和人际关系状态

中医看病讲究“望闻问切”，其中前两项就是通过非语言行为对患者进行临床观察，以便确定病情。同样在沟通中，人们的非语言行为也会显示出年龄、身份、地位、兴趣、爱好、情感、意志、态度、倾向等有关个人的信息。

非语言沟通除显示自我情况外，还可以提供有关人际关系的信息，有确定沟通双方关系的作用。比如两人挥拳相向表示人际关系紧张，相互握手表示关系良好，双方距离小于半米，说明关系极其亲密。

引导活动2 哑巴摸号游戏

活动要求

1. 本游戏需要十位学员积极参与，学员出列后就不能说话了。
2. 教员将写有1～10序号的卡片打乱顺序后，随机发放给学员。
3. 学员确认自己的序号后，将序号装好。
4. 游戏开始，要求十位学员按照1～10的顺序排列好。
5. 学员需向队友证明自己是几号，但整个过程中不能使用语言和1～10的手势。
6. 游戏时间：10分钟。
7. 游戏结束后，每位同学谈谈个人感受。

三、非语言沟通的种类

1. 非语言沟通的方式

（1）标记语言方式，是指用手势、代码等代替文字语言的特殊标记符号来传递信息。如手语、旗语、交通警的指挥手势、军队的电码、红绿灯等。

（2）行动语言方式，指用那些不特别用于代表某种“信号”的所有身体动作来传递信息。如吃喝、挥手、哭泣、接吻、颤抖、跺脚、撇嘴等动作都具有功能和沟通上的双重意义。

（3）物体语言方式，指用通过物体摆设或设定物体形态传递信息的方式。如环境布置、房间设计等。

2. 非语言沟通的类型

（1）人体语。也称身体语，即用人体发送出的非语言信息符号。它是非语言沟通中内容最丰富的一种。如面部表情、目光语、手势语、体态语（站、走、蹲的姿势）、身体接触语、副语言、气味语。

（2）服饰语。利用服装、手势、发式、化妆等发送出的非语言符号。

（3）时间语。用时间表达出的信息符号称为时间语。它研究的是人们对准时、及时、延时、时间的早晚长短及过去、现在、未来等概念的理解。

（4）空间语。用空间表达出的信息符号称为空间语，它研究的是沟通者之间的距离、位置的安排等方面的内容。例如人际交往的四种距离，主客双方的就座方位等。

（5）颜色语。用颜色表达的信息符号称为颜色语。例如红色代表热情，蓝色代表冷静，白色代表纯洁，黑色代表庄重，紫色代表优雅。

（6）艺术语。用舞蹈、音乐、雕塑、建筑、美术等艺术形式也可以沟通信息。不同国家不同文化背景的人非语言沟通的表达方式虽多有不同，但与非语言沟通类型比较起来，艺术语的共享性更强一些。比如即使语言不通，背景不同，人们对于音乐和舞蹈仍然会有心领神会的交流。

（7）环境语。用环境表达出的信息符号，它研究的是场合、室内装饰、温度、光线等问题。

（8）花语。每种花卉所具有的独特含义。

（9）其他。除上述类型之外的非语言沟通符号。例如笔迹、音高、礼品选择等。

非语言沟通的内容极其丰富，在沟通中交流双方只有恰到好处地应用非言语行为，才能弥补某些状态下语言交流的不足，促进双方沟通，进一步提高交流质量。

案例分析

案例一

独特的招聘考核与评价

小张是一家人力资源部的主管。他所在的公司需要招聘一名文员，要求英语专业的女性。作为一家全国知名的公司，招聘消息在网上发布后没多久，就接到了大量的求职信。

经过层层考核，留下了三个实力相当的应聘者，小张让这三个人写一篇800字以内的中文作文，一方面考察她们的文字表达能力，更重要的是通过笔迹来判断谁更适合这个岗位。

A小姐：英语水准和中文表达能力都极其出色，而且由于她看过很多书，谈吐非常得体。在面试时，小张对她的印象很好，已经把她作为第一考虑人选。但通过仔细研究她的笔迹后小张发现，她的字体非常大、棱角过于突出，经常有一些竖笔划划到下一行的现象。通篇有一种不可一世、压倒一切的霸气。经过分析，小张认为她是个很有才气也很有野心的女孩，她不会安心于终日做些琐碎日常的工作。而且由于她自信心极强，从他字体中反映出的不可一世，说明她也不可能很随和地与部门的人相处。而且作为经理，会非常难领导这样的下属。有这样字体的女孩更适合做营销等高度挑战性的工作，所以小张选择了放弃她。

B小姐：人长得非常漂亮，口齿伶俐，面试中的一问一答都反应机灵而敏捷。她的英语口语非常出色，但小张在研究她的笔迹后发现，她的字体非常小而黏连，娇娇弱弱，字没有一点骨架，有很强的讨好人的谄媚之相。研究后小张强烈地感觉这是个心胸很小、娇滴滴、吃不了一点苦的而且还有极强虚荣心的人。

C小姐：表面看她没有任何优势，她是通过英语自学考试拿到的英语本科文凭，无法与其他名牌大学的背景相比。虽然通过考试发现她的英语口语和写作都不错，但由于人长得非常不起眼，而且说话很少，声音很轻，刚面试时没给小张留下什么印象。恰恰是她的字让小张立刻注意到了她。她的字写得娟秀、清爽、整齐，笔压很轻，通篇干干净净，字的大小非常均匀，而且字体中适度的棱角让字体很有个性，但这种棱角又没有咄咄逼人的感觉。从她的字可以判断出来她做事非常认真仔细，自律意识很强而且安心做日常琐碎的工作。她有自己独立的见解，但又不至于没有团队精神。

在笔迹的帮助下，小张选择了C小姐做部门文员。半年过去了，事实证实她的性格完全与小张当初的判断相符：她敬业且高效，严谨而认真，她将部门的日常工作处理得非常好。

看完这个案例你是不是有好好写字的冲动，可以小组为单位进行“写字猜名”游戏，即小组每位同学匿名书写一句话、一段话或一首诗，然后大家共同欣赏，猜测下写字人的性格，当然这仅仅是个游戏。

案例二

如此修饰

郑伟是一家大型国有企业的总经理。有一次，他获悉有一家著名的德国企业的董事长正在本市进行访问，并有寻求合作伙伴的意向。他于是想尽办法，请有关部门为双方牵线搭桥。让郑总经理欣喜若狂的是，对方也有兴趣同他的企业进行合作，而且希望尽快与他见面。到了双方会面的那一天，郑总经理对自己的形象刻意地进行一番修饰，他根据自己对时尚的理解，上穿夹克衫，下穿牛仔裤，头戴棒球帽，足蹬旅游鞋。无疑，他希望自己能给对方留下精明强干、时尚新潮的印象。然而事与愿违，郑总经理自我感觉良好的这一身时髦的“行头”，却偏偏坏了他的大事。

请问郑总经理的错误在哪里？为什么他做错了？你认为怎样做是合适的、不失礼的？

任务二　非语言沟通的控制

任务目标

掌握各种非语言沟通的技巧，了解相关的商务礼仪知识，提高非语言沟通的控制水平。

参考学时　2学时

引导活动　微笑拼图

活动要求

1. 认真学习和体会微笑的三原则：心到、眼到、口到。
2. 每位同学面对镜子练习微笑表情。

3. 拍摄一张个人微笑照片（要求面部清晰）。
4. 以小组为单位将组员的微笑表情图片拼图，并注明组员姓名和组名。
5. 将照片拷贝给老师。
6. 课堂微笑展示，并评选最美个人笑容奖和最美团队笑容奖。
7. 感受分享。

知识支撑

非语言沟通是沟通活动的重要组成部分，其在交际活动中的作用非常大，有时非语言的微妙表现，会泄露你的真实内心，决定着关系的走向。因此，了解和学习控制我们的非语言表现非常有必要。

一、身体语言

身体语在我们进行沟通的过程中总是伴随着有声语言出现。它包括面部表情、眼神、身肢体动作、身体接触等诸多形式。

1. 面部表情

1957年，美国心理学家爱斯曼做了一个实验，他在美国、巴西、智利、阿根廷、日本五个国家选择被试者。他拿一些分别表现喜悦、厌恶、惊异、悲惨、愤怒和惧怕六种情绪的照片让这五国的被试者辨认。结果，绝大多数被试者"认同"趋于一致。实验证明，人的面部表情是内在的，有较一致的表达方式。因此，面部表情多被人们视为是一种"世界语"。在面部表情中，应该特别注意眼、脸部肌肉、眉的变化。

目前人类能够辨识的面部表情有25万种之多，表情虽然细微，但却有着巨大的魔力。在日常生活中比较常见的面部表情有挑衅的，傲慢的，厌烦的，不满的，着迷的，高兴的，震惊的，惊讶的，怀疑的，沾沾自喜的，同情的和气馁的。每一个面部表情所代表的意思会在对方用言语表达内心感受之前更加正确地传达给接收者。

（1）积极的面部表情是真诚的、友善的。

（2）消极的表情则是冷淡的或面无表情的。

（3）眉毛可以反映许多情绪。当人们表示感兴趣或疑问的时候，眉毛会上挑；当人们赞同、兴奋、激动时，眉毛会迅速地上下跳动；处于惊恐或惊喜的人，他的眉毛会上扬；而处于愤怒、不满或气恼时，眉毛会倒竖；当窘迫、讨厌和思索的时候，往往会皱眉。

（4）嘴巴是说话的器官，它有吃、咬、吮、舔等多种动作形式，当然也传达丰富的信息。嘴巴紧抿往往代表意志坚决，如果不敢与他人目光相接触，可能心中藏有秘密，此时不愿透露；嘴巴不自觉地张着，并呈倦怠状，说明他可能对自己和对自己所处的环境感到厌倦；咬嘴唇，表示内疚；当对对方的谈话感兴趣时，嘴角会稍稍往后拉或向上拉；撅着嘴是不满意或准备攻击对方的表示。值得注意的是，在英语国家，用手遮住嘴，有说谎之嫌。中国人在对人讲话时，为了防止唾沫外溅或口气袭人，爱用手捂住嘴，很容易使英语国家的人认为他们在说谎话。

（5）微笑是自信和礼貌的表现，也是一个人心理健康的标志，在社交场合中，微笑是最令人愉悦、最富吸引力也最有价值的面部表情。

小故事

纽约百老汇大街证券交易所有名的经纪人斯坦哈特，过去是个严肃刻薄、脾气暴戾的人，以至他的雇员、顾客甚至太太见他都尤恐避之不及。后来，他请教了一位心理学家，学会了微笑，一改旧习，无论在电梯里还是在走廊上，无论是在大门口还是在商场，逢人三分笑，像普通的职员一样虔诚地与人握手。结果，不仅夫妻和睦相处，相亲相爱，而且顾客盈门，生意兴隆。从这个意义上说，微笑是一笔财富。

2. 眼神

心理学家海斯在《暴露真情的眼神》一书中说道，在人类所有的沟通信号中，眼神是最能说明问题、最准确的信号。眼睛是心灵的窗户，眼神在面对面的沟通中有极重要的功能。眉目传神，目光总能折射出你的内心世界，从目光中可以看到你的友善、关注、困惑或者忧郁。下面我们从视线接触的长度、视线方向、瞳孔的变化及目光凝视的区域四方面来了解一下眼神运用的注意事项。

（1）视线接触的长度是指说话时眼睛与对方视线接触的停留时间。与人交谈时，视线接触对方脸部的时间应占全部时间的30%～60%，超过这一平均值的人，可认为对谈话者本人比对谈话内容更感兴趣；而低于这一平均值的人，则表示对谈话内容和谈话者本人都不太感兴趣。不同的文化对视线接触的长度是有差别的。在中东一些地区，相互凝视为正常的交往方式。在澳大利亚的土著文化中，避免眼睛接触是尊重的表示。当然，在大多数的国家里，特别是在英语国家里，沟通中长时间地凝视和注视及上下打量，被认为是失礼行为，是对私人占有空间或个人势力圈的侵犯，往往会造成对方心理上的不舒服。但并不是说在跟他们谈话时，要避免目光的交流，事实上，英语国家的人比中国人目光交流的时间长而且更为频繁。他们认为，缺乏目光交流就是缺乏诚意、为人不实在或者逃避责任，但也可能表示羞怯。

（2）视线接触的方向也很有讲究。说话人的视线往下（即俯视），一般表示“爱护、宽容”；视线平行接触（即正视），一般多为“理性、平等”之意；视线朝上接触（即仰视），一般体现“尊敬、期待”的语义。

（3）瞳孔的变化是指接触时瞳孔的放大与缩小。瞳孔的变化是非意志所能控制的。在高兴、肯定和喜欢时，瞳孔必然放大，眼睛会很有神；而当痛苦、厌恶和否定时，瞳孔会缩小，眼睛会无光。

（4）目光凝视的区域是指与人交往时，目光注视对方的范围。通常人际交往中双方的关系不同，凝视对方的区域也应有所变化。常见的目光凝视区域有四种：

①公事凝视：公事凝视主要用于洽谈业务、进行贸易谈判时使用的一种凝视行为。这种凝视就是用眼睛看着对话者脸上的三角部分，这个三角以双眼为底线，上顶角到前额。洽谈业务时，如果你看着对方的这个部位，就会显得严肃认真，别人也会感到你有诚意。

②社交凝视：社交凝视是人们在社交场合所使用的凝视行为。这种凝视也是用眼睛看着对方脸上的三角部位，这个三角是以两眼为上线，嘴为下顶角，也就是双眼和嘴之间，当你看着对方脸上这个部位的时候，会营造出一种社交气氛。这种凝视主要用于茶话会、舞会以及各种类型的友谊聚会。

③亲密凝视：亲密凝视主要是在男女之间，特别是亲人和恋人之间使用的一种凝视行

为。这种凝视是看着对话者的双眼到胸部之间。

④侧扫视：侧扫视是用来表示兴趣、喜欢、轻视或敌意态度的凝视行为。这种凝视行为伴随着微笑和略翘起的眉毛，是一种表示兴趣的信号，如果伴随着眉毛下垂，嘴角下撇的话，就会表示一种猜疑、轻视、敌意或者是批评性的信号。

3. 肢体动作

肢体语主要指四肢语言，它是身体语言的核心。通过对肢体动作的分析，可以判断对方的心理活动或心理状态。

（1）手臂。站立或走路时，双臂背在背后并用一只手握住另一只手掌，表示有优越感和自信心。手臂交叉放在胸前，同时两腿交叠，常常表示不愿与人接触；而微微抬头，手臂放在椅子上或腿上，两腿交于前，双目不时观看对方，表示有兴趣来往。双手放在胸前，表示自己诚实、恳切或无辜。如果双手手指并拢放置于胸前的前上方呈尖塔状，则通常表明充满信心。

（2）手势。手势是身体动作中重要的部分。有些手势是各民族通用的，具有普遍性。例如握手代表友好的意愿。搓手表达一种美好的期待。双手攥在一起表示失望和消极的态度。两手指尖合拢，形成一种“教堂尖塔”式的手势，这是一种有信心的动作，有时也是一种装模作样、妄自尊大、独断而又傲慢的动作。以手拍头代表遗憾和自责，拍打前额和后颈表示自责的程度不同，后者的情感成分更加强烈。双手交叉放于脑后则显示自信和优越感。把手放在面颊上代表对谈话者感兴趣的意思。把手放在面颊上，并用手掌根部支撑头代表失去兴趣，已厌烦。

在人们的日常生活中，有几种最基本的手势用得特别多：手掌朝上，表示真诚或顺从，不带任何威胁性；手掌朝下，表明压抑、控制，带有强制性和支配性；不断地搓手或转动手上的戒指，表示情绪紧张或不安；伸出食指，其余的指头紧握并指着对方，表示不满对方的所作所为而教训对方，带有很大的威胁性；两手手指相互交叉，两个拇指相互搓动，往往表示闲极无聊、紧张不安或烦躁不安等情绪。

当然手势也会因文化差异而意义不同。例如摆手，在马路上要求搭便车时，英、美、加等国人是面对开来的车辆，右手握拳，拇指跷起向右肩后晃动。但在中国则是右手手指自然伸直张开，掌心朝向搭车方向，高举过头顶，也可稍加挥动。

手势语不仅丰富多彩，甚至也没有非常固定的模式。由于沟通双方的情绪不同，手势动作各不相同，采用何种手势，都要因人、因物、因事而异。

（3）手臂和腿部姿势。双臂交叉横抱在胸前是一种保护自己身体的弱点部位、隐藏个人情绪以及对抗他人侵侮的姿态，这是防卫抗拒的信号，甚至是带有敌意的暗示。部分地交叉手臂（一只胳膊从身体前面伸过去握住另一只胳膊）是掩盖自己的紧张情绪。双手叉腰代表信心、能力和进行控制的决心。

站立时两腿交叉，往往给人一种自我保护或封闭防御的感觉；相反，说话时双腿和双臂张开，脚尖指向谈话对方，则是友好交谈的开放姿势。架腿而坐，表示拒绝对方并保护自己的势力范围；而不断地变换架脚的姿势，是情绪不稳定或焦躁、不耐烦的表现；在讨论中，将小腿下半截放在另一条腿的上膝部，往往会被人理解为辩论或竞争性姿势。笔直站立，上身微前倾，头微低，目视对方，表示谦恭有礼，愿意听取对方的意见。坐着的时候无意识地抖动小腿或脚后跟，或用脚尖拍打地板，表示焦躁、不安、不耐烦或为了摆脱某种紧张感。

4. 身体接触

身体接触就是借身体间的接触来传达或交流信息的行为。体触是人类的一种重要的非语言沟通方式，它使用的形式多样，富有强烈的感情色彩及文化特色。体触语能产生正、负两种效应，其影响因素有性别、社会文化背景、触摸的形式及双方的关系等。由于体触行为进入了最敏感的近体交际的亲密距离，容易产生敏感的反应，特别在不同的文化背景中，体触行为有其不同的含义，因此，在沟通中要谨慎地对待。比如握手，力度太大有挑衅之嫌，力度太小，又感觉没有诚意。

二、服饰语

服饰是“无声的语言”，它对于第一印象形成起着至关重要的作用。衣着的搭配直接关系到你对颜色的品位以及你对事物的欣赏力，别人通过你的着装也可以得出你的社会地位、性格等各方面的信息。

1. 衣着的颜色

在选择服饰的色彩搭配时，要求和谐、美观，否则会给人以不悦之感。服装色彩的搭配有两种基本有效的方法，即亲色调和法和对比色调和法。亲色调和法是一种常用的配色方法。这种方法要求色调相近似，使深浅浓淡不同的颜色组合在一起。如深绿与浅绿搭配，红色与深红搭配等。对比色调和法的特点是在服装色彩搭配上以其中一种颜色衬托另外一种或两种颜色，各种颜色不失各自的特色，相映生辉。三种颜色对比搭配，如红黄蓝、橙绿紫等。在着装颜色搭配上，切忌上下身都采用鲜明的颜色，这样会显得很刺眼，令人不舒服。

服装穿着要根据不同的地区环境和不同的社交场合搭配色彩。认识了色彩的搭配规律，我们在服装上将会更好地运用色彩。

小故事

黑色衣服更显野蛮

根据两名康奈尔大学心理学家的研究显示，身着黑色球衣使足球运动员或曲棍球队员在赛场上的表现看上去更为野蛮。1970—1986年，28个全国足球联盟队所受裁罚的记录表明，12个受处罚最多的球队中，有5个队的制服以黑色为主色调。同样，这17年间3个受罚最多的全国曲棍球联盟队也身着黑色。上面的发现促使心理学家对黑色衣着进行了一系列实验：将两盘足球比赛的录像带放给由球迷和裁判组成的小组观看。一盘带子上，防卫者身穿黑色球衣；另一盘上，防卫者白穿白色球衣。观众认为虽然动作相同，但身穿黑色球衣的比身穿白色球衣的更具“攻击性”。

2. 服饰的搭配

在不同的交往情境中，服饰的搭配可以展示一个人的品位和素质，也象征一个人的身份和地位。服饰的搭配包括衣服样式，颜色和身上的饰品的搭配。从一个人的衣服的样式可以知道此人究竟是时尚还是传统；从颜色可以知道此人性格外向还是内向或者人是否沉稳。身上的饰品同样也要很讲究。

男士在穿西装时，整体着装从上至下不能超过三种颜色，这样从线条整体上看会更流畅、更典雅，否则会显得杂乱而没有整体感。款式不一定要流行，但是要看着简洁大方；同时还要注意和袜子的搭配，穿西装时一定要搭配深色的西装袜，切忌搭配白色的袜子。因为这样有可能会导致在坐着的时候，白色的袜子从西装的裤腿和西装皮鞋中间露出来，这样会显得很不和谐，通常白色或者浅色的袜子是用来搭配休闲服和便鞋的。

女士一般在出席正式的场合时都是套裙，裤子是工作服或者是便服，但是要注意套裙的鞋子和袜子的搭配问题，在生活中也常常出现“凤凰头，笤帚脚”：比如上面是很正规的套装或者是工作服，下面却是旅游鞋，有的女士穿着非常高档的套裙，下面却是没有后帮的拖鞋式凉鞋，这些会给人很差的形象从而造成沟通的障碍。

三、时间语

时间作为非语言表现形式主要是因为我们可以根据沟通者对待时间的态度来判定沟通者的性格、观念和做事的方式，从而达到有效的沟通，准确地了解沟通者，做出符合自己利益的决策。

1. 不同民族、社会、文化对时间感受不同

我们往往容易做出人人都以同样的方式感受不同时间的假定。但事实上不同的民族、不同的社会和不同的文化对时间的感受是不同的。

在西方，人们非常重视复活节、感恩节、圣诞节等节日，并开展大量庆典活动。而在我国历史上，老百姓比较喜欢按照阴历计算日子和节日，因此诸如春节、端午节、中秋节等才是中国老百姓喜欢过的传统节日。

2. 在某种文化之内，不同社会团体将时间分为不同时段

工商界关注从周一到周五的工作日，而零售店的经营者则更多关注周末的工作日；像宾馆、酒店等从事第三产业的经营者会把黄金销售期定在两个黄金周和双休日，而农村可能不怎么关心工作日和周末，他们会根据农业活动和季节（如耕作季节、播种季节和翻晒季节）安排时间。

3. 人们对时间有不同估价

由于时间观并不总是明确的，所以更重要的或许是每个人都有不同的时间划分。根据他们的地位和所处的环境，人们对时间有不同的估价。对人际沟通产生明显的影响也包括使用时间的方式。如果你在上午10点安排一个约会，却在上午10点半露面，那么你可能在传递着某些信息：你对约会的态度、对那个人的态度或对自己的态度和时间对你的重要性。如果你提前出席一个讲座，可能说明你的兴趣和热情。你可能在利用时间表达你的热心。

4. 人们在时间的使用上有不同文化

在北美国家，“时间就是金钱”。他们会记录约会日程并按日程计划和时间表生活。因此准时和及时对于北美国家是很重要的；在欧洲一些国家的时间观念会比北美国家差一点，但是准时也是他们的特征。在德国，公共交通工具从来都是按照时刻表准确运行的，一旦因为晚点而给乘客造成损失，相关部门会给予适当的赔偿；在南美洲的国家中，人们在参加宴会或者谈判时迟到是很普遍的现象。因此和不同文化背景的沟通者进行沟通要了解和尊重对方的文化。

四、空间语

不管我们生活着的环境人口密度有多大，我们仍然希望有自己的独立空间，我们随时保护着自己的空间不被外界侵犯，并对侵犯我们空间的行为做出相应的反应，这是我们生活中常见的现象。比如，在幽静的公园里，有人坐在一条长椅上独自沉思或者看书。如果你也想到长椅上坐一会，你一般会坐在哪里呢？往往你会不假思索地坐在离他尽可能远的一端，尽管这条长椅能容纳三四个人。这样你才会觉得舒坦一些。可你是否想过是什么因素支配着你的这种无意识的活动呢？

再如在我们的工作环境中我们可以发现，董事长或者是身份地位比较高的人的办公室总是会有一张比较大而宽的桌子，在你和他交谈的时候两个人的距离总是桌子的宽度甚至更远；还有的公司的布局就是把每个人的工作的空间隔开，以此来增加工作人员的空间距离防止其在工作期间交谈。可能你觉得这是司空见惯的事，可是却包含着深刻含义。

1. 气泡学说

美国推销学家罗伯特·索默经过观察和实验研究发现，人具有一个把自己圈住的心理上的个体空间，它就像一个无形的“气泡”一样，为自己割据了一定的“领土”。一旦这个“气泡”被人触犯，就会感到不舒服或不安全，甚至恼怒起来。

人们都有一种保护自己的个体空间的需要，这并非表示拒绝与他人交往，而只是想在个体空间不受侵占的情况下自然地交往。个体空间实际上是使人在心理上产生安全感的“缓冲地带”，一旦受到侵占，就会做出两种本能的反应：一是觉醒反应，如手脚的许多不自然动作，眨眼的次数增加；二是阻挡反应，如挺直身子，展开两肘呈保护姿势，避开视线接触。觉醒反应是引起的紧张状态，阻挡反应是对待情境的一种方式，如果实在忍无可忍，只要有机会，就会退而避之了。

2. 个体空间的范围

由于气泡的存在，大多数人都有领土感。因此在实际沟通活动中，我们应该根据交往对象、交往内容、交往场合、交往心境等一些主客观因素确定交往的过程中双方的空间距离。

（1）亲密距离。亲密距离也叫私人距离，这种距离在0～0.5米，用于表示爱情、亲密的友情和儿童抱住父母或儿童相互拥抱，当然摔跤和打架除外。在西方文化中，女人之间和有亲密关系的男人与女人之间处于这种状态是可接受的，但在男人之间或没有亲密关系的男人与女人之间处于这种状态则可能是令人尴尬的。因此，除非像拥挤的电梯或地铁车厢这样的场合迫使人们如此以外，以这种距离接触只适合于亲人、爱人或知心朋友之间。在一般的交往当中，如果有人闯入这个空间范围是不礼貌的，会引起对方的反感，也会自讨没趣。

（2）常规距离。常规距离也叫人际距离，这种距离是0.5～1.5米，一般的社会交往都在这个空间内。这种距离在人际间隔上稍有分寸感，但又有较大的开放性。任何朋友和熟人都可以自由地进入这个空间。

（3）礼仪距离。礼仪距离，也叫社会距离、尊重距离，这种距离大致范围是1.5~3.5米。这种距离已经超出了亲密或熟人的人际关系，而是体现一种社交性的或礼节上的较正式的关系。有些大公司的董事长或总经理往往有个特大的办公室，这样在与下属谈话时就能保持一定的距离。企业或国家领导人之间的谈判，工作招聘时的面谈，教授和大学生的论文答辩等，往往都要隔一张桌子或保持一定距离，这样就增加了一种庄重的气氛。在社交距离范围内，已经没有直接的身体接触，说话时，也要适当提高声音，需要更充分的目光接触。如果谈话者得不到对方目光的支持，他会有强烈的被忽视、被拒绝的感受。这时，相互间的目光接触已是交谈中不可或缺的感情交流形式了。

与上司、长辈、客户宜采用这种距离。大公司的总经理或董事长与下属谈话时，企业或国家领导人之间的谈判，工作招聘时的面谈，教授和学生论文答辩等，往往都要隔一张桌子或保持一定的距离，这样就增加了一种庄严的气氛。

（4）公共距离。公共距离也叫有距离的距离，这种距离是指大于3.5米。在这种空间内，人与人之间的直接沟通大大减少了。其近状态在3～8米，其远状态可在8米之外。这是几乎能容纳一切人的“门户开放”的空间。人们完全可以对处于这个空间内的其他人“视而不见”，不予交往，因为相互之间未必发生一定联系。

可以看得出来，空间距离对于交往双方是很重要的。在管理者如何和自己的下属进行有效沟通或者管理者希望促进自己下属之间进行有效沟通时，缩小两个人之间的空间距离可能会是比较有效的沟通方法。在办公室的布局和摆设方面，有的公司是用方桌子隔开员工的工作区域或隔开上司和下属，这样可以保护沟通双方的隐私，但同时也会减少彼此之间的交流，从而影响有效的沟通。在有的公司会采用敞开式的办公室从而增加员工之间的交流，提高工作效率。

案例分析

案例一

被“抖掉”的合同

有一位美国华侨，到国内洽谈合资业务，洽谈了好几次，最后一次来之前，他曾对朋友说：“这是我最后一次洽谈了，我要跟他们的最高领导谈，谈得好，就可以拍板。”过了两个星期，他又回到了美国，朋友问：“谈成了吗？”他说：“没谈成。”朋友问其原因，他回答：“对方很有诚意，进行得也很好，就是跟我谈判的这个领导坐在我的对面，当他跟我谈判时，不时地抖着他的双腿，我觉得还没有跟他合作，我的财都被他抖掉了。”

请大家观察下周围的人是否有双腿抖动的动作？交流讨论下这个动作反映出来的情绪以及看到的人的心理感受，并讨论下如何能够戒掉这个毛病。

案例二

王局长的习惯

王局长在某局工作，因为工作需要经常要找下属谈话，本想借此机会多了解一些部里干部情况和下属的思想动态，可下属好像不太愿意敞开心扉，每次谈话总是草草收场，就连平时下属也不太愿意和他交流。王局长很委屈地说："其实我很注意和下级的交往，从来不打'官腔'，力争平等地对待每一个下属，也很愿意和下属沟通思想，可为什么大家对我还是有这么强烈的生疏感呢?"

后来他将疑惑告诉了一个他的学心理学的朋友，他的朋友于是走进了王局长的办公室，观察了他的行为举止。正如王局长自己所说的那样，对来谈工作的同志，无论职务的高低，他都是热情接待，可是当开始交流的时候，王局长就显得有点"心不在焉"了，下级汇报工作的时候，很少把目光投向下属，虽然也在认真地听，可手边总是"不闲着"，一会儿批批文件，一会儿看看笔记本，有时下属的话还没有说完，他就会打断，表明下属的意思他已经明白了。于是，和他谈工作的同事的反应也是"言简意赅"地把事情说完，就匆匆离去。

请大家讨论下王局长存在的主要问题，并提出一定的解决办法。

任务三　掌握常用的非语言沟通礼仪

任务目标

学习并掌握日常社交常用的非语言沟通的礼仪规范，提高非语言的控制能力。

参考学时　2学时

引导活动　体态礼仪训练

活动要求

1. 两名同学为一组，在规定的时间内进行体态礼仪的训练，相互纠正动作。

2. 每班分成若干小组，5～6人为一组，进行形体姿态的组合创编。

3. 设计步骤要求：学习和掌握体态礼仪中的站姿、坐姿、走姿和蹲姿，给定音乐（大约4分钟），大家分组讨论并创编形体姿态组合，至少五个队形变化和两个造型设计。

小组创编测试考核表

序号	测查内容	是	否
1	小组同学的仪容仪表是否合格		
2	形体姿态的动作是否整齐、标准		
3	小组同学是否有自信的面部表情		
4	出场造型是否有创意		
5	是否面带笑容，给人以友好的感觉		
6	编排队形是否符合要求的数量		
7	动作是否和音乐配合融洽		
8	结束造型是否有创意		

4. 评价标准：
7～8个“是”——A，你们很优秀
5～6个“是”——B，你还可以更好
3～4个“是”——C，你仍需要努力
3个“是”以下——D，你还要多加练习才行

在商务礼仪中有大量的有益于提高职业人员对非语言沟通控制能力的知识，因此在本部分中我们介绍几种实用性强，可操作性强的礼仪知识与大家分享。

一、仪容的修饰

仪表是指人的形貌外表，包括人的容貌、身材、发型、表情等方面。良好的仪表不仅能增强自信心，也能给别人审美的愉悦。在沟通中，注重仪表礼仪是对别人尊重和重视的表现。

1. 仪容修饰

仪容，简单地讲，是指一个人的人体不着装的部位。因此，仪容大多指的是面容。保持面部的清洁卫生并进行适当修饰是非常重要的。在商界，绝大多数工作环境许可的单位，都要求自己的职员，不分男女老幼，一律要求必须做到：化妆上岗、淡妆上岗。

男士一般在面部清洁后注意日常护肤就可以了，而女士则最好学习一些基本的化妆知识。适当的妆容设计可以增加人的面部轮廓美感，提升自信心。妆容的类别很多，我们需要根据场合和环境来进行选择，但化妆的基本步骤基本相同：清洁面部→基础护肤→涂敷粉底→描眉画眼→美化鼻部→涂腮红→涂抹唇膏→喷涂香水→修正补妆。

2. 头发清洁与发型设计

头发是人的第二张面孔，良好的发型会使人容光焕发，而不当的发型会带给人萎靡不振的感觉。头发的整洁、大方是个人形象礼仪的最基本要求。商务人员发型修饰的基本要求是：干净，整齐，长短适当，发型简单大方，朴素典雅。发型大体上来说，应当以整齐、明快、少装饰、少花样的短发型为主。

二、商务场合服饰选择与穿着

服饰礼仪是对商务人员在商务交往中衣着打扮方面的要求和规范。心理学家研究在人们获得信息的时候，80%是来自第一印象。在正式的商务社交中，男士一般都是西装套装，女士一般是套裙，但是西装和套裙色彩、款式、质地要遵守一定的规范。

（1）男士西装的选择和穿着技巧。

小故事

小李刚从大学毕业，就加入一家公司，被分配到销售部，具体从事产品销售工作。他头一次出外推销产品时，穿了一身刚买的深色西装，一双黑色的皮鞋和一双白色的袜子，希望自己形象不俗，并因此有所收获，结果恰恰相反。

正装西装的选择和穿着有诸多讲究。西装要合身，大小适中。上衣衣长应是手臂自然下垂时衣服下沿与手指的虎口处相齐，袖长应在距腕处1～2厘米为宜。裤长长度

以接近脚背为妥。西装领应低于衬衫领1厘米。系扣子讲究单排扣“扣上不扣下”，双排扣需全部扣上。西装颜色以藏蓝、深灰、黑色为宜，衬衫选单色，白色为最好，易于搭配。衬衣袖子长度为穿着西装时衬衫袖口恰好露出来1厘米左右为宜。另穿着时注意放好下摆，搭配领带。色彩搭配上要注意遵守三色原则，即商务男士穿着西装，全身上下的颜色不得多于三种。饰品上要注意三一定律，即商务男士着西装时，要保证腰带、皮鞋、公文包三个地方的颜色一致。

（2）女士套裙的选择和穿着技巧。女士的套裙没有固定的款式，可以是上长下长、上短下短、上长下短抑或是上短下长。可根据个人身材和气质选择不同款式的套裙。但在穿着时要遵循基本的规则，如不要选择真皮和仿皮套裙，一套套裙的颜色至多不要超过两种，裙长不宜过短，应以不短于膝盖以上15厘米为限，上衣最短可以齐腰，衣扣到位，套裙不应以花卉、宠物、人物、文字、符号等为主体图案，注意穿好衬裙、衬衣和内衣，配好鞋袜。

三、仪态美化

仪态指的是身体所呈现出来的各种姿势。仪态是人体姿态发出的无声信息。

1. 挺拔的站姿

站立是人们在交际场所最基本的一种姿势，是其他姿势的基础。站立是一种静态美。正确的站姿从整体上给人以笔直挺拔、舒展俊美、精力充沛、充满自信、积极进取的良好印象。男士站姿要求稳健，女士站姿要求优雅。

站姿的基本要求是：两眼平视前方，嘴微闭，下颌微收，脖颈挺直，表情自然，面带微笑，两肩放松，两肩平整，稍向后下沉，两臂自然下垂，中指对准裤缝，挺胸收腹，臀部向内向上收紧。

2. 优雅的坐姿

坐姿是一种静态造型，是日常仪态的主要内容之一。符合礼仪规范的坐姿会给人以稳重、自然大方的美感，让人觉得安详、舒适、端正大方。

（1）男士坐姿。男士标准坐姿要求上身挺直、坐正、双腿自然弯曲，小腿垂直于地面并略分开，双手分放在两膝上或椅子的扶手上。在非正式场合，男士还可以采用前伸式、前交叉式、屈直式坐姿。前伸式坐姿是在标准坐姿的基础上，两小腿前伸一脚的长度，左脚向前半脚，脚尖不要翘起。前交叉式坐姿是在标准坐姿的基础上，小腿前伸，两脚踝部交叉。屈直式坐姿是指在标准式坐姿的基础上，左小腿回屈，前脚掌着地，右脚前伸，双膝并拢。

（2）女士坐姿。女士标准坐姿的基本要求是上身挺直，坐正，坐椅子的1/3，双膝并拢，双腿自然弯曲，小腿与地面垂直，双手交叉叠放于两腿中部，并靠近小腹，两脚尖朝向正前方。

在正式场合，女士还可以采用侧点式和侧斜式坐姿。

3. 流畅的走姿

走姿是人在行走的过程中所形成的姿势。与其他姿势不同的是，走姿是流动的造型，具有一种动态的美，轻松敏捷、协调稳健的行姿，会给人以积极向上的美的感受。正确的行走姿势要从容、轻盈、稳重。

走姿的基本动作要领是头部抬起，目光平视，双臂自然下垂，手掌心向内，并以身体为中心前后摆动；伸直膝盖，尤其是前足着地和后足离地时，膝部不能弯曲；男士步幅以一脚半距离为宜，女士步幅以一脚距离为宜；抬脚时，脚尖应正对前方，不能偏斜；沿直线行走，即两脚内侧应落在一条直线上；双臂以身为轴前后摆动幅度30~35度；有急事不要跑可小步快走。另外女性穿短裙时需要注意上楼梯时“一字步”前行，双膝内收，下楼时双膝内侧摩擦，前脚掌先着地，腰部左右带动胯部。

四、见面介绍的非语言控制

介绍的时候要挑选恰当的时间，比如对方有空闲的时候，心情好的时候，独处的时候，有这种意愿的时候，主动提出邀请的时候；在对方正在交谈，开会，用餐以及不想和别人进行交谈或心情不好的时候不要自己主动上前介绍，否则会吃闭门羹。

介绍的内容一定要长短适中，不能过长，否则对方会没有耐心听，只要言简意赅地介绍姓名、所属单位即可。

介绍的时候眼睛要注视对方，和对方进行目光交流，让对方体会到真诚，不能一边介绍一边和第三方第四方打招呼或者眼神游离；同时这也是对被介绍者的要求。介绍的时候语速不能太快，要适中，考虑到对方需要反应时间，介绍的时候要不卑不亢，不要因为自己的地位比别人低而显得很谦卑或者缺乏自信，也不要和被介绍者套近乎。

正确把握介绍的顺序。通常如果另一方的地位比较高，则先介绍位卑者，位尊的人有优先知情权。在一般的社交场合时，大致的规则是把晚辈先介绍给长辈，男士先介绍给女士，把地位较低者先介绍给地位较高者，把个人先介绍给众人，把聚会后到的人介绍给先到的人。

五、握手注意事项

握手礼节源于古代欧洲人向对方表明手中未带武器，表示亲切友好之意，其后成为风尚。辛亥革命后，我国也习以为礼，今天在商务和社交活动中，握手礼已经是最经常使用的一种见面礼。

握手的正确方法是：在问候之前，双方各自伸出右手，彼此之间保持一步左右的距离，手掌略向前下方伸直，掌心向左，两人手掌平行相握，同时注意上身稍向前倾，头略低，面带微笑注视对方的眼睛。

行握手礼时要注意伸手的先后顺序：职位高者优先、长辈优先、女士优先、主人优先。

此外握手还应注意很多细节，如握手时一定要用右手，一般握手时要脱去手套，握手时眼睛要注视对方，力度适中，手部要保持清洁。

六、商务名片制作与使用

在口头介绍以后，商务人员可以递上自己的名片以便对方可以更详细地知道你的信息，同时也方便以后联系。

名片的制作要简单大方，名片的颜色可以使用白色、淡黄色等浅色系，大小一般长9厘米，宽5.5厘米；商务名片的内容一般包括三方面：一是本人所属的单位、徽记及具体部门，印在名片的上方；二是本人的姓名、学校、职务或职称，印在名片的中间；三是与本人联系的方法，包括单位所在的地址、电话号码和邮政编码等，印在名片的下方。

如果希望和别人进行长期的沟通，索要名片是很有必要的，这时你可以主动递上自己的名片，对方按照礼仪规范也会将自己的名片作为交换。同时也可以以委婉的方式索要。递交时一般应面带微笑，将名片上的文字正向对着对方，双手递交，并同时说些礼貌友好的话语。例如“这是我的名片，请多多关照。”拿到名片后，应适当地看上半分钟，然后放在自己的口袋里或者是公文包中，不能随处乱放，否则会给人不被重视之感。交换名片时，一般是地位低者、晚辈先向地位高者、长辈或主人递上名片，然后再由后者予以回赠。若上级或长辈先递上名片，下级或晚辈也不必谦让，礼貌地用双手接过，道声“谢谢”即可。如果人很多，发放名片的时候要按照顺时针的顺序逐一发放，不能错漏哪个人。如果错漏会给人一种不被重视的感觉，从而影响彼此之间的沟通。

案例分析

案例一

名片的尊严

某公司新建的办公大楼需要添置一系列的办公家具，价值数百万元。公司的总经理已做了决定，向A公司购买这批办公用具。这天，A公司的销售部负责人打电话来，要上门拜访这位总经理。总经理打算，等对方来了，就在订单上盖章，定下这笔生意。

不料对方比预定的时间提前了2个小时，原来对方听说这家公司的员工宿舍也要在近期内落成，希望员工宿舍需要的家具也能向A公司购买。为了谈这件事，销售负责人还带来了一大堆的资料，摆满了台面。总经理没料到对方会提前到访，刚好手边又有事，便请秘书让对方等一会儿。这位销售员等了不到半小时，就开始不耐烦了，一边收拾起资料一边说：“我还是改天再来拜访吧。”

这时，总经理发现对方在收拾资料准备离开时，将自己刚才递上的名片不小心掉在了地上，对方却并没发觉，走时还无意从名片上踩了过去。但这个不小心的失误，却令总经理改变了初衷，A公司不仅没有机会与对方商谈员工宿舍的设备购买，连几乎到手的数百万元办公用具的生意也告吹了。

请考虑为什么A公司销售部负责人没有谈成生意？你认为怎样做更妥当？

案例二

邀舞被拒

小张是一位很帅气的小伙子，穿着很讲时髦。一次，他买了一件很漂亮的大衣，正好周末本单位举行舞会，他便来到会场，只见人们都在翩翩起舞，小张兴致很浓，便邀请一位在座位里休息的女士跳舞，那位女士看了他一眼，很礼貌地拒绝了他，接着小张又邀请了两位女士跳舞，结果均被拒绝。这时，一位朋友来到小张身边，拍拍他说："小张，不能穿着大衣邀请女士跳舞，这是不礼貌的。"小张这才明白刚才为什么被拒绝。

虽然仅仅穿着大衣这个动作细节出了问题，但却导致小张在这次舞会中的交际完全失败。那小张为什么会穿着大衣请人跳舞呢？你又能从这个案例中得到怎样的启发呢？

自我测评

非语言沟通能力测试

（一）根据你的具体情况选择适当的选项

1. 当与人初次会面时，经过一番交谈，你能对对方的言谈举止、知识教养等做出积极准确的评价吗？

A. 不能

B. 很难说

C. 我想可以

2. 当你和别人告别时，谁会提出下次会面的时间、地点？

A. 对方提出

B. 谁也没提出

C. 我提议的

3. 当你第一次见到对方时，你的表情是怎么样的？

A. 热情诚恳，自然大方

B. 大大咧咧，漫不经心

C. 紧张局促，羞怯不安

4. 你是否在寒暄之后，很快就找到了双方共同感兴趣的话题？

A. 是的，对此我很擅长

B. 我觉得这很难

C. 必须经过较长时间才能找到

5. 通常你与别人谈话时的坐姿是怎样的？

A. 两膝靠拢

B. 两脚叉开

C. 跷起"二郎腿"

6. 当你同对方谈话时，眼睛望向何处？

A. 直视对方的眼睛

B. 看着其他的东西或人

C. 盯着自己的纽扣，不停地摆弄

7. 你选择的交谈话题是怎样的？

A. 两个人都喜欢的

B. 对方感兴趣的

C. 自己热衷的

8. 在第一次交谈中，你们各自讲话所占用的时间情况如何？

A. 差不多

B. 他多我少

C. 我多于他

9. 当你面谈时，说话的音量如何？

A. 很低，别人听得较困难

B. 柔和而低沉

C. 声音高亢且热情

10. 当你讲话时，姿态是否丰富？

A. 偶尔有些手势

B. 从不指手画脚

C. 常用姿势来补充语言表达

11. 你讲话的速度怎样？

A. 频率相当高

B. 十分缓慢

C. 节奏适中

12. 假如别人谈到了你兴趣索然的话题，你将如何？

A. 打断别人，另起一题

B. 显得沉闷、忍耐

C. 仍然认真听，从中寻找乐趣

（二）评分标准

题目	选项（5分）	选项（3分）	选项（1分）
1	C	B	A
2	C	A	B
3	A	C	B
4	A	C	B
5	A	C	B
6	A	C	B
7	B	A	C
8	B	A	C

续表

题目	选项（5分）	选项（3分）	选项（1分）
9	B	A	C
10	B	A	C
11	C	B	A
12	C	B	A
合计			

（三）答案及结论分析

分数为0～22分：首次效应差。也许你感到吃惊，因为很可能你只是依着自己的习惯行事而已。你原本是很愿意给别人一个美好的印象的，可是你的漫不经心或缺乏体贴或言语无趣，无形中让别人做出对于你的错误判断。必须记住交往是一种艺术，而艺术是不能不修边幅的。

分数为23～26分：首次效应一般。你的表现中存在着某些令人愉快的成分，但有时也有不够精彩之处，这使得别人不会对你印象恶劣，但却也不会产生很强的兴趣。如果你希望提高自己的魅力，必须在细节上加以改善，努力在“交锋”的第一回合显示出最佳印象。

分数为47～60分：首次印象好。你的适度、温和、合作给第一次见到你的人留下了深刻的印象。无论对方是你工作范围还是私人生活的接触者，无疑他们都有与你进一步交往的愿望。你的问题在于只注意哪些单项的使你“一见钟情”者。

项目四
人际沟通技巧

所谓人际沟通，就是指人与人之间进行信息传递和情感交流的过程。通过人际沟通，人们彼此交流思想、观点、情感、态度和意见，从而达到交流信息、调节情绪、增进友谊、加强团结等目的。在现代社会中，人际沟通的广度和深度不仅是人们生活质量的重要体现，是决定人是否成功的关键，也是组织沟通、团队沟通的前提和基础。

任务一　明确人际沟通的特点、原则和常见障碍

任务目标

了解人际沟通的特点和作用，理解人际沟通的基本原则，掌握影响人际吸引的各种要素的内涵，正视情商之于人际沟通的影响。

参考学时　2学时

引导活动　寻找切入点

活动要求

在人际交往中，如何迅速准确地找到彼此感兴趣的切入点，是良好沟通的关键。本活动的目的是让陌生的人相互熟络，让认识的人更加了解，锻炼大家见面时快速沟通的能力。

1. 规则和程序

（1）这是一个让学员之间进行有效的兴趣交流的活动。

（2）培训师将事先准备好的表格发给大家，每个人一份。

（3）给大家5分钟的时间，告诉他们必须至少从3个人身上发现一个与自己的共同点和一个与自己的不同点。

（4）第一个完成卡片任务的为优胜者，应该给予奖励。

2. 相关讨论，讨论主题有两个

（1）有了这个寻找共同点和不同点的目的，你与他人的讨论是不是要更简单、快捷一些？

（2）谈谈通过这个活动带给你关于人际沟通怎样的启示？

3. 附件：寻找共同点和不同点卡片参考样式

序号	姓名	共同点	不同点
1			
2			
3			
4			
5			
6			
7			
8			
9			
10			

知识支撑

一、人际沟通的特点

由于人是有思想、有感情的高级动物，所以人际沟通与其他形式的沟通相比，具有下述特点。

1. 沟通双方都是积极的主体

在人际沟通过程中，每一个参加者都是积极的主体——人。在双向沟通过程中，信息接收者在接收到信息发送者发出的信息后，要根据自己对信息的理解做出反馈，发送者则根据反馈信息及时调整自己的言行，因此双方之间的沟通是一个相互作用的互动过程。

2. 人际沟通受到人际关系的影响

人际沟通总是在一定的人际关系下进行的，人际关系状况对人际沟通的深度和广度产生重要影响，俗话说的“酒逢知己千杯少，话不投机半句多”，就是这种影响的真实写照。而人际沟通对人际关系也会产生一定的影响，人际沟通并不是单纯的信息传递和交流，人们总是力图通过沟通来达到影响对方的目的，使双方的态度和行为趋于一致以保持良好的人际关系。有效的人际沟通，可以达到沟通信息、消除误解、增进感情的目的。

3. 人际沟通存在社会性和心理性的障碍

人际沟通过程中，沟通双方的社会文化因素和心理因素，包括沟通双方的社会地位、文化水平、风俗习惯和社会传统以及个人的需要、动机、情绪、兴趣、价值观、个性、经验与知识结构等，都会造成人际沟通的障碍，产生信息的过滤和曲解，从而妨碍人际沟通的正常进行，这是人际沟通过程中特有的一种现象。

4. 语言是人际沟通的特有工具

语言是由语音、词汇、语法三要素构成的人类最重要的交际工具。它是人类特有的沟通工具。除了书面语言以外，人际沟通还经常通过口头语言进行。在口头沟通过程中，除了语言符号系统外，语音、语调、停顿、重音以及语速等辅助语言符号系统也会传递大量的信息和丰富的情感，同时，表情、姿态、手势等非语言符号系统在沟通过程中也起到很大的作用，因此，在口头沟通时常常出现言外之意和弦外之音。

二、人际沟通的作用

人际沟通除包括信息的传递外，还包括情感、思想、知识和经验等多方面的交流，它对于改善人际关系、调整和转变人的行为都具有十分重要的意义和作用。具体说来，人际沟通的作用主要表现在下述几个方面。

1. 人际沟通能够丰富人们的知识和经验

任何一个人，要适应社会环境的变化，具备一定的生存能力，就必须掌握一定的知识和经验。在人际沟通过程中，个体从对方那里吸取对自己工作、学习和生活有意义、有价值的知识与经验，以弥补自己的不足，来改变自己的劣势，扩充自己的知识积累，更好地提高自己对环境变换的适应能力。这既是知识经济时代提出的客观要求，也是个人在社会中谋求生存发展的必然选择。

2. 人际沟通有助于协调和改善人际关系

在社会生活中，人们为了协调共同活动的需要，有秩序地生活，避免各种矛盾和冲突，必然要进行沟通。人际沟通不仅可以交流信息，而且可以增进情感。这个世界上最美的东西就是人与人之间的情感联结，而人与人之间的情感联结就是通过人际沟通来实现的。沟通的过程使积极的情感体验加深，使消极的情感体验减弱，从而使人际关系不断得以改善。

3. 人际沟通有助于客观地认识自我

人对自己的认识总是以他人为镜，即通过与别人的比较，把自己的形象反射出来从而加以认识。别人是尊重、喜爱、赞扬你，还是轻视、讨厌、疏远你，这常常成为认识自我的尺度。人们从他人对自己的反应、态度和评价中，发现自己的长处和短处，找到自己恰当的社会位置，得到丰富的教育意义，为自我的设计、发展、完善创造了有利条件。离开人际沟通，人就永远无法客观地认识他人，也无法真正了解自己。

4. 人际沟通有助于人的心理健康

沟通与交往是人类最基本的社会需要之一，同时也是人们同外界保持联系的重要途径。根据马斯洛的需要层次理论，每个人都有归属和社交的需要，通过彼此间的相互沟通和交往，可以诉说各人的喜怒哀乐，这样就增进了成员之间思想和情感的交流，促使其产生依恋之情。人的伤心、孤独、悲痛、烦闷和痛苦等体验必须与人进行沟通才能获得释放，从而避免向抑郁症、精神病等令人痛苦的疾病方向发展。

5. 人际沟通是营造高效工作团队的重要条件

人类得以生存发展的一个重要条件是人与人之间能够通过建立各种关系，相互分工合作，协调一致，从而达到目的。每个人的能力都是有限的，各有其优劣势，这就需要把个人的知识、专长和经验融合在一起，构建一个高效的工作团队，如此才能获得成功。而只有通过人们的相互沟通，不断沟通才能实现。

6. 人际沟通是组织管理的基础

离开了沟通，管理功能的发挥以及管理目标的实现是不可能的。当代的管理理论已经明确指出管理就是通过别人或与别人一起把事情完成。因此，人际技能是管理者必备的一项最基本的技能。所谓人际技能就是在组织中与人共事、理解别人、激励别人的能力，这一切都必须以人际沟通为基础。

三、人际沟通应遵循的基本原则

1. 换位思考

换位思考，也称之为同理心，这是一种设身处地地为他人着想，理解至上的处理人际关系的思考方式和行事风格。人与人之间互相理解、信任，学会换位思考，推己及人，这是保障人际沟通顺畅的最有效的原则。

2. 与人为善

与人为善就是要乐于向别人给予和奉献。当别人有困难需要你帮助的时候，只要你做得到，就应该乐于和尽力予以帮助，千万不可乘机非分索取。要做到与人为善，需要注意三点：一是善于宽待他人；二是心胸坦荡，有爱心；三是要善意地批评别人的缺点和过失。

3. 以诚相待

“诚”的核心是为人处世讲究忠诚老实、光明磊落。坚持以诚相待的原则，应该做到以下几点：第一，说话办事要实事求是。第二，襟怀要坦白。不隐瞒自己的思想观点，有什么讲什么，不吞吞吐吐、遮遮掩掩，不要该说的当面不说，不该说的却背后议论。第三，是非要分明。在与人相处中敢于坚持真理，伸张正义，主持公正。第四，要言而有信。在与人的交往中要遵守诺言，实现诺言，说到做到。俗话说“轻诺必寡信”，对能办到的事情应办了再说，若需在事前说，也要留有余地，不要打包票，更不要应付和搪塞，以免贻误别人的大事。

4. 角色定位

每个人在社会中都处在复杂的社会关系中，在这些社会关系中又承担着不同的角色。例如一个男人，在妻子面前是丈夫，孩子面前是父亲，父母面前是儿子，在公司是职员，下属面前是上司，上司面前又是下属等。社会关系中的人自然会对你有一种角色期待，当你的表现不符合对方的角色期待时，沟通障碍产生，沟通就会不顺利。因此准确进行角色定位，并用角色指导行为是沟通中重要的环节和保障。

5. 谦逊不媚

谦虚待人是我国的传统美德，也是搞好人际关系的一条重要法则。在与人沟通交往时，切不可自以为是，认为自己比别人强，摆出一副高高在上、盛气凌人的面孔，否则，不仅得不到别人的好感，而且也很难与他人合作共事。当然，也不能为了讨得他人的好感而低三下四地逢迎和巴结他人，对上阿谀奉承，对下专横跋扈。与人交往坚持谦逊不媚的原则，应该做到“谦逊而不虚假，热情而不失态，谨慎而不拘泥”。

6. 利义结合原则

所谓利义结合，实际上就是物质交往与精神交往相结合。在人际沟通和交往过程中，物质交往和精神交往是相互联系、相互制约的关系，而精神交往又往往渗透在物质交往的过程中。在实际生活中，人们既不会无缘无故地给予，也不应该无缘无故地索取。一般来说，如果是为了表达彼此之间的感情或增进友谊，适时、得体、恰当地进行物质上的“礼尚往来”，这是允许的，无可指责的。例如，同事生病住院，买点糕点水果去探望以示慰问；亲朋好友家遇到喜事，买点礼品以示祝贺；感谢领导、同事在工作生活上的帮助，请他们吃顿饭、喝杯酒以表谢意。有人把同事朋友之间一切生活上的物质交往如请客吃饭、送点小礼物都看成是庸俗的不正之风，这其实是一种偏见。人际沟通中的物质交往与用金钱和财物行贿、拉关系走后门、搞庸俗低下的不正之风完全是两码事。

交往中运用利义结合原则时应注意以下问题：一是因人不同采用的交往方式不同。即请客送礼要因人而异，根据年龄、性别、交往深度等不同对象来采取不同的对待。二是因事不同采取的交往重点不同。例如，对因工作上受到挫折或因生活上受到打击，精神上感到苦闷和失望的同事，应从精神上给予安慰和劝导；对因遭受灾难而家庭经济严重困难的同事，除了精神上表示同情和安慰外，还应该给予经济上的接济和帮助。三是因时不同采取的交往方法不同。一般来说，初次交往相处，以精神交往和情感沟通为宜；时间增长，感情加深以后，适时进行物质上的交往也是必要的。

7. 随机应变

人际关系是一个复杂的系统，人际沟通和交往也会在各种不同情境中发生，因此沟通不能一成不变，在形式和方法也要以变应变，即对不同的人和事要采取不同的对待方法。为人处世无定法，因此在坚守原则的基础上，也不能信守教条，要具体问题具体分析，随机应变，讲究策略。

8. 逐步发展原则

人际交往一般都有一个逐步发展的过程，即初交、常交和深交三个阶段。在三个不同的交往阶段，应该把握不同的交往尺度。在初交阶段，常常有些拘谨、别扭等不自然的感觉。

此时要注意消除不安、紧张和胆怯情绪。进入常交阶段，随着交往的增多和友谊的增长，应注意观察和了解对方的情况，特别是性格、兴趣和爱好方面的情况，寻找和发现双方的共同点，加固友谊的基础。到了深交阶段，双方感情在长期接触中深化发展，双方有了深厚的友谊。一旦有了这种友谊，应该倍加珍惜。

四、影响人际沟通的重要因素——情商

美国耶鲁大学心理学家彼得·萨洛韦等人认为，一个人在社会上的成功主要取决于情商而非智商，成功的因素中后者只占20%，而前者要占80%。高科技时代的激烈竞争、高速度、快节奏、多变化给人带来强烈的情绪冲击、冲突和矛盾，因此人们必须学会处理冲突、稳定情绪、调控情绪、保证心态平衡等技巧，而这些都属于情商的范畴。

小故事

被誉为新泽西聪明工程师思想库的AT&T贝尔实验室的一位经理受命列出他手下工作绩效最佳的人。从他所列出的名单来看，那些被认为工作绩效最好的人，不是具有最高智商的人，而是那些情绪传递得到回应的人。这表明，与那种在社会交往方面不灵活、性格孤僻的天才相比，那些善于与同事相处的员工，更可能得到为达到自己的目标所需要的合作。无独有偶，美国创造性领导研究中心的大卫·坎普尔及同事在研究“昙花一现”的主管人员中发现，这些人之所以失败，不是因为技术上的无能，而是因为人际关系方面的缺陷。在美国和欧洲，通过与高层主管面谈发现，他们认为职员中有九种“致命的缺点”，其中多一半是典型的情商能力缺点，如“处理不好工作关系”“独裁”“野心太大”“与上级管理人员发生不讲艺术的冲突”等。可见，高情商是现代商务组织发展过程中对人才的重要要求，而作为高度信息化时代的商务人员更要注重自己情商的培养。

情商（Emotion Intelligence Quotient）与智商（Intelligence Quotient）的区别与联系

智力主要体现一个人的认知能力，它由先天遗传和后天环境共同决定。情商是非理性的情感商数，体现人的涵养和社会智力，是一种心灵力量，是人的另一种形式的智慧。它表示了一个人认识、控制、调节自身和他人情感的能力。

一个人的综合智力是由理性智力和情绪智力共同反映的。那么智商和情商有什么区别和联系呢？两者的主要区别是：

（1）智商是一个智力商数，表示一个人智力水平的高低。

（2）智商反映一个人的认知能力、思维能力、语言能力、观察能力、计算能力、律动能力等，即是理性思维、判断、推理、决策的能力，是大脑左半球的功能；情商主要反映人的感受、理解、运用、表达、控制、调节自我和他人情感的能力，是非理性的能力，是大脑右半球的功能。

（3）理性能力是意识表层的认知模式，是在思维中枢对刺激进行“登记”后，然后经过思索、考虑、反省，最后做出反应；情绪则是比理智快捷的反应，有时会不合逻辑，表现为冲突性，往往把思考中枢的深思熟虑、分析推理拒之于九霄云外。

智商更大地取决于遗传因素，即先天因素的影响大于后天因素；情商的形成和发展，虽

然也有先天因素，但后天的社会环境对人的情商影响更大，这也就说明情商较智商而言有更大的改变可能，教育对情商有更大的可塑性。

情商和智商是各自独立的，但并非完全对立，它们之间既存在区别，又有密切联系。我们常常把人的聪明和情感敏锐度相提并论就是一个很好的例证。纯粹的高智商型人，往往在知识方面博学多才，在生活方面却无所适从，可谓是“知识上的巨人，生活上的白痴”。反之，高情商的人则多半社交能力极佳，性格外向而愉快；不易陷入恐惧和忧虑之中；对人对事容易投入，富有同情心；情感生活通常较丰富，但不越轨；自处和处人都能怡然自得。但是这种单纯的高智商人和高情商人在生活中是很少的。

研究表明，在日常生活中，大多数人表现出的是智商和情商的不同组合，且两者具有一定的相关性。可以说智商高的人，情商不会很低；情商高的人智商也不会很差。

心理学家还发现，智力优越者都具有四种共同的非智力因素：为取得成功的坚持力；为实现目标不断积累成果的能力；自信心；克服自卑感的能力。这说明卓越的智力成就所需要的绝不只是智力因素本身，情感、意志等非智力因素在人取得成功的过程中具有十分重要的作用。

五、人际关系的动机

心理学家舒茨1958年对大量有关社会行为的资料进行了分析，结果发现，在人际关系方面，有三种基本的人际需要，即包容需要、控制需要、感情需要。我们可以根据这三种基本人际需要和相应的行为表现，来描述、解释和预测人际关系现象。

1. 包容需要

包容需要指人们希望与别人发生相互作用，建立联系，并建立和维持和谐关系的需要。由这一需要激发的人际交往动机与行为，基本取向是增进人与人之间的相互作用水平，因而以交往、沟通、归属、参与、融合为特征；这一需要的反向表现取向则是降低人与人之间的相互作用水平，它使人们的人际交往带有孤立、退缩、疏理、忽视、排斥的特征。

2. 控制需要

控制需要指在影响力方面与别人建立并维持良好人际关系的需要。由这一需要激发的积极动机和行为，以运用权力、权威、超越、影响、控制、支配和领导他人为特征；这一需要的反向表现，则使人的人际交往表现出抗拒权威、忽视秩序、受人支配或追随别人的特征。

3. 感情需要

感情需要是指在感情与爱情上与别人建立和维持亲密联系的需要。这一需要激发的积极动机与行为包括喜爱、亲密、同情、友善、热心、关怀等；这一需要的反向表现，则以人际交往的冷漠、厌恶、憎恨等为特征。

舒茨认为，一般情况下，每种需要的表现都有一个最适宜的水平。理想的情况是：一个人用充分的适当行为来使某种需要得到满足，并坚持这种需要。但事实上，某些人在一种需要上要么表现不足，要么表现过度。如在感情需要上，表现为要么避免在别人身上有感情卷入，要么总是试图用一种非常亲密的方式与别人保持亲密。

舒茨在他的三维人际需要理论的基础上提出了满足三种基本人际需要的方式有两种基本取向：一是主动表现，二是被动接受。这样与三种基本需要结合起来，就形成了六种基本人际关系取向。基本人际关系取向不同的人交往方式也不同（表4–1）。

表4-1 基本人际关系取向

基本人际需要	满足方式	
	主动	被动
包容需要	主动与他人交往	期待别人接纳
控制需要	支配别人	期待别人引导
感情需要	对别人表示亲密	期待别人表示亲密

六、人际吸引

在人与人之间，有的“一见如故”，有的“鸡犬之声相闻，老死不相往来”，这中间有个吸引力程度强弱问题。造成人际吸引的原因有以下几种因素。

1. 长相因素

亚里士多德指出：“外貌比一封介绍信更具有推荐力。”爱美是人的天性，人们总是倾向于长相有魅力的人。成人更是喜欢长相好看的儿童。总之，人们会自然觉得长相漂亮的人更可爱。但是，如果一个人仅长相漂亮，没有一颗善良、美好的心灵，人们反而会更加厌恶其漂亮的外表。

2. 个性因素

人们常对乐观开朗、助人为乐、富于幽默感、有进取精神的人倾慕。因为与这种人相处，能给人带来欢乐。而对具有相反性格的人，一般来说是嫌弃的。表4-2所列是个性品质受喜欢和厌恶的影响程度。

表4-2 个性品质受喜欢程度表

高度喜爱的品质		中性品质		高度厌恶的品质	
真诚	可靠	固执	不明朗	古怪	不善良
诚实	热情	刻板	易动情	不友好	不可信
理解	善良	大胆	羞怯	敌意	恶毒
忠诚	友好	谨慎	天真	饶舌	欺骗
真实	快乐	追求完美	好动	自私	虚伪
可信	不自私	易激动	空想	狭隘	狂妄
聪慧	幽默	文静	追求物欲	粗鲁	冷酷
可依赖	负责	好冲动	反叛	自负	邪恶
有头脑	开朗	好斗	孤独	贪婪	装假
体贴	信任别人	腼腆	依赖别人	不真诚	说谎

（摘自梁丽芬编著《商务沟通》，中国建材工业出版社，2003年版，P94）

3. 能力因素

人们都比较喜欢聪明能干的人，觉得与能力强的人结交是一种幸福并感到自豪。为此，不少人常拜有某种特殊才能的人为良师。但研究表明，一个群体中，最有能力、最能出好主意的成员，往往不是最受喜爱的人。为什么会有这种现象呢？因为人对于别人有着两种不同的需要。一方面，人希望自己周围的人有很好的才能，有一个令人愉快的交往背景。但同时，如果别人具有超凡的才能使自己可望而不可及时，人们就会感到一种压力。因此，当一个榜样被描绘成在才能和人格完善上都达到了普通人不可企及的地步时，人们就只好敬而远之了。

可见，才能与被人喜欢的程度，在一定范围内成正比例关系。超出这个范围，其才能所造成的压力就成了主要的作用因素，使人倾向于逃避或拒绝。任何一个人，无论如何也不可能去选择一个总是提醒自己无能和低劣的对象来喜欢。对于一个非常有才能的人来说，有时犯一点小错误反而会更容易引起别人的喜欢。以上三种属于个人品质方面的吸引力。

4. 相近因素

相近性不仅指居住上的接近，还包括在一些学习和工作场合上的接近，如同桌同学，同办公室、同车间的同事等，较易结成亲密的人际关系。因为生活空间的邻近，便于相互了解。社会心理学家费斯廷格（L.Festinger）让居民区的住户指出自己最喜欢的三家人。其中41%指的是隔壁，33%指的是隔两个单元的人家，16%指隔三个单元的人家，10%指隔四个单元的人家。

5. 相似因素

人们倾向于喜欢在某方面或多方面与自己相似的人。“物以类聚，人以群分”“老乡见老乡，两眼泪汪汪”。它言简意赅地表明了人际吸引中的相似性的作用。相似因素包括共同的语言、民族、国籍出生地；共同的民族、文化、宗教背景；共同的年龄、学历、社会地位、职业等方面，这些都能在一定条件下，不同程度地增加人们的相互吸引。

大量研究发现，在所有特征中，态度或观点的相同具有特殊意义。心理学家伯恩所做的研究发现，在人们不了解他人的情况下，观点是否一致，高度决定着人们对别人的喜欢程度。

6. 互补因素

在人际关系中还会发现，人们往往还重视虽与自己不同，但能与自己互补的朋友。因为彼此可以取长补短，各得其所。互补因素在婚姻关系上更为突出，胆汁质的人很可能与抑郁质的人互补；性格恬静的人很可能与活泼好动的人互相吸引；支配型的妻子会嫁一个顺从型的丈夫。这些都属于这种情况，互补还会有助于爱情的巩固。

互补的另一种情况是他人的某一种特点满足了一个人的理想，从而增加了其对这个人喜欢的程度，主要是起一种补偿作用。如一个看重高学历而自己又失去了拿高学历机会的女性会容易喜欢上一个高学历的男性。

七、人际沟通中的主要障碍

在实际的人际沟通过程中，信息接收者对信息发送者的信息不理解、不完全理解甚至误解的情况时有发生。之所以如此，是因为人际沟通中存在诸多的沟通障碍。人际交往中的主要沟通障碍体现在以下几个方面。

（一）语言性沟通障碍

人际沟通中的语言障碍主要表现在两个方面：一是语言差异障碍，这种障碍主要是由于语系、语族的不同造成的。不同国度、不同民族之间的交流往往因语系或语族的不同而存在沟通困难，这时就需要通过翻译才能进行沟通。二是语言表达障碍，这种障碍主要是由于语言表达能力不同造成的。如沟通者语言表达能力太差，词不达意，令人费解，方音太重，发音不清等导致误解或曲解。

（二）心理性沟通障碍

心理性沟通障碍则是指在沟通过程中干扰信息传递和交换的沟通者的各种心理性因素。

沟通中主客体的情绪态度状态、年龄差异、文化差异、教育水平、职业、性别、社会地位、社会角色、个性、认知偏见等方面都会形成心理上的感觉差异，而这些感觉差异往往会造成沟通障碍。

（三）物理性沟通障碍

物理性障碍通常具有客观性，不以主客体双方的意志为转移，但却切实影响到沟通的效果。例如人的社会地位和社会角色，居高位、掌实权的领导即使民主开明、性格温和，但下属也往往会敬而远之；沟通所处的外在环境，嘈杂的环境影响信息传递的保真度，不同环境对信息本身真实度、在场人物间的沟通方式都存在潜移默化的影响；地理距离的远近，性别差异、年龄跨度等这些都不以人的意志改变。

案例分析

案例一

“六尺巷”的由来

据《桐城县志》记载，清代（康熙年间）文华殿大学士兼礼部尚书张英，一日收到家人的来信，信中说家里要扩建宅基地，而邻居也要修葺房屋，结果两家为了一条三尺的巷子打起官司。家人希望在京为官的张英能够通过关系帮家里赢得这场官司。

张英大人阅过来信，马上挥毫回信，信中只写了四句话：

千里家书只为墙，
让他三尺又何妨。
万里长城今犹在，
不见当年秦始皇。

家人读罢张英的回信后，感到十分惭愧，主动让出三尺，以便两家人日后的行走。邻居见此情形，也很感动，也主动让出三尺，这样就形成了一个六尺宽的巷子，后人将此巷命名为“六尺巷”。

从这则案例中你能得到什么启示？

案例二

女王的回答

著名的英国女王维多利亚与其丈夫阿尔伯特相亲相爱，感情十分和谐。但是由于维多利亚成天忙于公务，出入社交场合，而她的丈夫阿尔伯特却和她相反，对政治不太关心，对社交活动也没有多大兴趣，因此两人有时也闹别扭。

有一天，维多利亚女王又去参加社交活动，而她丈夫没有去。当女王回到寝宫已是深夜，只见房门紧闭，于是女王走上前去敲门。

房内，阿尔伯特："谁呀？"

女王回答道："我是女王。"

但是门没有开，女王再次敲门。

房内阿尔伯特又问道："谁呀？"

女王略带气愤地说："维多利亚。"

门还是没开。女王徘徊了半晌，又上前敲门。

房内阿尔伯特仍然耐心地问："谁呀？"

女王温柔地答道："你的妻子。"

这时门开了，阿尔伯特伸出热情的双手把女王拉了进去。

试结合所学知识分析上述沟通案例中存在什么沟通障碍？女王前后使用的不同语言所显示的角色的变化对于沟通有什么影响？请联系自己的实际谈谈人际沟通中场合与角色期望相匹配的重要意义。

案例三

一位工程师的租房经历

有一位工程师嫌房租高，想要求房东降一些，但是他又明白房东是一个十分顽固的人。于是，他给房东写了一封信。信中这样写道："房东，您好。等房子合同期满我就不继续住了，但实际上我并不想搬家，如果房租能降低一点我就继续租下去。但恐怕十分难，别的住户也曾经交涉过都没有成功。许多人对我说房东是一位不好对付的人。可是我自己在心中说：'我正在学习如何待人这一课，所以我将要在他身上尝试一下，看看有没有效果。'"

结果，房东接到工程师的信后，便带着租赁契约来找他，工程师在家热情地招待他。工程师一开始并没说房租太贵，而是先说他如何喜欢这所房子，并表示佩服房东先生管理这些房产的本领，最后说到自己真想再续住一年，但是负担不起房租。

房东好像从来不曾听见过房客对他这样说话。他简直不知道该怎样处理。后来他对工程师讲述了他的难处：先前有一位房客给他写过40封信，有些话简直等于侮辱，又有一位房客恐吓他说，倘若他不能让楼上住的一个房客在夜间停止打鼾，就要将房租契约撕碎。房东对工程师说："有一位像你这样的房客，心里十分舒服。"后来，房东就主动替他减免一点房租。但工程师还想能多减点，于是说出自己所能负担的房租数目来，没想到房东竟然二话没说便答应了。更令人意外的是，房东临走之时又转身问及房子有没有应该装修的地方。

请大家交流讨论下房东为什么愿意让步，你认为工程师的哪一点打动了房东？这个案例带给你最深的启发是什么？

任务二　学会拒绝与批评

任务目标

认识到拒绝与批评行为的负面影响，学会在人际沟通中恰当地拒绝别人，掌握批评的技巧，让批评切实有效。

参考学时　2学时

引导活动1　小昭该怎么做？

情景描述

一向性情温和的财务部主管刘晔已经向小鱼催了三遍报表了，小鱼每次都态度很好地说："好的，好的，马上交。"但离公司规定的最后期限都超过了两天了，小鱼还是没交。刘晔没有办法，就跑到小鱼的同部门同事小昭那里请求帮忙："小昭呀，小鱼的报表你能不能帮她填一下呀，反正你对这报表也很熟，很快就填好了。"一向不喜欢填报表的小昭冷着脸拒绝："你还是让小鱼自己填吧。"这时忍无可忍的刘晔终于火山爆发了，当着办公室所有同事的面咆哮道："哎！你们部门怎么这样呀，一个报告催了十多天了，我还要不要干活呀？耽误了发工资你们很乐意吗？"小昭这时也是满腹委屈和怒火："你冲我发什么火呀，又不是该我干的！"

活动要求

1. 认真阅读上述拒绝活动的情景描述。
2. 以小组为单位讨论以下问题：
（1）对于财务部主管刘晔的要求，小昭可以拒绝吗？为什么？
（2）小昭拒绝的方式对吗？
（3）如果你是小昭，你会怎么做？小组讨论下，提出一个最佳的解决方案。
3. 每小组派1位同学说明下你们的讨论结果。

知识支撑

拒绝别人或被人拒绝，在日常工作生活中司空见惯。在职场中，很多场合我们也要学会拒绝别人。拒绝是一门学问，拒绝对方的要求，代表无法满足对方的心理需求，因此向别人传达这一负面信息时一定要注意方法和技巧，才能维持彼此的关系不受影响。

一、为什么要拒绝

虽然拒绝别人是负面信息的传达和交流，但我们有时不得不说"不"，卓别林说过"学会说不吧，那你的世界将会美好很多。"拒绝的好处很多：

（1）拒绝可以让你拥有更多的闲暇时间，这对工作繁忙的你来说尤为重要。

（2）你可以专注于自己觉得真正重要和有兴趣的项目。

（3）减少了别人下次以同样理由麻烦你的机会。

（4）显示出你是一个有"自我选择权"的，有自信、有主见的人。

二、拒绝别人的心理基础

生活工作中，我们有时候本想拒绝，却点了头。说“不”是需要勇气的，那为什么许多人常常没有拒绝的勇气？那是因为他们没有意识到自己有说“不”的权利，抑或是拒绝了别人，有负罪感，感到内疚和自责。其实究其根本，是因为自我价值低，需要通过“情感贿赂”建立关系；缺乏安全感，内心恐惧导致难以拒绝别人。

学会拒绝，要明确“拒绝不等于伤害”。

心理学家认为，一个人的拒绝能力与自信紧密联系。不敢说“不”其实也是缺乏自信、人格不成熟的一种表现。这类人由于害怕拒绝别人、得罪别人，经常违心地顺从别人，委屈自己，导致自身的某些需要得不到满足、自己的某些要求得不到伸张，对心理施加了不必要的压力，从而产生自我挫败的心理。因此心理上的解决办法是加强自我价值感和安全感。

三、拒绝的技巧

1. 直陈理由

当对方提出的要求超出了你的承受范围，而你也深知对方是明白事理的人，这种情况下可以把自己的困难告诉对方，把自己拒绝的理由说出来，让对方体会到你的难处，让他产生同感，这样就会在一定程度上接受你的拒绝。这种方法非常适合关系较亲密的人之间使用，真诚以对，方能以心换心。拒绝时要清楚地表达，直截了当，语气诚恳，不要吞吞吐吐。

2. 巧妙推脱

当别人邀请你参加某项活动，而你确实没有时间参加或不想参加时，巧妙的推脱就成为拒绝的最常用办法。如一位朋友对你说：“今天晚上有空吗？我想请你吃饭。”如果你实在不想去或没有时间去，你可以说：“真不巧，我晚上正好有事，改天吧。”值得注意的是，在推脱别人的邀请或请求时，要选择适当的理由和借口，不能胡乱地任意推脱，否则可能会弄巧成拙。

3. 转移话题

在交谈中如果遇到对方可能提出你无法满足的要求，可巧妙打断，然后把话题引导到其他方面，这样既可以拒绝对方，又可避免直接回绝带来的尴尬。例如，可借口上厕所或接电话中断交谈，然后回来后将话题转移。

4. 微笑沉默

在人际交往过程中，经常会遇到无法答应或满足别人要求的情况。对这种情况，最简单的回答就是“不”。这种回答虽然干净利索、态度明确，但会让别人感到很生硬，甚至难以接受。其实有时你完全不必把“不”字说出口，只要你一直维持倾听的姿态，在对方要你发表意见时保持沉默，或一笑置之，别人就会明白你的意思。

5. 诱导否定

面对对方提出的问题，并不马上回答，而是先讲一点道理，再提出一些条件或一个问题，诱使对方自我否定，自动放弃原来提出的问题。

6. 拖而不办

当对方的要求并没有很过分，但你却由于各种原因无法完成的情况下，可以采用拖的办法，说自己过些时间答复或者要求对方提供更多的信息资料或作进一步的说明以便完成。这种“推迟做出决定”的方法给自己留下了充裕的考虑时间，有时可找出折中方案，有时在拖中就不了了之了。当然这种方法有时不能从根本上解决问题。

7. 李代桃僵

当对方提出一个很棘手的问题，或者你目前无法解决的时候，可以退而求其次找到一个你们都能接受的替代办法或暂时性的解决办法，这往往是处理矛盾和预防危机的惯用手段。为对方介绍几种解决问题的途径或方法，使对方的需求得到满足，这样不仅不会因为你的拒绝而生气，反而会对你的关心和帮助心存感激。

四、拒绝过程中的注意事项

1. 放下手中的事情，认真倾听

无论你有多忙，请用心去倾听对方的诉求，不要表现得心不在焉，否则只会让对方更加愤怒。

2. 认可对方的感受，表示理解

共鸣总是能快速拉近人与人之间的距离，并平复对方的负面情绪。在表达推脱之前，一定要先顾及当时的情境，无论对方悲伤或愤怒，都应先表示理解，以体谅的态度给对方以抚慰。

3. 说些体谅或赞赏的话，暂不表态

例如“别着急，先喝杯水”，“看你累的，脸色这么差”，“我很同情你的处境，你很棒了”等。此时对“该不该接手”应该心中有数，但不要急于表态。一方面不要态度强硬，以免伤害对方的自尊心；另一方面，着重于缓解对方的情绪，让对方有个冷静的时间恢复理智，避免直接冲突的发生。

4. 态度真诚，语速缓慢

要跟对方说“抱歉”的时候，一定要看着对方的眼睛，真诚地表达你的想法，简洁明晰地说明原因，用委婉温和的语气表达你的歉意和遗憾，让人觉得你不是故意在找借口。

5. 事后保持热情、体贴

拒绝别人，不管你多么小心翼翼，都可能会使对方有所不满。因此，除了注意语言的艺术之外，还要做好拒绝之后的弥补工作，跟被拒绝者重建意见交流的渠道。应站在一个被拒绝者的立场上，想想自己受到拒绝后的滋味，体会在拒绝别人之后可为对方做点什么。比较理想的办法是打电话、写信或者找个时间登门造访，以诚挚的态度来弥补此次交涉失败的不快经历。

总之，成功地拒绝他人的不情之请可以节省自己的时间和精力，还可以免除由不情愿行为所带来的心理压力。关键在于拒绝前必须将对方的利益放在考虑之内，根据具体的情况采取具体的拒绝策略，这样，才会避免双方之间的感情受到伤害，影响了工作中的和谐气氛。

引导活动 2 电影中的“批评片段”观看与讨论

活动要求

1. 教师播放一段电影《杜拉拉升职记》中剪辑的“批评片段”。
2. 学员认真观看视频并搜集相关信息。

3. 以小组为单位讨论下列问题。

（1）批评的负面影响有哪些？

（2）你认为批评的方式重要吗？

（3）如果非要比较，你觉得视频中玫瑰和王伟的批评谁的更好一些？

（4）职场中上级批评下级需要注意哪些事项？

五、巧妙批评

好听的话即使言过其实也不会引起听者的反感，而难听的话即使恰如其分也不会引起听者的满足。愿意听到赞美而不愿意遭受批评，这是人们心理需求的基本规律。但在现实生活中，批评又是难以避免的，如果不了解批评的方法和技巧，直接地批评别人，往往是伤了和气又达不到目的。所以，要进行有效的批评，必须讲究批评的方法和技巧。

1. 考虑批评的必要性

在批评别人之前，一定要考虑批评的必要性，要清楚地分析你的批评是试图改善工作状况，还是仅仅为了发泄自己的恼怒。要弄清你的批评哪些与自己有关、哪些与别人有关。只有这样，你才能把握批评的真正目的和意图。

2. 批评要公道正直，实事求是

在规章制度、道德规范面前人人平等，该不该批评对谁都要坚持一种原则，不能对亲者宽、疏者严，否则，被批评者会不服气，其他员工会鸣不平，领导者会因此失信于下属，造成矛盾和混乱。同时，批评必须尊重事实，经过分析，确实搞清错误的大小、轻重，绝不可夸大事实、无限上纲以及随便给人戴帽子，更不能道听途说，无确凿依据就随便指责人，也不能轻信个别人的反映，否则一旦批评错了，既会伤害对方的感情，也会失去自己的威信。

下级对领导的话都是很认真听的，如果批评过度或不正确，则不仅达不到批评的目的，还会增加下级的抵触情绪。

3. 批评要对事不对人

批评他人是比较严肃的事情，所以在批评时一定要就事论事，对事不对人。要记住：我们批评他人，是批评他的错误行为，千万不要把对人的错误行为的批评扩大到对人的批评上，更不可否定别人的人品和人格，也就是说千万不能伤及被批评人的自尊，否则会造成不可调和的矛盾。例如，某位员工没有准时完成你交给他的某一项工作，但这并不说明他本人是个懒惰不准时的人，他可能是个非常好的员工并且每件事都做得很好。所以，就此事向他提出批评时不要说："你太懒了，办事总是如此。"否则，他会立刻反驳："难道我昨天交给你的材料也晚了吗？"所以，你要针对对方的某一行为和情况做出批评，而不要笼统地对个人作评价。

4. 保持批评的建设性

批评的目的在于帮助别人认识自己的错误，让其知道怎样加以改进，而不是简单地指出他们错在了哪儿。保持批评建设性的有效方法是为受批评者的个人发展着想，使受批评者了解自己所犯的错误对个人以及工作造成的危害和不利影响，以便于受批评者从错误中吸取教训，把错误变成财富。

5. 选择适当的批评场合

批评要当面批评，不可背后批评。对下级的批评，一定要当面进行。这样能够让他听清楚你的意见，明白你的态度，也便于双方交流意见。但在当面批评时，最好不要当着外人的面批评，因为有别人在场会增加被批评者的心理负担，从而影响其接受批评的态度。所以，批评时通常应该采取和被批评者个别交谈的方式，这样可以使被批评者体会到领导者对他的关怀和爱护，有利于其认识到自己的问题。若有些问题需要当众批评或通报，应事先做好对方的工作，帮助其打消顾虑，缓解其抵触情绪。

6. 选择合适的时机

批评时机的选择很重要。一般情况下，人们总是在事情发展到无法控制的地步时才提出批评。而这时他们往往怒不可遏，无法控制。在这种情况下，对员工进行批评是最糟糕的，它会伴以尖刻的讽刺、威胁以及一大堆牢骚、抱怨。这类并非批评的攻击会招致恶劣的结果。因此批评应尽早，发现问题及早提出批评意见，这样员工就能够慢慢改正缺点，你们的隔阂也可以逐渐消散。切忌问题积累，摆出算总账的架势。

7. 友好接近对方

提出批评时采取的方式越周全、体谅和直接，对方的回应效果越好。你可以用眼神、微笑来加强沟通效果，并且注意你说话的语调，谨慎选择用词，避免类似“你总是”“你从不”或“你应该”这样的话。这类词语往往被看作是一种攻击。同时，应避免以嘲笑、玩笑的形式提出批评。当你直接地表达你的批评观点时，你的批评意见就会被人慎重对待。

另外切忌以权压人，这样很容易让人产生抵触情绪。有些人和下级发生争论时常说“是你说了算，还是我说了算”“你这是目无领导”等，甚至用处分、撤职、调动工作来威胁下级。采用这种强硬手段往往是压而不服。

8. 称赞与批评相结合

卡耐基说过“当我们听到别人对我们的某些长处表示赞赏之后，再听到他的批评，心里往往会好受得多”。很多管理者对于表扬十分吝啬，对批评却非常慷慨。有些人对于表扬和批评的技巧掌握极少。有些员工除非犯了错误，否则他们不会从老板那里听到对他们工作的评价。作为管理者，当你认为你必须批评一个人时，你可以先称赞一下对方再指出其不足之处，这能够使后面的批评意见变得柔和并且易于听取和接受，但要保证是一种真诚的称赞，如果不诚恳的话，对方会认为你虚伪。

9. 批评的方式要因人而异

由于人的经历、知识和性格等不同，接受批评的能力和方式也不同，所以要针对不同人的不同特点区别对待，采取不同的批评方式。比如对性格比较温顺的人，宜用“温和式批评”，即和他慢慢讲道理，逐步加以引导，启发他自觉地认识问题；批评的方式应该婉转些。对惰性心理、依赖心理和试探性心理较突出的人，宜用“触动式批评”，通过语言的强刺激，用“情”来触动他，使其醒悟，但注意不要引起对抗情绪。对自尊心较强、主观见解难以改变的人，宜用“渐进式批评”，即批评时要有层次，逐步深入，不要一下子和他“摊牌”，这样能使他逐步适应、逐渐接受。对反应速度快、脾气暴躁、行为容易被语言所激发的人，宜用“商讨式批评”，即用缓和的方式、商讨的态度，平心静气地把批评的信息传递给对方；这种方式的优势在于通过和对方平等地商讨问题，改变对方可能发生的对抗动机，稳定他的情绪，在这个基础上帮助他认识问题。

案例分析

案例一

分身乏术的保罗

保罗在深圳某IT企业任部门总经理，由于他的技术能力强，业务精，老板很是器重他。当时另一部门的总经理刚刚离职，考虑到保罗的业务能力，老板便找到他，希望他能同时担任两个部门的总经理。面对这一情况，保罗很为难，因为他知道虽然自己的技术过硬，但作为管理者还缺乏一定的管理能力，何况同时兼管两个部门，由此他决定找个合适的机会将自己的想法与老板进行沟通。

两天后午饭休息时间，保罗敲开了老板房间的门。一番寒暄过后，保罗对公司安排他同时出任两个部门的经理一事，与老板交换了想法：“我的强项是技术，但另一部门更突出经理管理方面的才能，这和我的技术不相匹配。要我管理一个部门，我可以把这个部门各方面做精做细，但要同时管理两个部门就分身乏术了。”

接下来保罗又从公司利益的角度详细阐述了跨部门兼管的利弊，并为老板推荐了一位更合适的人选，老板对保罗的建议表示了认可。

请大家认真阅读上述案例，考虑下保罗在拒绝上司的要求时使用了什么技巧？你对他的做法赞同吗？谈谈你的感受。

案例二

失败的批评

汪大伟正和下属李明春谈话，这是对李明春迟到和缺席的第二次警告。李明春争辩道，在同事中，他的工作做得最多。汪大伟知道李明春是一名很好的员工，但不能容忍他违反公司的制度。

汪大伟：小李，你知道今天早上为什么叫你来。上个月我们谈论过你的问题，我想你一定会改进。但当我检查月度报告时，我发现你又迟到了四次，并且多病休了两天。这说明你根本不把我们的谈话当回事。小李，你的业绩很好，但态度不佳。我再也不能容忍这种行为。

李明春：不错。我知道我们上个月谈过，我也努力准时上班，但是最近交通非常拥挤。工作的时候我是十分投入的，你应该多注意我的工作效率，与我们组的老王相比，我的工作量要大得多。

汪大伟：现在不关老王的事，而是谈你的问题。

李明春：不，应该谈老王和其他几个同事的事。我比大多数同事做得好，而我却在这儿挨批评，这不公平。

汪大伟：小李，我承认你的工作很出色，但公司的制度也很重要。你平均每个月迟到四五次，你不能总这样。我该怎样处置你呢？我真的不愿使用正式的警告，你知道那意味着什么。

李明春：是的，我了解问题的严重性，我想我会更加注意，但我认为我比别人工作努力应有所回报。

汪大伟：好的，小李。如果没有了这些问题，你的出色业绩会得到回报的。如果你想挣更多的钱或被提升，你应按时上班，遵守公司的规章制度。

李明春：好的，我认为你是对的。但是，对于你这样的处理方式我仍持保留态度。

汪大伟：小李，随你选择。如果你下个月的记录仍不好，我会使用正式警告。

李明春：好的，但我还是认为不公平。

请大家考虑一下本案例中汪大伟找李明春谈话的主要内容是什么？这次批评谈话结果如何？假如你是汪大伟，你将如何做？

任务三　说服对方与赞美他人

任务目标

了解说服的基本原则，明确赞美他人的心理基础，掌握说服与赞美的技巧。

参考学时　2学时

引导活动1

情景描述

小李是一家民营纺织企业人力资源部的员工，分管培训工作。由于人民币升值，出口竞争力下降，公司处于亏损的边缘，为此高层领导决定裁员20%。员工们最近都在议论此事，生怕自己下岗。他在人力资源部的业绩虽不突出，但在公司的5年中一直都勤勤恳恳、任劳任怨。一天部门经理说找他有要事相谈，小李估计这次与裁员有关。小李是三口之家的主要经济支柱，如果下岗，将面临巨大的压力。

活动要求

1. 以小组为单位替小李想想如何说服上司留下他。
2. 小组选派2名组员进行谈话模拟演示。
3. 其他小组为表演小组打分。
4. 教师点评。

在沟通中，说服别人同意自己的看法、支持自己的行动，不但是一个人影响力的表现，也是一个人必备的能力。要说服别人，需要智慧和技巧。

一、说服的基本原则

1. 用真诚、可靠、权威、魅力来建立信赖感

在说服的过程中，建立信赖感是说服的基础。没有这个基础，任何说服都不会取得理想的效果。人们往往被魅力吸引，魅力是信赖的前提。权威、财富、外表、知识与能力都是一种魅力，但最重要的还是人格魅力。一个正直诚实的人往往更容易获得他人的信任。

2. 整合信息内容，晓之以理

说服别人改变自己的观点，必须有理有据，必须利用逻辑的力量，以理服人。无论是改变对方的认识、想法还是行为，如果没有充足的理由、真实的论据、合理的逻辑推理，将很难让人信服。

3. 关注说服方式，动之以情

《孙子兵法》有云："攻心为上，攻城为下。"人是情感的动物，在说服别人时，有时候光有理是不够的，用诚挚而感动的语气，真挚动人的情感，往往更能打动人，说服人。

4. 了解说服对象，感同身受，运用同理心

当你要说服别人时，必须先了解他人，充分站在对方的角度，感同身受，体会了解，并产生和运用同理心。你需要了解以下情况：他人的意见和想法；他人的需求；他人接受你的意见、方案，响应你的主张的能力；还要了解他人的性格特征以及接受你意见的方式。

小故事

《三国演义》第七十七回写道，关羽败走麦城，身首异处之后，灵魂并未飘散，荡荡悠悠到了玉泉山。时值三更天，山上的老僧普净还在寺中默坐。忽然听见有人大喊："还我头来!"普净抬头一看，却是关羽之魂。无头关羽见是曾经救过自己的老僧，就连忙施礼："承蒙相救，铭感不忘，关某今天遇祸而亡，请示师父慈悲开示，指点迷途。"普净点头说："昔是今非，一切休论。后果前因，彼此不爽，今天将军被吕蒙所杀，大喊'还我头来'，然而将军生前，诛颜良，杀文丑，过五关，斩六将，那些人的头，又叫谁去还呢?"普净以关羽斩杀他人的前事，来动容关羽，使之感同身受，关羽恍然大悟，稽首皈依而去。这就是运用同理心的突出运用。

二、说服的技巧

1. 学会提问，运用苏格拉底说服术

说服的方式有很多种，但可以肯定的是说服的最高境界是通过提问，让被说服者自己去说服自己。每个人都需要被了解，需要被认同。然而，被认同最好的方式就是有人很仔细地听你讲话。

在现代的生活中很少有人愿意耐心听别人说话，大家都急于发表自己的意见。所以假设你一开始就能通过好提问把听的工作做好，你跟对方的信赖感就已经建立起来了。问问题需要技巧，如先从简单的问题开始问起；要问让对方回答"是"的问题；要问二选一的问题。简单的问题不会给被说服者带来压力，从而减少说服的阻力。而让对方不断回答"是"能使对方整个身心趋向于肯定的方面，身体组织呈开放状态，从而易于接纳你的观点。通过二选一的封闭式提问，会限定对方的回答范围，很容易得到你想要的结果，还会让说服者觉得是他自己的选择。

小故事

苏格拉底与失恋者的对话

苏格拉底："孩子，为什么悲伤？"

失恋者："我失恋了。"

苏格拉底："哦，这很正常。如果失恋了没有悲伤，恋爱大概也就没有什么味道了。可是，年轻人，我怎么发现你对失恋的投入甚至比你对恋爱的投入还要倾心呢？"

失恋者："到手的葡萄给丢了，这份遗憾，这份失落，您非个中人，怎知其中的酸楚啊。"

苏格拉底："丢了就丢了，何不继续向前走去，鲜美的葡萄还有很多。"

失恋者："我要等到海枯石烂，直到她回心转意向我走来。"

苏格拉底："但这一天也许永远不会到来。"

失恋者："您说我该怎么办？我真的很爱她。"

苏格拉底："真的很爱她？她认为离开你是一种幸福。"

失恋者："她现在不爱我了，我却还苦苦地爱着她，这是多么不公平啊！"

苏格拉底："的确不公平，我是说你对所爱的那个人不公平。本来，爱她是你的权利，但爱不爱你则是她的权利，而你想在自己行使权利的时候剥夺别人行使权利的自由，这是何等的不公平！"

失恋者："依您的说法，这一切倒成了我的错？"

苏格拉底："是的，从一开始你就犯错。如果你能给她带来幸福，她是不会从你的生活中离开的，要知道，没有人会逃避幸福。"

失恋者："可她连机会都不给我，您说可恶不可恶？"

苏格拉底："当然可恶。好在你现在已经摆脱了这个可恶的人，你应该感到高兴，孩子。"

失恋者："高兴？怎么可能呢，不管怎么说，我是被人给抛弃了。"

苏格拉底："时间会抚平你心灵的创伤。"

失恋者："但愿我也有这一天，可我第一步应该从哪里做起呢？"

苏格拉底："去感谢那个抛弃你的人，为她祝福。"

失恋者："为什么？"

苏格拉底："因为她给了你忠诚，给了你寻找幸福的新的机会。"

2. 以对方的认识为起点，强调给对方带来的利益

要说服对方，必须换位思考，先承认对方的认识、态度存在合理性，然后避开矛盾分歧，从对方的认识基点出发，先赞同或部分赞同，寻找共同点，抵消对方的抵触情绪，逐步瓦解对方的心理防线，以逐步扩大说服的范围，逐步迫近要害和问题的关键。

3. 模仿对方，寻找相似点

所谓"物以类聚，人以群分。"每个人都喜欢两类人：和自己一样的人和他希望变成的那个人。在说服的过程中，你有意识地去模仿对方，寻找相似点，可以快速拉近彼此的心理距离，从而为说服奠定良好的心理基础。

4. 名言支持法

在说服别人的过程中，适量引用名人的语录或权威的理论来支持自己的结论，能增加说服力，因为名人的话往往有一定的号召力。

5. 暗示说服法

暗示说服法就是通过委婉的语言形式，把自己的思想观点巧妙地传递给对方。受暗示是人的心理特征，它是人在漫长的进化过程中形成的一种无意识的自我保护能力。暗示有这样几种方式：借此言彼，能够事物与事物之间的相似之处，互相比较；旁敲侧击，说话时避开正面，而从侧面曲折表达、鼓励等。

6. 对比说服法

鲁迅先生说："如果有人提议在房子墙壁上开个窗口，势必会遭到众人的反对，窗口肯定开不成。可是如果提议把房顶扒掉，众人则会相应退让，同意开个窗口。"当提议把房顶扒掉时，对方心中的'秤砣'就变小了，对于'墙壁上开个窗口'就会顺利答应了。"冷热水效应可以用来说服他人，如果你想让对方接受"一盆温水"，为了不使他拒绝，不妨先让他试试"凉水"的滋味，再将温水端上，如此他就会欣然接受了。

引导活动2 赞美游戏——戴高帽

活动要求

1. 小组成员围圈坐。

2. 请一位成员坐或站在团体中央，向大家介绍自己的姓名、个性、爱好等。

3. 其他人轮流根据自己对他（她）的了解及观察说出他（她）的优点及欣赏之处（如性格、相貌、待人接物的方式……），然后被赞美的成员说出哪些优点是自己以前察觉的，哪些是没有察觉的。

4. 要求：必须说优点；夸别人的优点时态度要真诚，不能毫无根据地吹捧；怎样用心去发现别人的长处；接受赞美的人要注意用心体会被称赞时的感受。

三、赞美的作用

戴尔·卡耐基说："每个人都渴望得到别人的认可和赞美。真诚的赞美与肯定是最动听的语言，是打开心门的钥匙。"恰当地赞美别人，有利于建立良好的人际关系。

1. 赞美能使他人满足自我的需求

心理学家马斯洛认为，荣誉和成就感是人的高层次的需求。人类最本质、最殷切的需求就是渴望被肯定。使人将自身能力发挥至极限的最好方法就是赞扬和鼓励。

2. 赞美能让你获得真挚的友谊和良好的人际关系

当我们赞美别人时，也给予了别人自信，因此欣赏和赞美可以帮助你获得良好的人际关系，帮助你事业成功。

3. 赞美别人同时也能使自身获得满足

懂得赞美别人，代表拥有一双发现美的眼睛。赞美别人，不仅能让对方愉悦，自身也会觉得身边的人和物非常美好，从而提升个人的幸福感指数。

四、赞美的方式

积极美好的语言、眼神、点头、拥抱、跷拇指、击掌、微笑。

良言一句三冬暖。研究人员发现，积极的话语不仅能使人心情愉悦，还能改善血液的成分，增强血液吸收营养的能力，从而提高细胞的免疫力。平时要多注意赞美别人，把说积极语言变成你的习惯。

赞美也并不一定用那些固定的词语，有时，投以赞许的目光或伸出拇指作一个夸奖的手势，也能收到意想不到的效果。对他人微笑也是一种赞美的方式，要养成微笑的习惯。面带微笑，表现的是对他人的友好，展现的是个人的素养，获得的是他人的认可。

五、赞美的艺术

1. 赞美要真诚

虽然人人都喜欢赞美，但并非任何赞美的话都能使对方高兴。能引起对方好感的只能是那些符合事实、发自内心、实事求是的赞美。真诚的赞美不但会使被赞美者产生心理上的愉悦，还能让人对你产生好感。赞美和阿谀奉承是完全不同的。

2. 内容要具体

在沟通中赞美对方时，要从具体的事件入手，善于发现别人最细微的长处，并不失时机地给予赞美。赞美用语越详实具体，说明你对对方越了解，对他的优势和亮点越看重。

3. 时机要恰当

第一时间送上赞美，赞美是有有效期的，过期作废。赞美别人要真诚且及时。当别人计划做一件有意义的事情时，开头的赞扬能激励他下决心做出成绩，中间的赞扬有利于对方再接再厉，结尾的赞扬可以肯定成绩，指出进一步的努力方向。

4. 对象要因人而异

人的素质有高低之分，年龄有长幼之别，也有男女之异。因人而异，突出个性，有特点的赞美，比一般化的赞美能收到更好的效果。老年人总希望别人不忘记他当年的业绩和雄风，同其交谈时，可多称赞他引以为豪的过去；对年轻人不妨语气稍微夸张地赞美他的创造才能和开拓精神；对经商的人，可赞美他头脑灵活，生财有道等。

最后，当你赞美别人时，一定要说出来。仅仅靠暗示让对方了解你是不够的，要让他们明确知道你在赞赏和认可他们。

六、赞美的技巧

1. 寻找赞美点

赞美的前提是寻找赞美点。只有找到对方所具有的闪光的赞美点，才能使赞美显得真诚而不虚伪。常见的赞美点如下：

（1）外在的、具体的。如穿着打扮、头发、身体、皮肤、眼睛、眉毛等，这一部分可称为“硬件”。

（2）内在的、抽象的。如品格、作风、气质、学历、经验、气量、心胸、兴趣爱好、特长、做的事情、处理问题的能力等，这一部分可称为“软件”。

（3）间接的、关联的。如籍贯、工作单位、邻居、朋友、职业、用的物品、养的宠物、下级员工、亲戚关系的人等，这一部分可以称为“附件”。

总之，一个人身上的赞美点很多。大致而言，赞美软件要比赞美硬件要好，而赞美附件效果更好。

2. 间接赞美法

（1）背后赞美别人效果更好，一般来说，背后的赞美都能传达到本人，这除了能起到赞美的激励作用外，更能让被赞美着感到你对他的赞美是诚挚的，更能加强赞美的效果。

（2）运用第三者赞美对方更容易接受。第三者赞美是间接赞美，避免了直接赞美的拍马屁的感觉，效果非常好，润物细无声。

（3）赞美事实而不是赞美人。要是我们把赞美的焦点放在了别人做的事情上，而不是他们本身，他们就会更容易接受你的称赞，而不会引起尴尬。例如，“你的书写的真好！”要比“你真棒”让人容易接受；“你昨天的演讲非常精彩”比“我实在找不出一位比你更好的演说家”更让他容易接受。

3. 称呼名字法

人们认为，自从柏拉图和苏格拉底以来多数人都觉得自己的名字是世界上最动听的声音，会对包含其名字的话语给予更多的注意。此外，称呼对方的名字也可以让对方觉得你的赞扬是专门针对他的。

4. 先抑后扬法

赞美别人之前，不妨先指出对方一个小小的不足，然后再赞美，会收到意想不到的效果。因为人通常会谨记别人说的最后一句话，作为所有话的总结。而且经过被人否定后再经肯定，心情会更加愉悦，当然批评对方时要控制好分寸，留有余地，否则之后无论怎样称赞都无补于事。

5. 希望赞美法

赞美你所希望对方做的一切。一般领导对下属常常运用这种方法。如果你希望对方很有耐心，就赞美对方是个富有耐心的人，对方也真的变得很有耐心了。

另外，赞美还有一些具体方法，如逢人减岁，遇物加钱这是交际赞美的要领；生人看特征，熟人看变化，第一次见面我们要寻找他显著的特征，第二次见面要寻找他身上发生的变化等，需要我们在日常生活中从实践中总结经验。

案例分析

案例一

说服罗斯福

1939年年初，德国已经开始研制原子弹。一批流亡美国的科学家得知消息，无不忧心忡忡，如果纳粹抢先研制出原子弹，那么，人类将面临史无前例的核灾难。阻止这场灾难的唯一办法，就是反法西斯国家抢在德国前，制造出原子弹。为此，爱因斯坦等科学家到处奔走，呼吁美国尽快开始研制原子弹，美军高层难以理解这个新生事物，反而把他们视为“怪物”。

科学家们心急如焚，最后决定绕开军方，直接向罗斯福总统递交联名信。递交联名信的任务，落在萨克斯身上，他是罗斯福的密友兼科学顾问，当然是合适的人选。萨克斯深知责任重大，丝毫不敢大意。

见到罗斯福，他先呈上爱因斯坦等人的联名信，然后，开始讲述原子弹的科学原理和巨大威力。罗斯福如堕雾中，根本无法理解那些艰深晦涩的核理论。萨克斯还在慷慨陈词，滔滔不绝，罗斯福早已哈欠连天。最后，罗斯福一脸疲惫地摆摆手，说："你说的东西似乎很有趣，不过，政府现在干预此事，为时过早。"当头一盆冷水，浇得萨克斯偃旗息鼓，他不得不沮丧地告退。萨克斯临走时，罗斯福为了表示歉意，邀请他第二天共进早餐。萨克斯喜出望外，还有一次机会。总统对物理一窍不通，跟他讲看不见、摸不着的核技术，无异于对牛弹琴，怎样才能说服总统呢？当夜，萨克斯辗转反侧，冥思苦想了大半夜。

次日一早，萨克斯如约来到白宫，刚在餐桌前坐定，不等他开口，罗斯福抢先发话："我们今天只吃早餐，不许再谈爱因斯坦的信，一句也不许谈，明白吗？"萨克斯早有预料，微微一笑，点了点头，装出一副漫不经心的样子，说："是的，一句也不谈。不过，我想谈一点历史，当年，拿破仑横扫欧洲大陆，唯独没有征服英伦三岛，知道为什么吗？"显然，这个话题激起总统的兴致，罗斯福不由得身体略微前倾，两眼注视萨克斯，示意他说下去。萨克斯清了清嗓子，说："英法战争期间，拿破仑的军队在欧洲大陆所向披靡，无人能挡，在海上，却是屡战屡败。有一次，年轻的美国科学家富尔顿见到这位法国皇帝，建议法国战舰砍断桅杆，撤去风帆，装上蒸汽机，用钢板代替木板，这样，就可以大大提高海军战斗力。"拿破仑听完后，把脸一沉，把富尔顿当成疯子，轰了出去。他想："没有帆的船怎么能航行，把木板换成钢板，船还不沉到海底去，这不是天大的笑话吗？"说到这儿，萨克斯停了一下，此时，罗斯福神色凝重，沉默不语。萨克斯趁热打铁，提高声音说："总统先生，如果拿破仑稍稍多动些脑子，认真考虑富尔顿的建议，那么，结果会怎样呢？我敢肯定，19世纪欧洲历史必将重写。"罗斯福眉头紧锁，陷入沉思。几分钟后，他拿出一瓶拿破仑时代的法国白兰地，斟上一杯，递给萨克斯："你胜利了，我绝不做拿破仑第二。"

这是一个十分有趣的案例。一开始，萨克斯开门见山，直接讲述原子弹的构造原理和巨大威力，罗斯福根本听不懂，劝说失败也就毫不奇怪。第二次，萨克斯一句也没有提到原子弹，反而说服罗斯福，下定决心研制原子弹。萨克斯改变策略，投其所好，以政治家感兴趣的历史话题为突破口，借古喻今，从而达到旁敲侧击的效果。

认真阅读案例，谈谈这个案例之于说服的技巧方面带给你怎样的启发？

案例二

一次成功的推销

阿里森是美国一家电器公司的推销员，有一次，他去了一家他们刚刚发展不久的新用户工厂，打算再推销一批新电机。

阿里森刚走进这家公司，就遭到了该公司总工程师的厉声质问："阿里森，你还指望我们能够再买你们的电机吗？"阿里森惊异于总工程师这般地怒不可遏，经过了解，他得知了总工程师气愤的原因，原来该公司认为刚从阿里森手里购买的电机发热已超过正常标准。阿里森心中明白，他们的电机性能良好，至于发热超常问题，肯定不是电机本身的原因，而很可能是操作条件所致。尽管责任在用户，但阿里森并未"针锋相对"。为了双方更好地合作，他以温和的态度说明情况、分析原因。他坚持以理服人，来消除对方的敌意。

他先是善解人意地对总工程师说："好吧，先生，我的意见和你的相同，假如那些电机发热过高，别说再增加订购量了，就是已购来的也该退货，您说是吧？"

总工程师深深点头，阿里森接着说："自然，电机是会发热的，但是，它的热度绝不可以高于全国电工协会所规定的标准，是吗？"

总工程师再次表示赞同。

阿里森见时机已到，便开始转入正题了，他说："按国家标准，电机的温度可比室内温度高72℉，对吗？"

"的确如此，"总工程师回答道，"但你们的产品的温度却超过了这个标准很多，让人根本没法摸，这就是事实。"

阿里森并未对总工程师的话提出反驳，他又问总工程师："你们车间的温度是多少？"

总工程师回答说："大概是75℉。"

阿里森感到循循善诱的效果已经达到了，他立即接过总工程师的话，说道："好极了，车间温度是75℉，加上应高出的标准温度72℉，一共是147℉呢！如果有人把手放入140℉的热水里，肯定会引起烫伤的吧？"

总工程师虽说是有些不情愿，但还是点头称是了。

阿里森为进一步缓和气氛，又幽默地说："那么，先生，以后可要记住不要用手去触摸电机喽！也请您放心，电机温度很高，但这完全是正常的。"

话音落下，激起对方爽朗的笑声，在这种和谐友好的气氛中，双方又达成了一笔新交易。

请大家讨论一下阿里森在与总工程师的沟通中用了什么策略和技巧？如果你遇到这种情况，你会运用哪些更为有效的方法和技巧？

案例三

一堆牛粪

苏东坡与佛印禅师是好朋友，一天，苏东坡对佛印说："以大师慧眼看来，吾乃何物？"佛印说："贫僧眼中，施主乃我佛如来金身。"苏东坡听朋友说自己是佛，自然很高兴。可他见佛印胖胖堆堆，却想打趣他一下，笑曰：“然以吾观之，大师乃牛屎一堆。”佛印听苏东坡说自己是“牛屎一堆”，并未感到不快，只是说：“佛由心生，心中有佛，所见万物皆是佛；心中是牛屎，所见皆化为牛屎。”

这个小案例说明了一个什么道理？对你有怎样的启发？说说看。

案例四

改变人一生的赞美

卡耐基小时候是个大家公认的非常淘气的坏男孩。在他9岁的时候，他父亲把继母娶进家门。当时他们是居住在维吉尼州乡下的贫苦人家，而继母则来自较好的家庭。

他父亲一边向她介绍卡耐基，一边说：“亲爱的，希望你注意这个全郡最坏的男孩，他可让我头疼死了，说不定会在明天早晨以前就拿石头扔向你，或者做出别的什么坏事，总之让你防不胜防。”

出乎卡耐基意料的是，继母微笑着走到他面前，托起他的头看着他。接着又看着丈夫说：“你错了，他不是全郡最坏的男孩，而是最聪明、但还没有找到发泄热忱的地方的男孩。”

继母说得卡耐基心里热乎乎的，眼泪几乎滚落下来。就是凭着她这一句话，他和继母开始建立友谊。也就是这一句话，而成为激励他的一种动力，使他日后创造了成功的28项黄金法则，帮助千千万万的普通人走上成功和致富的光明大道。因为在她来之前没有一个人称赞过他聪明。他的父亲和邻居认定他就是坏男孩，但是继母只说了一句话，便改变了他的命运。

卡耐基14岁时，继母给他买了一部二手打字机，并且对他说，她相信他会成为一位作家。他接受了她的想法，并开始向当地的一家报纸投稿。他了解继母的热忱，也很欣赏她的那股热忱，他亲眼看到她用她的热忱如何改善他们的家庭。

来自继母的这股力量，激发了他的想象力，激励了他的创造力，帮助他和无穷智慧发生联系，使他成为20世纪最有影响力的人物之一。

请大家以小组为单位讨论下继母采用了什么方法来赞美卡耐基？这种赞美和肯定的效果如何？在你成长中，你的父母对你的赞美多还是批评多？

任务四　冲突处理

任务目标

了解冲突产生的原因，掌握解决冲突的方法和技巧。

参考学时　1学时

引导活动 记忆中的冲突

活动要求

1. 小组内部交流个人遇到的一些冲突经历，可以是自身的也可以是看到的。

2. 内部交流结束后，选择1个典型的冲突案例讨论下冲突产生的原因、冲突的解决方法。

3. 每组派1位代表向大家讲述案例及讨论的解决方法。

4. 汇报要求：案例讲解尽可能详尽，时间、地点、人物等要素要齐全，冲突的起因，冲突的经过及结果如何；解决方法要考虑周全，分析到位，具有可操作性。

知识支撑

冲突指的是表现在满足个人或群体需要的过程中遇到阻力或障碍，使对方在观点、需要、欲望、利益上发生矛盾，又因不相容、不相让而引发情感上的激烈争斗。很多人认为冲突是不好的，但是冲突本身并非必然伤害人际关系，而是我们在处理冲突时采用了不当的方法。人际交往中冲突的存在是必然的，因此更应学会人际冲突的处理技巧。

一、冲突产生的原因

冲突的产生有多种原因，如组织和个人对目标的理解、看法不同，实现目标的途径、方法不同；每个人性格、脾气、习惯不同；资源分配和利用上发生矛盾；社会角色不同，任务、职责、利益、追求不同；信息渠道不畅通，产生误解；不会协调组织和群众的关系；缺乏情绪宣泄场所，情绪长久积压；分配不当，不公平、不公正；帮派意识，小团体狭隘利益等。

二、化解冲突的技巧

1. 协调沟通要及时、双向

组织内必须做到及时沟通，积极引导，求同存异，把握时机，适时协调。唯有做到及时，才能最快求得共识，保持信息的畅通，而不至于导致信息不畅，积累矛盾。

协调沟通一定是双向的，必须要能够保证信息被接收者收到和理解，所以组织内要有回馈机制。

2. 控制情绪，冷静思考

面对他人的冒犯、攻击，应保持头脑冷静，不急、不气、不发火、不冲动，不感情用事。当出现负面情绪时，不要急于去协调沟通，尤其是在不能作决定时。因为在负面情绪中，沟通常常说不清、道不明，而且还很容易因冲动而失去理性。尤其是不能够在负面情绪中做出冲动性的决定，这很容易让事情不可挽回，令人后悔。

不管赞同与否，都让对方把话说完，要弄清对方到底为什么要冒犯你，你可以用温和的态度提问，以确认对方冒犯你的真正原因，努力理解对方，体谅对方的情感。俗语“无风不起浪”，仔细分析矛盾和纠纷产生的原因，查清问题的来龙去脉，这就便于摆事实、讲道理，消除对方的怒气，使冲突获得缓解。

3. 善于倾听，合理疏导

保持开放的姿态，说话的声音要诚恳、清晰、平稳、坚定，不要大喊大叫。面部表情要开朗，目光要亲切，可以使对方放松下来。用开放性的姿态表示你愿意倾听。

拒绝争辩，不要下判断、提建议。可能你的观点完全正确，但对方正在冲动情绪的控制下，强词夺理和你争辩，冷静地告诉对方你的感受，或者走开。遇到对方蛮横无理，不依不饶的情况，如果对方继续将冒犯升级，你可以清楚地告诉对方，这样的局面不利于问题的解决，还是双方平静地沟通为好。如果对方还是不能平静下来，暂时不再同他讨论这个问题，等到对方恢复平静，再作决定。

4. 开阔心胸，学会忍让

有时冲突的原因并非是很重要的原则性问题，甚至只是些鸡毛蒜皮的小事。有时虽然事关个人的切身利益，但从长远来看，如果你暂时做了让步，得到的也许是最好的结果，而争下去只会导致两败俱伤，这时就该采取妥协的态度来化解矛盾。

总之，冲突出现，不要恐惧和害怕，只要找到合适的解决方法，不但能使冲突得到有效解决，而且也有利于职场的沟通。

三、管理冲突的方法

按武断性程度和合作性程度可以画出一个矩阵，表示出来的模式就是“托马斯—基尔曼模型”，从这个模型可以看出冲突的五种处理方式（图4-1）。

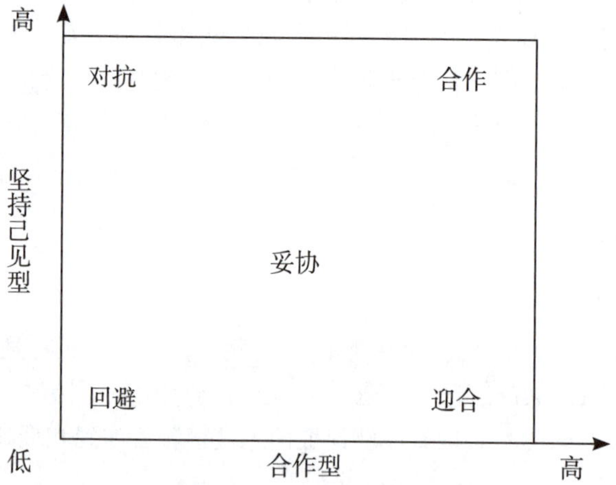

图4-1　托马斯—基尔曼模型

1. 回避

回避是指在冲突的情况下采取退缩或中立的倾向。采取这种策略的人会不惜一切代价避免冲突，其中心思想就是逃避，因为冲突让他们感到不舒服或非常害怕。实践证明，对于重要问题采取回避的态度往往是不明智的，因为回避不仅无助于问题的解决，甚至有可能导致问题的恶化。回避策略反映了回避者对紧张和挫折的恐惧和厌恶情绪。

但是，在下列情况下选择回避策略可能是有效的：当冲突微不足道，或还有更紧迫、更重要的问题需要解决时；当你认识到对方不可能满足你的要求时；当问题得以解决还不如不解决好时；当收集信息比立刻决策更重要时；当其他人能有效地解决冲突时；当这一问题与其他问题无关或是其他问题的导火索时。

2. 迎合

迎合是指在冲突的情况下尽量弱化冲突双方的差异，更强调双方的共同利益。这是一种不坚持自己的利益和具有较高的合作倾向的态度，反映的是一种退让的风格，是一种利他的行为，或者是对别人愿望的一种服从，或者是一种与别人长期合作的策略。采取这种策略的人对待冲突的态度是：不惜一切代价维持人际关系，很少或不关心双方的个人目标。他们把退让、抚慰和避免冲突看作是维护人际关系的主要方法。采取这种策略的人往往会赢得别人的好评，但也可能被认为是软弱的表现。

在下列情况下适宜选择迎合策略：当你发现自己错了，希望倾听、了解更好的观点时；当你想表现出自己的通情达理时；当该问题对别人或组织比对你更为重要时；当你希望为以后的交往建立信用时；当你处于弱势，希望能尽量减少损失时；需要融洽和稳定至关重要的关系时；当你允许下属从错误中得到教训和经验时。

3. 妥协

妥协是指在冲突双方互相让步的过程中达成协议的一种局面。采取这种策略的人既要考虑目标又要考虑双方关系，倾向于将不同的利益和观点加以平衡，同时采用“给予—获取”的方法来解决冲突。妥协策略不追求各方的最佳满意程度，而是取得各方适中的、部分的满足。由于在妥协过程中各方可以将他们的损失减少到最小程度，同时又能有所收获，因而妥协策略经常能够奏效。妥协策略在解决各种冲突中被广泛应用。

在下列情况下可以选择妥协策略：当问题很重要，而你左右不了局面，过于坚持己见可能造成更坏后果时；当对方具有同样的影响力，且准备提出其他目标时；当你需要为复杂问题找到临时性的解决办法时；当时间十分紧迫，需要找到一个权宜之计时。

4. 对抗

对抗是一种坚持己见而缺乏合作倾向精神的行为。它是人际冲突中的“赢—输”处理模式。采取这种策略的人，往往只为实现自己的目标而不顾别人的利益，甚至牺牲别人的目标来达到自己的目的，认为冲突非赢即输，只有顺利实现自己的目标才能体现他们的地位和能力。对抗策略常涉及权力和控制方面，它往往会导致人们的不良评价。

但在某些情况下可选择对抗策略：当处于紧急情况下，迅速果断的行动极其重要时；当问题很重要，需要采取不受欢迎的行动时，比如缩减开支、制定惩罚制度；当你知道自己是正确的，并且问题的解决有益于组织，需要对付那些从非竞争性行为中受益的人的时候。

5. 合作

合作策略是既坚持己见又与他人合作的行为。它是人际冲突中一种“双赢”的冲突处理模式。采用合作策略的人对待冲突的态度是：一个人的行动不仅代表自身利益，而且也代表对方的利益，当遇到冲突时，应注重维持人际关系，并确保双方都能达到目标。人际冲突调查结果表明，采用合作策略的人或团体往往是较成功的管理者或绩效很好的企业，他们能充分利用冲突带来的积极影响，并能充分看到对方的长处，对自己的绩效及能力进行良好的评价。

下列情况下可以选择合作策略：当你发现问题非常重要，不允许妥协时；当你需要综合不同人的不同意见时；当你需要把各方意见合并而实现承诺时；当你希望建立或维持一个重要的相互关系时；当有可能扩大双方共同的利益时；当你向他人表示信任、坦诚和合作时。

案例分析

案例一

麦克与杰克的冲突

当你走过你的部门时，一位下属杰克朝你走来，要求与你私下谈谈，显然有什么事情在困扰着他。你回到办公室才坐下，杰克就滔滔不绝地谈他与同事麦克之间的冲突。

照杰克的说法，麦克欺人太甚了。麦克不惜踩着别人的脊背向上爬。特别是，麦克为了使他难看，故意把持住一些重要的信息，而他正需要这些信息来充实报告。麦克甚至利用别人做的工作为自己沽名钓誉。杰克坚持认为：你必须对麦克的态度采取行动，而且必须尽快行动——否则的话，他警告说，他的部门将会有好戏看。

这样，你就不得不处理你必然要遇到的微妙局面：两位雇员之间的冲突。解决下属之间的冲突可能比解决任何难题都需要更多的技巧和艺术。在冲突大规模升级之前，你该做些什么才能使之消弭于无形呢?

请大家以小组为单位进行讨论，假如你就是这位上司，面对这样的下属之间的冲突，你认为如何处理才是比较好的？提出你们的合理化建议。

案例二

小鱼与小丽

小鱼转职到一家网络公司当企划。老板很欣赏她的能力，一开始就要她当个网站的小主管。虽然她知道自己能力不错，工作经验也够，但毕竟过去没有任职网络公司的经验，所以小鱼婉拒了老板的好意，愿意从企划做起。小丽是公司元老，和小鱼同年，但能力不够，工作态度不好，始终升不上去。因为小鱼一进公司的表现大大超过小丽，本来该成为小鱼部属的小丽，就暗地排挤她。

其实，老板知道小鱼的加入，会引发小丽的反感，但念在小丽是公司的第一批员工，不想处理她！于是老板私下找小鱼，要她“多多包涵小丽”。小鱼吃了很多暗亏，但因为老板的交代，一直隐忍不发。这样的态度却让小丽以为小鱼是个好欺负的人，更加肆无忌惮。

某日当设计部经理质疑小丽的企划出了大问题时，小丽竟然撒了个大谎，说：“这是小鱼的主意，我只是照她的意思做罢了！”小鱼听到再也忍不下去了！当小丽回到座位，小鱼当着所有同事的面，将档案夹往小丽的桌上摔去！并且大声地说：“你说谎！什么我的主意！你再敢说一次试试看！”小丽没有想到一向乖乖受欺负的小鱼，竟然站在背后听到她的话，还发了这样大的脾气！老板不怪小鱼发了脾气，却怪小鱼“没有多多包涵小丽”。类似的冲突越演越烈，小鱼再也无法忍耐小丽，但小丽可无所谓！但是老板需要调解冲突的次数一多，也越来越不耐烦。虽然他欣赏小鱼的工作能力，但却觉得她幼稚、脾气差。

请大家以小组为单位进行讨论如下问题：

（1）分析下小鱼和小丽产生冲突的原因。

（2）你觉得小鱼对此事的方法是否合适？

（3）如果你是小鱼，面对如此情况，你觉得怎样处理更好？

任务五　学会倾听

任务目标

明确倾听的含义，了解倾听在人际沟通中的作用，全面掌握有效倾听的技巧。

参考学时　1学时

引导活动　我说你听

活动要求

1. 学员两个人为一组进行游戏，游戏时间每次2分钟。

2. 首先学员A在2分钟内竭尽所能给学员B讲述你认为特别有趣、特别有意义、特别有吸引力的事实；学员B在A讲述时，不能说话，但必须表示出对B的谈话丝毫不感兴趣。

3. 首轮游戏结束，请每组中的A学员谈谈感受。

4. 然后学员A和学员B调换角色，B说A听，但A必须认真倾听B的谈话，并在听的过程中给予适当的语言或非语言的反应。

5. 第二轮游戏结束，请每组中的B学员谈谈感受。

知识支撑

法国作家安德烈·莫洛亚说：“领导人应善于集思广益，应当懂得运用别人的头脑。”希腊谚语说：“多听少讲有利于统治国家。”唐代贤臣在劝谏唐太宗时一针见血地指出：“兼听则明，偏听则暗。”古今中外，对于倾听都是一致肯定，处在信息爆炸的时代，倾听更是不可或缺的法宝。

一、倾听的概念

倾听与听是两个互相联系而又有区别的概念。听是人体听觉器官对声音的接受和捕捉，听是人对声音的生理反应，是人的本能，带有被动的特征。只要你的听觉器官是完善的，你就能听，你就不得不听——有时被噪声干扰得心烦意乱，想不听还不行，你得关窗户，堵住耳朵；要想成为善于学习的人，有的就有意到闹市去看书，通过后天的努力，提高抗干扰的能力，提高专注的能力。

倾听必须以听为基础，但是是一种特殊形态的听。第一，它是人主动参与的听：人必须对声音有所反应，或者详细地说，在这过程中人必须思考、接收、理解，并做出必要的反馈。第二，它必须是有视觉器官参与的听。没有视觉的参与，闭上眼睛的听，只有耳朵的听不能称为倾听。在倾听的过程中，必须理解别人在语言之外的手势、面部表情，特别是眼神和感情表达方式。

这样，我们可以把倾听定义为：在对方讲话的过程中，听者通过视觉和听觉的同时作用，接受和理解对方思想、信息及情感的过程。

依据这种见解，在倾听过程中，我们不仅要听到对方所说的话语，也不可忽视不同的重音、声调、音量停顿等因素。例如，说话人适当的停顿，会给讲话人一种谨慎、仔细的印象；过多的停顿会给人一种急躁不安、缺乏自信或不可靠的感觉。例如，说话的音量不同也会让人区分说话者愤怒、吃惊、轻视或怀疑等不同的态度。同样地，视觉接收到的信息也属于倾听的内容。我们诉说的话往往由于不同的说话方式而具有不同的意义。例如，听见你的女友向你说："讨厌"，如果她的神色娇羞，你应当欣喜若狂，切不可像傻瓜一样低头走开；如果她横眉冷目，你应当当真，切不可像白痴一样没有反应，赖着不走。所以说，并不是所有听觉完整的人都会倾听，倾听不同于听，它不是人的本能，只有通过后天的学习才能获得。

二、倾听的作用

1. 倾听可以调动人的积极性

倾听能激发对方的谈话欲。说话者感到自己的话有价值，他们会乐意说出更多有用的信息，好的倾听者会促使对方更加灵活敏捷，产生更深入的见解。这更深的理解会使双方都受益。善于倾听的人能及时发现他人的长处，并创造条件让其长处得以发挥作用。美国最成功的企业界人士——玛丽·凯·阿什是玛丽·凯化妆品公司的创始人。现在她的公司已拥有20万职工。但她仍要求管理者记住倾听是最优先的事。而且，每个员工都可以直接向她陈述困难。她也抽出时间来聆听下属的讲述，并作好仔细记录。她还非常重视他们的意见和建议，在规定时间内给予答复。由此满足了他们的自尊心和一吐为快的愿望，调动了他们的积极性。

2. 倾听可以改善关系

认真倾听通常能改善人们的关系。这样能给说话者提供说出事实、想法和感情等心里话的机会。倾听的时候，你将更好地理解他们，而你对他们的讲话感兴趣会使他们感到愉快。这样，你们的关系会改善。人们大都与你一样，喜欢发表自己的意见。如果你愿意给他们一个机会，他们立即会觉得你和蔼可亲，值得信赖，这样，倾听就使你获得友谊和信任。仔细听他人讲话会给你一个线索，了解他们是如何想的，他们认为什么重要，他们为什么说他们现在正在说的话。你并不一定喜欢他们，更不一定会赞成他们，但理解会使你们相处更好。关键就在于认真倾听是给人留下良好印象的有效方式之一。

小故事

一位心理学家回忆说"曾经有一位朋友面临去哪家公司就职的选择——有两家公司给他发了录用通知，他十分为难，于是来找我，要我提供参考建议。而事实上，在长达一个半小时的会面中，绝大部分时间是他在滔滔不绝地向我分析这两份工作的利弊，他时而激昂，时而平静，时而陷入一小会儿沉思，而我只是静静地听他述说，偶尔提问启发他更深刻地思考，最后他如释重负地站起来，愉快地说：‘我知道该怎么办了，你给我提了这么宝贵的意见，我真不知该怎么感谢你才好。’事实上，我什么建议也没给他。”

3. 倾听可使你获取重要信息，拥有你需要的全部信息

通过倾听我们可了解对方要传达的消息，感受对方的感情，并据此推断对方的性格、目的和诚恳程度。倾听可使你能够适时和恰当地提出问题，澄清不明之处，或是启发对方提供更完整的资料。为了解决问题和更有效地作出决策，尽可能多的获取相关信息是十分必要的。倾听有助于你得到说话者拥有的全部信息。仔细倾听常常使他们继续讲下去并促使他们尽其所能举出实例。当你掌握了尽可能多的信息之后，就可以更准确地作出决策了。倾听是获取信息的重要方式。报刊文献及资料是了解信息的重要途径，但受时效限制。倾听可以得到最新信息。交谈中有很多有价值的信息，有时它们常常是说话人一时的灵感，甚至于他自己都没有意识到。但对听者来说却有启发。这些信息不认真倾听是抓不住的。所以有人说，一个随时都在认真倾听别人讲话的人，可在闲谈之中成为一个信息的富翁，这可以说是对古语“听君一席话，胜读十年书”的一种新解。

4. 倾听可锻炼自身能力和掩盖自身的弱点

通过仔细倾听，减少对方的防卫意识，增加认同，产生同伴乃至知音感觉的沟通过程，倾听者可以训练以己推人的心态，提高思考力、想象力、客观分析能力。俗话说：“沉默是金”“言多必失。”沉默可以帮助我们掩盖若干弱点。例如，如果你对别人所谈问题一无所知，或未曾考虑，或考虑不成熟，沉入倾听就可以掩盖你的无知，掩盖你准备不充分，你就获得了一个喘气的概念。

5. 倾听使你善言和更有力地说服对方

只有善听才能善言。可以想象，如果在对方发言时你就急于要发表自己的观点，根本无心思考对方在说些什么，甚至在对方还没有说完的时候就在心里盘算，如何反驳，交谈是难以合拍的。只有善听才能更好地说服别人：你能从他的讲话中发现他的出发点和弱点，是什么让他坚持己见，从而找到说服对方的契机；你的认真倾听会让人感到你充分考虑了他的需要和见解，增加了他认同的可能性。

6. 倾听有助于解决问题

这有三层含义。第一，积极倾听可使管理者作出正确决策。尤其对于缺乏经验的管理者，倾听可以减少错误。例如，日本松下幸之助先生创业之初，公司只有3人，因为注意征询意见，随时改进产品，确立发展目标，才使松下的电器达到今日的规模。玛丽·凯·阿什创业之初，公司只有9人，也由于善于倾听意见，按顾客的需要制作产品，所以企业的效益一直在同行中处于领先地位。第二，人们仔细地互听对方的讲话是解决异议和问题的最好办法。这并不意味着他们必须相互同意对方的观点，他们只需表明他们理解对方的观点。第三，仔细倾听也能为对方解决问题，很多人在生活中都会遇到不需要回答的问题，遇到一个认真的倾听者，就能在倾听中解决问题。例如，当你遇到一个在两份工作上难于作出选择的

朋友时，你只需在他时而激昂、时而平静的两个职业利弊分析的陈述中静静地倾听，偶尔在关键的地方予以启示就会起到画龙点睛的作用。虽然也许你是什么建议也没提供，但他会觉得你给了他宝贵的意见，帮他完成了艰难的选择。因为他什么都已想到了，你不会比他想得更多，他所需要的，你所能做的只是倾听。

三、倾听障碍分析

倾听障碍则主要存在于环境、倾听者两个方面。

1. 环境障碍

环境对倾听的影响是显而易见，理所当然的。例如，我们可以体会到，在会议室里向下属征询意见，大家会十分认真地发言；但若换到餐桌上，下级可能会随心所欲地谈想法，甚至不成熟的想法。再如，过强的噪声会妨碍完整地听取发言。

环境之所以影响倾听，是因为环境能产生两个方面的作用：第一，干扰信息的传递过程，使信息信号产生消减或歪曲；第二，影响倾听者的心境，即环境不仅从客观上，也从主观上影响倾听。

正因为如此，所以人们十分注重挑选谈话环境。为了具体分析环境对倾听的影响，人们对环境因素作了进一步划分，分为三大项。

第一，环境的封闭性。环境的封闭性是指谈话场所的空间大小，有无遮拦设施，光照强度（暗光给人更强的封闭性），有无噪声等干扰因素。封闭性决定着信息在传递过程中的损失概率及人们的注意力。

第二，环境的氛围。环境的氛围是环境的主观性特征，它影响人的心理接受定势，也就是人的心态是开放的还是排斥的，是否容易接受信息，对接受的信息如何看待和处置等倾向。环境是温馨和谐还是火药味浓，是轻松还是紧张，是生机勃勃的野外还是死气沉沉的房间，会直接改变人的情绪，从而作用于心理接受定势。

第三，对应关系，说话者与倾听者在人数上存在着不同的对应关系。可分为一对一、一对多、多对一和多对多四种。人数对应关系的差异会导致不同的心理角色定位、心理压力和注意力集中度。听下属汇报时不容易走神，因为一对一的对应关系使自己感到角色重要，心理压力较大，注意力自然集中。在教室听课是一对多的关系，听者认为自己不重要，压力小，易开小差。如果倾听者只一位，发言者为数众多，比如面对原被告的法官和面对多家新闻记者的发言人都会全神贯注，丝毫不敢懈怠。

为了给环境选择有所参照，表4–3列出了常见环境的三种环境因素和主要障碍的来源。

表4–3　环境类型特征及倾听者障碍源

环境类型	封闭性	氛围	对应关系[1]	主要障碍源
办公室	封闭	严肃、认真	一对一，一对多	不平等造成的心理负担，紧张，他人或电话干扰
会议室	一般	严肃、认真	一对多	对在场其他人的顾忌，时间限制
现场	开放	可松可紧，较认真	一对多	外界干扰，事前准备不足
谈判	封闭	紧张、投入	多对多	对抗心理；说服对方的愿望太强烈

续表

环境类型	封闭性	氛围	对应关系[1]	主要障碍源
讨论会②	封闭	轻松、友好、积极投入	多对多，一对多	缺乏从大量散乱信息中发现闪光点的洞察力
非正式场合③	开放	轻松、舒适、散漫	一对一，一对多	外界干扰，易走题

①指管理人员作为倾听者，与发言人的人数对应关系。

②指深度会谈、头脑风暴会议或专家小组会谈等讨论会形式。

③指餐厅、咖啡厅、家中等。

2. 倾听者障碍

倾听者本人在整个交流过程中具有举足轻重的作用。倾听者理解信息的能力和态度都直接影响倾听的效果。所以，在尽量创造适宜沟通的环境条件之后，倾听者更要以最好的态度和精神状态面对发言者。来自倾听者本身的障碍主要可归纳为以下两类：

第一类是倾听者的理解能力。交谈时要注意与对方进行有效的沟通，倾听者的知识水平、文化素质、职业特征及生活阅历往往与他本身的理解能力和接受能力紧密联系在一起，具有不同理解能力的倾听者必然会有不同的倾听效果。正因为如此，倾听者的理解能力也构成倾听中的障碍。“对牛弹琴”便是如此。

第二类是倾听者的态度，除了倾听者的理解能力之外，倾听者的态度也构成倾听中的障碍。这些态度主要有：

（1）排斥异议。有些人喜欢听和自己意见一致的人讲话，偏心于和自己观点相同的人。这种拒绝倾听不同意见的人，不仅拒绝了许多通过交流获得信息的机会，而且在倾听的过程中就不可能集中在讲逆耳之言的人身上，也不可能和任何人都交谈得愉快。

（2）用心不专。三心二意，心不在焉是这种情况的典型表现。虽然倾听者身在现场，而且表面上似乎在用心努力地听讲，但倾听者本人要么心有另思，要么心不在焉，所以倾听的信息完全未或部分未进入倾听者的头脑中，这种倾听的效果肯定不好。

（3）急于发言。人们都有喜欢自己发言的倾向。发言在商场上尤其被视为主动的行为，而倾听则是被动的。前美国参议员S.I.Hayakawa曾说：“我们都倾向于把他人的讲话视为打乱我们思维的烦人的东西。”在这种思维习惯下，人们容易在他人还未说完的时候，就迫不及待地打断对方，或者心里早已不耐烦了，往往不可能把对方的意思听懂、听全。

（4）心理定式。人类的全部活动，都是由积累的经验和以前作用于我们大脑的环境所决定的，我们从经历中早已建立了牢固的条件联系和基本的联想。在每个人的思想中都有意或无意地含有一定程度的偏见。由于人都有根深蒂固的心理定式和成见，很难以冷静、客观的态度接收说话者的信息，这也会大大影响倾听的效果。

（5）感到厌倦。由于我们思考的速度比说话的速度快许多，前者至少是后者的3~5倍（据统计，我们每分钟可说出125个词，但可以理解400 ~ 600个词）。我们在倾听的过程中由于思维的速度和听话的速度有差距，就很容易在听话时感到厌倦。思维往往会在空闲时“寻找”一些事做，或者停留在某处，拒绝进一步的思维。这是一种不良的倾听习惯。

（6）消极的身体语言。你有没有习惯在听人说话时东张西望，双手交叉抱在胸前，跷起二郎腿，甚至用手不停地敲打桌面？这些动作都会被视为发出这样的信息：“你有完没完？

我已经听得不耐烦了。”不管你是否真的不愿听下去，这些消极的身体语言都会大大妨碍你们沟通的质量。

除此之外，人的生理规律，也是形成倾听者障碍的原因。依据统计数据，一般认为存在这样的关于记忆的统计规律：一般人在10分钟的倾听中只能记住50%的信息，而到2个月后，则只能保留25%的信息量了；在紧急情况下获取的信息，在3天之后则只能保留10%的信息量了。依据大量观察，一般认为存在这样的关于注意的规律：人的注意力关于时间的函数关系成一条自然曲线，开始高，在过程中下降，在结束阶段又会上升。

作为统计规律，当然是有例外的。《三国演义》中，杨修用他过目成诵的记忆能力戏弄曹操，使其烧掉自己的新著《孟德新书》的故事家喻户晓，但是有惊人记忆能力的人毕竟是少数。

作为倾听者应该利用这些规律，提起自己的注意，采取适时适当的行动，进行坚持不懈的锻炼，消除自己的倾听障碍，提高倾听效果。

四、克服倾听者障碍

倾听中的环境障碍的克服较为容易，且需双方和双方的各个层次共同创造和努力。这里不作讨论。倾听中倾听者的障碍的克服需要一个较长时间的努力，且主要依靠个人努力去完成。这里我们作简单探讨。

仔细分析倾听者障碍，可以发现：障碍的形成分别出现在发现和吸收信息及解码和理解信息两个过程中；在前一过程中主要是不够专心或粗心大意的障碍，在后一过程中主要是误解的障碍。

为避免粗心大意导致的沟通失误，你可以从以下几点下工夫：

（1）尽早先列出你要解决的问题。如此项目何时到期？我们有什么资源可供调遣？从对方的角度看，该项目最重要的是哪方面？在谈话过程中，你应该注意听取对这些问题的回答。

（2）在会谈接近尾声时，与对方核实一下你的理解是否正确，尤其是关于下一步该怎么做的安排。

（3）对话结束后，记下关键要点，尤其是与最后期限或工作评价有关的内容。

小故事

1977年两架波音747飞机在特拉维夫机场地面相撞，两名飞行员其实都接收到了调度指示。KLM的飞行员接到的指令是：“滑行至跑道末端，掉转机头，然后等待起飞准许命令。”但飞行员并没把指令中“等待”一事当作必须执行的部分。另一架飞机PanAm的飞行员被令转到第三交叉口暂避，但他将“第三交叉口”理解为“第三畅通交叉口”，因而没将第一个被阻塞的交叉口计算在内，就在他停在主跑道上的时候，KLM飞机以186英里的速度与之相撞。飞机爆炸了，576人遇难。这起不幸的事故就是由飞行员对信息的误解造成的。

要克服误解障碍，你可从以下几点着手：

（1）不要自作主张地将认为不重要的信息忽略，最好与信息发出者核对一下，看看指令有无道理。

（2）消除成见，克服思维定式的影响，客观地理解信息。

（3）考虑对方的背景和经历，想想他为什么要这么说？有没有什么特定的含义？

（4）简要复述一下他的内容，让对方有机会更正你理解错误之处。

五、倾听技巧

1. 搞清前提

我们所谈及的“倾听”，是在相互交谈中的倾听。双方是在交流思想和观点，联系情感，而不是辩论。基于辩论的对话与基于联系的对话在很多基本点上有本质区别。例如，在辩论中，倾听是为了反驳、为了分清正误、为了压倒对手；在交流中，倾听是为了理解、为了求同存异、为了帮助对方。搞错了前提就难以进行正确的倾听。关于两者的区别，可详见表4–4。

表4–4 辩论对话与联系对话的区别

区别要点	辩论对话	联系对话
对“问题”的解释	将“问题”看作要求提供信息	视“问题”为维持对话畅通进行的手段
下面的评论与刚才“最后发言”的联系	不要求下面的话与刚才最后发言者的话有关，忽略前面的评论倒是控制辩论的一种策略	通常下面的评论与刚才上一发言人的话明确相关
对“挑衅”的看法	视“挑衅”为组织对话的一种方式	视“挑衅”为针对听众个人的，是否定态度的表现，往往对谈话者有破坏作用
“主题”的界定和转换	主题界定狭窄，转换突然，谈及他事被视为转换主题	主题的界定是缓慢的、循序渐进的；对旁事的提及被认为是对主题的规范、限制和扩充
对分担问题者的回应	提供劝告，解决办法	给予团结的友谊、安慰；用分担困难来建设共同的归属感

2. 建立信任

信任是双方交流的前提。真诚的谈话可以唤起对方的兴趣，激发对方的积极性及参与的主动性，因此，在交谈过程中有意地甚至无意地撒谎，都有可能使对方觉得你是在欺骗他而使交谈中断或效果不佳。

3. 积极投入

（1）进入集中精力的精神状态。随时提醒自己交谈到底要解决什么问题。听话时应保持与谈话者的眼神接触，但对时间长短应适当把握，如果没有语言上的呼应，只是长时间盯着对方，那会使双方都感到局促不安。另外要努力维持大脑的警觉，保持身体警觉则有助于使大脑处于兴奋状态，专心地倾听不仅要求健康的体质，而且要使躯干、四肢和头处于适当的位置，比如有的人习惯把头稍偏一点有助于集中精神。全神贯注，意味着不仅用耳朵，而且用整个身体去听对方说话。

（2）采取开放式姿势。人的身体姿势会暗示出他对谈话的态度。自然开放性的姿态，代表着接受、容纳、兴趣与信任。交叉双臂是日常生活中普遍的姿势之一，一般表现出优雅富于感染力，使人自信十足。但这常常自然地转变为防卫姿势，当倾听意见的人采取此势，大多是持保留的态度。而向前倾的姿势则是开放式姿势，是集中注意力、愿意听倾诉的表现。交叉双臂跷起二郎腿也许是很舒服的姿势，但往往让人感觉这是种封闭性的姿势，容易让人误以为不耐烦、抗拒或高傲。

（3）采取开放的兴趣观与心态。开放的兴趣观是指倾听者要对讲话者表示出兴趣，主动从讲话者的话语中寻找可能与你、与你的工作、与你的兴趣有关的信息，毕竟没有人想对空墙讲话，要懂得换位思考。在倾听时可带着这样的问题去听：我可以利用他们说的哪些话？我如何利用这些信息提供更好的服务、提高士气、提高效率、了解有关自己或他人的事？

开放的心态是指要意识到自己的成见，或者意识到你会将不符合自己思想观念的信息加以调整。对于与你的信念、态度、想法和价值观相矛盾的信息不要觉得是威胁、侮辱或者有抵触。

开放的心态也意味着尽量不要注意讲话者的外表和举止。不要因为你不喜欢他们的外观就排斥他们的想法。如果你清楚自己的成见，你就更可能注意这点和加以控制。另外，注意永远不要过早地对讲话者的人格、主要观点和你自己的反应下结论，因为你可能会出错。

（4）明确倾听目的。你对你要倾听的目的越明确，就越能够掌握它。事先为谈话进行大量的准备，这样可以促使对谈话可能的问题或意外有解决的思路；同时可以围绕主题进行讨论，你的记忆将会更加深刻，感受更加丰富。这就是目的越明确，效果越显著。

总而言之，积极投入就是要贯穿这样一个指导思想：处在倾听或者说是接收信息的过程中也不能是被动的，而应是主动的。光用耳朵不行，还要用心去理解；光理解还不行，还要做出各种反应，以合乎礼仪，调节谈话内容和洽谈气氛，促进谈话顺利进行。

4. 多加理解

（1）全面倾听，建立理解的基础。全面倾听包括三个方面的内容：听取讲话的内容，注意语调和重音，注意语速的变化。只有三者结合才能完整领会说话者的意愿和情绪。

（2）全面关注，提高理解的效率。首先注意听清全部信息，不要听到一半就心不在焉，更不要匆忙下结论。很多单独无法理解的词句放到整体语境当中就容易领会了，而且听对方说完也是礼貌和尊重的表现。

其次注意整理出一些关键点和细节，并时时加以回顾。提一些问题，比如“它们都意义清楚吗?”“这些观点有事实依据吗?”如果有疑点，应听完以后提问。

此外也要听出对方的感情色彩。言语本身可能带有不同色彩，只有深刻体会到说者的潜在感情色彩，才能完全领悟其语之含意。

所以全面倾听应包含三方面的内容：听取讲话的内容；注意语调和重音；注意语速的变化。只有三者结合，才能完整领会说话者的意愿和情绪。

（3）分析背景，悟出言外之意，避免误解。听出“言外之意”也十分重要。要透过对方话语的表象，发掘讲话人真实的动机。一般来说对方隐瞒真情是出于一些“背景”因素的考虑，如持有不同观点又不便直说；持有不满情绪又不愿表达；因个性或面子不愿直说；由于特定环境而不能直说等。作为倾听者主动分析“背景”因素是做出恰当回馈的关键。比如你的朋友向你表示他还无法下决心买下某套房子。真正原因可能是他的职位岌岌可危，随时准备卷铺盖走路。若你不了解这个情况，很可能会就房子的构造、环境跟他讨论半天。很多推销员也深有体会，顾客挑剔商品的种种不是，其实很可能只是想压低价格而已。

（4）克服习惯思维，结合视觉辅助手段，“倾听”对方身体语言，加深理解。

①克服习惯性思维。人们习惯性地对听到的话用潜在的假设去评价，要取得突破性的倾听效果，必须打破这些习惯性思维的束缚。例如，当你听到某个提议时，不要立即开始思量自己是否喜欢或者应该怎么做。先问一些“条件反射”之外的问题，比如“这项提议顾及到了哪些东西?”“它能带来什么好处?”新型思维往往会带来创造力。

②结合视觉辅助手段。如果谈话对方提供了传单、讲义、小册子或提纲之类的辅助材料，最好充分利用。因为视觉、听觉刺激若结合起来，理解和记忆都可以得到加深。必要时也可以要求对方画图表予以说明。

③“倾听”对方的身体语言。身体语言往往更加诚实可信，学会“倾听”身体语言是探测对方心灵的有力手段。倾听时注意识别对方的表情大有助益：脸上肌肉麻木，面无表情，往往表示充满憎恶与敌意，他们试图以此种表情来掩盖自己的真实情绪；叹气、伸懒腰、打呵欠，东张西望、看时间、表情无奈，则表示厌烦；手指不断敲打桌面，双手互捏，小腿抖动，坐立难安等动作则表示焦躁；瞳孔放大，面颊泛红，搓手，轻松地跳跃，则表示兴奋；眼睛眯起，头向后仰，俯视对方，或者双手抱胸，斜视，手叉腰，歪着头等，这都表示自负、盛气凌人，对你的话不屑一顾。

（5）倾听主要观点。不良的听者倾向于只听事实。要学会区分事实和原理、观点和举例、证据和辩解。提炼主要观点的能力取决于你组织信息和传递语言的能力以及讲话者的重复。主要观点可能在讲话的开始、中间或结尾，所以你必须一直注意着，如果讲话者对讲话做了回顾或总结，那么你就要更加仔细地听。

（6）用批判的态度听。你应当在无偏见的情况下，对讲话者使用的假设和辩解持评判的态度，并小心估量主要观点背后的证据和逻辑基础。

5. 加强记忆

既然平常人们对刚听过的信息记忆率只有50%，提高记忆的效率的确是件势在必行的事。这里提供了一些简单的技巧：

（1）重复听到的信息。将对方的话用自己的语言重新表达，既加深了记忆，又给予对方纠正错误的机会。

（2）认清说话的模式。若你能总结出对方说话的惯用模式，或者记住其中的典型事例，对其谈话内容重新整理组合，可以帮助记忆。

（3）采用某些记忆法。

（4）记笔记。快速地在纸上记录一些关键词，或自我设计的代表特定含义的符号，在事后再浏览一遍，印象会深刻许多。

6. 配合回应

用各种对方能理解的动作与表情，表示自己的理解，如微笑、皱眉、迷惑不解等表情，给讲话人提供准确的反馈信息，以利其及时调整。还应通过动作与表情，表示自己的感情，表示自己对谈话和谈话者的兴趣。

案例分析

案例一

大婶串门

一位大婶到邻居家串门说了以下一番话：

“呦，大兄弟，大妹子，呦，还有大侄子，你们都在呢！刚吃完饭吧？你瞧我来得真不是时候。我是说好些日子不来坐坐啦，老不照面就显得生分了，俗话说‘远亲不如近邻’嘛。你们吃的什么饭？今儿个我买的洋白菜可真好，又嫩又甜，我们小住最喜欢吃洋白菜了。要说小住的功课可不如大侄子好哇，也腼腆，不爱搭理人儿。这不是，他们老师说组织他们到郊区那叫什么——‘满足’。不，不是‘满足’，好像是‘远足’。小住不敢去，她自个儿没出过门儿，怕丢了。我就告诉她说：‘怕什么，有隔壁你大哥呢，他还不照顾你吗？’……”

仔细阅读上述案例中大婶的话，你能猜出这位大婶说话的真实意图吗？说说看。

案例二

口若悬河的奥斯特曼

联合制造公司总经理奥斯特曼对随时把本公司经济上的问题告诉雇员们的重要性非常了解。她每月向所有雇员发出一封定名为“来自总经理部”的信。她在出现重要情况时还随时召集各部门负责人会议，让他们确实感到他们是管理部的成员，并参与了重大决策的制定。

现在，她看到，由于市场价格不断跌落，公司正进入一个困难时期。她适时召开了各部门负责人会议。在会上她作了全面的讲话。

“首先，我们需要积极思想的人、通力合作的人。我们需要使生产最优化，在考虑降低成本时，不能对任何一个方面有所疏忽。为了实际降低成本的应急计划，我在公司外聘请了一个高级生产经理。

我们要做的第二件事是最大限度地提高产品的质量。质量就是一切。每部机器都必须由本部门的监督员按计划进行定期检验，只有经过监督员盖章批准后，机器才能开始运转，投入生产。在质量问题上，再小的事情也不能忽视。

在我的清单上列的值得认真考虑的第三个问题是增强我们推销员的力量。顾客是我们这个企业的生命线，尽管他们有时不对，我们还是要态度和气地、灵活地对待他们。我们的推销员必须学会做生意，使得每一次推销都有成效。公司对推销的报酬办法是非常公正的。

最后，我要谈谈相互配合的问题。这对我们来说，比其他任何问题都更加重要。要做到这一点，非齐心不可。领导就是配合，配合就是为同一目标共同努力。你们是管理部门的代表，是领导人，我们的目标你们是知道的。现在让我们一起努力工作，并快速地把我们这项复杂的事情搞好吧！要记住我们是一个愉快的‘大家庭’。”

她发表完意见以后，用严厉的目光向在座的人们扫视了一下，似乎是在看是否有人敢讲什么。没有一个人说话，因为他们都知道，发表任何意见都会被她看成持有不同的意见。

奥斯特曼结束了她的讲话。参加会议的人都站了起来，静立在各自的椅子旁边。奥斯特曼收起文件，离开会议室朝她的办公室走去。

与口若悬河的奥斯特曼夫人相反的表现是卡耐基的一次亲身经历。在一次宴会上，他坐在了一个植物学家的身旁，很专注地听植物学家向他谈论各种各样的有关植物的故事。卡耐基几乎没有说话。可是分手的时候那位植物学家却称赞卡耐基是一个最有意思的谈话家。

上述这两个口若悬河和沉默寡言的截然相反的故事告诉了我们什么，给予我们什么启示呢?

案例三

迟到的倾听

在一家大食品公司，许玲所负责的部门支持销售部的工作，包括客户的信用评估、账款的收回、销售费用的审核支付、促销活动的控制等。虽无具体销售指标的压力，但工作难度是很大的。第一，一方面要做到严格控制，另一方面要提供大力支持。两者发生矛盾时，当中合理的度是很难掌握的。第二，当销量不好时，销售部会找出种种借口来指责他们支持不力，以推脱责任：信用评估太程序化，致使一些大订单消失；销售费用审核及支付的流程太烦琐，导致费用支付不及时，影响了与客户的关系；促销活动的控制缺乏灵活性，增加了促销活动的难度。第三，初始投诉发生时，上司还会为许玲的部属解释，但多次的投诉却使老板只能把许玲管理的部门当替罪羊，解雇当事的员工，以示公平、公正，以表明他们改变部门工作状况的决心。

许玲的部门新来了一位应届大学毕业生张林，他给许玲留下了聪明、诚实、积极、进取的良好印象。许玲对他寄予厚望：希望他能缓和销售部之间的紧张关系，能给她所管理的部门带来新的活力，增强团队的凝聚力。

许玲改变了对新成员培训的方法。以往，团队有新员工加入时，许玲会给予2周的适应期。在此期间，给他看一些与工作相关的资料，并且花一定的时间与他交流，让他在正式工作前对工作环境、工作内容、工作职责、工作流程有一个大概的了解，以便较快熟悉业务。但这种培训方式表现出了不理想的效果。因为两周纸上谈兵式的学习并不能完全适应复杂的工作状况，因为与之合作的同事会认为他不善于学习和适应能力差而不愿与之合作，以致使员工不能通过试用期，只好重新招人，开始新一轮的训练。

鉴于这个原因以及工作上急需人手，许玲这次只用半天的时间让张林了解公司的有关制度、工作职责、工作流程，就安排他上岗。此外再加上承诺：工作上遇到任何问题都可以随时来找她，她一定会给予必要的帮助。许玲认为这种新的培训方式可以让张林更容易发现问题，提高适应能力，可以降低同事对张林的要求，更乐于帮助和谅解他。

但许玲忽视了这种放任培训方法可能会带来的不良后果，许玲没有想到张林产生了不被关心、不受重视、被遗弃的感觉。没有想到他不愿意把这种感受告诉仅比他大一岁且作为女性的她，没有想到他出于自尊，宁愿尽量自己去想办法，找答案。许玲只看到张林出色的学习和适应能力以及工作被同事们一致认同。许玲对这平静表面留下的危机根本看不到，没有产生要去倾听他的想法。

在张林熟悉工作之后，许玲又给他设计了一个新的学习机会；把其他人的一些业务转交给他，以表示对他能力的认可和信任。她想不到张林产生了许玲偏袒其他同事和其他同事欺骗他的感觉。她只以为他会更开心、更努力地工作。她没有想到在作出这种非常安排之前或之后，应与他进行正式或非正式的沟通，她没有想到她又犯了一次错误。

此后，在非正式场合，许玲和张林之间也有过一些交流。比如下班了，同事都收拾好东西走人了，他还在加班。许玲去问原因，他开玩笑地说："因为你偏心，把工作都交给我做，我来不及，只好加班了。"许玲也开玩笑地回答："那是因为你还没上手，效率太低。"比如，午间休息时，他抱怨工作太多，其他同事都太舒服了。许玲只是开玩笑地说："你是男生，不要老是抱怨。团队里都是女孩，你要多担待一些。"其他人也都帮着这样进行不合理的解释。张林也就不辩解了。由于是非正式场合，而且人在工作不顺利时也常常会抱怨，因此，许玲并没有认真对待这些抱怨，也忽视了这些抱怨后面的潜台词，没有与他作更深的交流，这让他很失望。不善于倾听使许玲又犯下一次错误。

张林顺利地通过了试用期的考核，成了一名正式的员工，他认为许玲应该对他前一段的工作做一个评价，提出对他今后的期望，了解他对自己职业的设计，帮助他认识他在公司里的发展前景，在他们之间作一次深入的沟通。可是许玲再次忽略了他，再次失去了沟通的良机。

就在许玲对团队的工作效率和人员稳定感到高兴时，张林提出要离职。许玲感到惊讶万分。他们终于作了一次深入的沟通，许玲做了一次真正的倾听，才了解到他以上的那一些想法。许玲为自己的过失向他做了深刻的检讨。可是为时已晚，他已决心去另一家公司工作。许玲为自己团队失去了一个优秀的成员感到遗憾，并为自己的所作所为感到懊悔。

请大家认真阅读上述案例，并以小组为单位讨论如下问题：

（1）许玲几次错过了与张林的沟通？每次不能去倾听或未能形成有效倾听的原因是什么？

（2）一些人认为自己很开明，与下属的关系也相当融洽，非正式沟通非常流畅。因此认为下属有问题会主动来与自己沟通，自己无须与下属主动沟通。你认为这种想法对吗？为什么？

（3）一种观点认为：应当重视非正式沟通中的信息。在非正式场合，下属能抛开心理压力，畅所欲言，不怕说错，相信容易得到谅解，因此，非正式沟通中传递的信息有时会更真实地表达他们的想法。一种观点认为：不应当重视非正式沟通中的信息，它产生于非正式场合和随意的表达方式之中。你认为哪种观点是对的，为什么？

（4）为什么说平静的环境对管理者提出了更高的要求？在平静的环境中管理人员应当怎么做？

自我测评

情商测试问卷

说明：这是一份企业员工EQ测试的模板，帮助员工了解自己的EQ状况。共33题，测试时间25分钟，最大EQ为174分。切记这不是一个求职询问表，用不着有意识地尽量展示你的优点和掩饰你的缺点。如果你真心想对自己有一个判断，那你就不应施加任何粉饰。如果你已经准备就绪，请开始计时。

第1～9题：请从下面的问题中，选择一个和自己最切合的答案，但要尽可能少选中性答案。

1. 我有能力克服各种困难：______
   A. 是的　　B. 不一定　　C. 不是的
2. 如果我能到一个新的环境，我要把生活安排得：______
   A. 和从前相仿　　B. 不一定　　C. 和从前不一样
3. 一生中，我觉得自己能达到我所预想的目标：______
   A. 是的　　B. 不一定　　C. 不是的
4. 不知为什么，有些人总是回避或冷淡我：______
   A. 不是的　　B. 不一定　　C. 是的
5. 在大街上，我常常避开我不愿打招呼的人：______
   A. 从未如此　　B. 偶尔如此　　C. 有时如此
6. 当我集中精力工作时，假使有人在旁边高谈阔论：______
   A. 我仍能专心工作　　B. 介于A、C之间
   C. 我不能专心且感到愤怒
7. 我无论到什么地方，都能清楚地辨别方向：______
   A. 是的　　B. 不一定　　C. 不是的
8. 我热爱所学的专业和所从事的工作：______
   A. 是的　　B. 不一定　　C. 不是的
9. 气候的变化不会影响我的情绪：______
   A. 是的　　B. 介于A、C之间　　C. 不是的

第10～16题：请如实选答下列问题，将答案填入右边横线处。

10. 我从不因流言蜚语而生气：______

A. 是的　　B. 介于A、C之间　　C. 不是的

11. 我善于控制自己的面部表情：______

A. 是的　　B. 不太确定　　C. 不是的

12. 在就寝时，我常常：______

A. 极易入睡　　B. 介于A、C之间　　C. 不易入睡

13. 有人侵扰我时，我：______

A. 不露声色　　B. 介于A、C之间　　C. 大声抗议，以泄己愤

14. 在和人争辩或工作出现失误后，我常常感到震颤，精疲力竭，而不能继续安心工作：______

A. 不是的　　B. 介于A、C之间　　C. 是的

15. 我常常被一些无谓的小事困扰：______

A. 不是的　　B. 介于A、C之间　　C. 是的

16. 我宁愿住在僻静的郊区，也不愿住在嘈杂的市区：______

A. 不是的　　B. 不太确定　　C. 是的

第17～25题：在下面问题中，每一题请选择一个和自己最契合的答案，同样少选中性答案。

17. 我被朋友、同事起过绰号、挖苦过：______

A. 从来没有　　B. 偶尔有过　　C. 这是常有的事

18. 有一种食物使我吃后呕吐：______

A. 没有　　B. 记不清　　C. 有

19. 除去看见的世界外，我的心中没有另外的世界：______

A. 没有　　B. 记不清　　C. 有

20. 我会想到若干年后有什么使自己极为不安的事：______

A. 从来没有想过　　B. 偶尔想到过　　C. 经常想到

21. 我常常觉得自己的家庭对自己不好，但是我又确切地知道他们的确对我好：______

A. 否　　B. 说不清楚　　C. 是

22. 每天我一回家就立刻把门关上：______

A. 否　　B. 不清楚　　C. 是

23. 我坐在小房间里把门关上，但我仍觉得心里不安：______

A. 否　　B. 偶尔是　　C. 是

24. 当一件事需要我作决定时，我常觉得很难：______

A. 否　　B. 偶尔是　　C. 是

25. 我常常用抛硬币、翻纸、抽签之类的游戏来预测凶吉：______

A. 否　　B. 偶尔是　　C. 是

第26～29题：下面各题，请按实际情况如实回答，仅须回答“是”或“否”即可，在你选择的答案下打“√”。

26. 为了工作我早出晚归，早晨起床我常常感到疲惫不堪：是______否______

27. 在某种心境下，我会因为困惑陷入空想，将工作搁置下来：是______否______

28. 我的神经脆弱，稍有刺激就会使我战栗：是______否______

29. 睡梦中，我常常被噩梦惊醒：是______否______

第30～33题：本组测试共4题，每题有5种答案，请选择与自己最切合的答案，在你选择的答案下打“√”。

答案标准如下：1—从不，2—几乎不，3—一半时间，4—大多数时间，5—总是

30. 工作中我愿意挑战艰巨的任务。1 2 3 4 5

31. 我常发现别人好的意愿。1 2 3 4 5

32. 能听取不同的意见，包括对自己的批评。1 2 3 4 5

33. 我时常勉励自己，对未来充满希望。1 2 3 4 5

参考答案及计分评估：

计分时请按照记分标准，先算出各部分得分，最后将几部分得分相加，得到的那一分值即为你的最终得分。

第1～9题，每回答一个A得6分，回答一个B得3分，回答一个C得0分。计______分。

第10～16题，每回答一个A得5分，回答一个B得2分，回答一个C得0分。计______分。

第17～25题，每回答一个A得5分，回答一个B得2分，回答一个C得0分。计______分。

第26～29题，每回答一个“是”得0分，回答一个“否”得5分。计______分。

第30～33题，从左至右分数分别为1分、2分、3分、4分、5分。计______分。

总计为______分。

专家点评

近年来，EQ——情绪智商，逐渐受到了重视，世界500强企业还将EQ测试作为员工招聘、培训、任命的重要参考标准。

看我们身边，有些人绝顶聪明，IQ很高，却一事无成，甚至有人可以说是某一方面的能手，却仍被拒于企业大门之外；相反地，许多IQ平庸者，却反而常有令人羡慕的良机、杰出不凡的表现。

为什么呢？最大的原因，乃在于EQ的不同！一个人若没有情绪智慧，不懂得提高情绪自制力、自我驱使力，也没有同情心和热忱的毅力，就可能是个“EQ低能儿”。通过以上测试，你就能对自己的EQ有所了解。

测试后如果你的得分在90分以下，说明你的EQ较低，你常常不能控制自己，你极易被自己的情绪所影响。很多时候，你容易被激怒、动火、发脾气，这是非常危险的信号——你的事业可能会毁于你的急躁，对于此，最好的解决办法是能够给不好的东西一个好的解释，保持头脑冷静，使自己心情开朗，正如富兰克林所说：“任何人生气都是有理的，但很少有令人信服的理由。”

如果你的得分在90～129分，说明你的EQ一般，对于一件事，你不同时候的表现可能不一，这与你的意识有关，你比前者更具有EQ意识，但这种意识不是常常都有，因此需要你多加注意、时时提醒。

如果你的得分在130～149分，说明你的EQ较高，你是一个快乐的人，不易恐惧担忧，对于工作你热情投入、敢于负责，你为人更是正义正直、同情关怀，这是你的优点，应该努力保持。

如果你的EQ在150分以上，那你就是个EQ高手，你的情绪智慧不但是你事业的阻碍，更是你事业有成的一个重要前提条件。

项目五 工作中的沟通技巧

在职场中作为职业人为了追求效益、自身发展、价值实现等诸多原因，不可避免地与更多人进行相处、交流、沟通。在组织里，特定的工作环境和场合中，赋予了我们不同角色，上级、下级、同事、客户等不同身份，也影响和制约着我们的沟通方式。这里我们就以组织为环境背景，探讨下那些工作中沟通时需要注意的技巧。

任务一　组织内部沟通状况简析

任务目标

了解组织沟通的内涵，重点理解组织内部沟通的含义，明确组织内部沟通的作用，掌握组织内部沟通的分类情况、常见障碍及应对策略。

参考学时　2学时

引导活动

在某公司中，行政部的经理发现复印机坏了，便直接找工程部的小王要求修理。这时，小王如果私自去了，工程部的经理可能会觉得小王不听从直接上级的指挥，也会觉得行政部经理不给他面子，也没有征得他的同意，就随便分配工作给他的下属，本部门的工作就有可能完不成。如果小王不去，跟行政部经理说你找我们经理，让我们经理分配这项工作给我，因为我们工作要算任务量，如果经理没有分配，这个工作就不算任务量，到时绩效考评就会不合格。这样的话，行政部经理可能会觉得工程部的人和他作对，工程部经理会感觉行政部的人不尊重他，随意调遣他的下属。如此，就极易引发行政部经理和工程部经理的矛盾。

请考虑并回答下列问题：

（1）该案例中的沟通行为是组织内部沟通，还是组织外部沟通？

（2）行政部经理与工程部员工小王之间属于那种类型的沟通？行政部经理与工程部经理的沟通属于哪种类型的沟通？这两种类型的沟通有怎样的区别？

（3）案例中提到的两种结果显然都是人们不希望发生的。如果你是该公司的领导，你认为应该采取什么沟通策略才能消除部门之间的矛盾和冲突？

知识支撑

组织沟通指的是组织围绕既定的目标，通过各种信号、媒介和途径有目的地交流信息、意见和情感的信息传递行为，它是组织内部沟通和外部沟通的有机整合。组织沟通的目的就是协调处理好组织内部和组织外部的各种关系，为组织的发展创造良好的沟通环境。职场中的工作沟通很多是在组织内部发生的，因此充分了解组织内部沟通状况，明确组织内部沟通中常见的障碍，更有利于职业人的个人定位，从而实现工作中的沟通高效率。

一、组织内部沟通状况分析

1. 组织内部沟通的含义

所谓组织内部沟通，指的是组织各部门、各环节之间所进行的信息传递与交流。组织内部沟通包括纵向沟通和横向沟通，纵向沟通又可分为下行沟通和上行沟通。

2. 组织内部各层次的信息需求

商务组织中无论是最高的决策者，还是中层的管理者，甚至是一线的员工都需要有充足的信息才能高效地完成自己的工作。

（1）员工的信息需求。

①关于工作及个人。

包括：提升的机会；工作的内容及要求；工作的安全性；工作的稳定性；接受培训的机会；工作的前景；薪资；福利；部门绩效结果；个人奖酬与绩效的关系等方面。

②关于公司。

包括：公司历史；在同行业中的地位；发展前景；组织结构；管理制度；销售额、收入及增长情况；财务状况；研究开发能力；广告规划；现有的、新的和即将面市的产品；与工会的关系；经理的姓名及其他情况；管理层的人事变动；公司政策；投资计划；社区关系；现实问题上的立场和基本观点等。

（2）初级管理者的信息需求。一线员工之上的初级管理者，他们的信息需求除上述各项之外，还包括：管理权责；职权范围；部门的任务指标；下属的工作状态；下属的工作业绩；下属的需要；工会事务处理及商务组织政策；与更高管理层及其他部门的关系状况等。

（3）高级管理者的信息需求。高层管理者的信息需求主要包括：与政府、社区之间的关系；竞争对手、合作者及顾客的基本状况；宏观经济及行业经济政策；经营环境及发展趋势；股东的要求；商务组织所拥有的各种资源状况；各项计划的执行情况的反馈；各部门职责的履行状况；创新趋势，包括产品、技术、市场、管理等方面；员工对公司的态度；公司规则、政策和计划被理解和接受的程度；员工进一步提高效率的方式；员工的抱怨不满等。

二、组织内部沟通的作用

组织只有通过内部沟通才能实现有机的配合与协调，并保证各项任务的完成，因而组织内部沟通的作用就显得尤为重要。具体来说，组织内部沟通的作用主要表现在下述四个方面。

1. 传递组织有关信息

在企业生产经营活动过程中，随时会遇到各种变化，这就需要企业根据不断变化的外部环境，随时变更和调整企业的决策内容和具体实施细则。企业调整和变更的内容要通过其内部沟通来完成。企业通过内部沟通使员工随时了解企业的每一步变化，帮助员工在这些变化中及时调整自己完成任务的主攻方向，以便更好地完成组织交给的各项任务。同时，企业通过与员工的沟通，可以将企业的发展目标、方向、计划、实施办法、需要员工配合的具体工作等信息传递给每一个员工，从而增进企业与员工的交流，共同促进企业的发展。

2. 征求员工对企业发展计划、目标等决策的意见和建议

企业如何发展，不仅仅是企业高层领导的事情，也是企业每一个成员的事情。因此，企业在制定规划、确立发展目标、决定采取措施时，都要征求员工的意见，让员工参与进来。而征求员工意见的过程就是内部沟通的过程。另外，企业在制定了各种决策后，还必须进一步与企业内部所有成员进行沟通，征求每一个员工的意见，让员工自觉地对决策提出建议，后根据员工的建议完善各项决策，从而使企业的各项决策更加科学，也更具有现实效力。

3. 了解员工对企业的想法

企业是由许多员工共同组成的有机体。在企业内部，由于每个员工对企业的理解和认识不同，所以不可避免地会产生矛盾和分歧，而解决这些矛盾和分歧的主要途径就是内部沟通。多数情况下，对于企业内部产生的摩擦或矛盾，企业决策层之间、决策层和员工之间、员工和员工之间往往要经过多次、反复的沟通，才能统一对某一问题的看法，取得比较一致的意见。

4. 塑造企业文化

企业通过内部的不断沟通，逐渐积累沟通经验，形成本企业独特的沟通文化资源，进而积淀为企业文化，形成自己企业的沟通内涵，如企业与员工之间乐于共享的心态、对他人的尊重、企业中不同角色的确立、开放的网络意识等。这些资源作为企业文化的重要内容，能够为企业的发展增加活力，并进一步推动企业的发展。

三、纵向沟通

（一）下行沟通

1. 下行沟通的内涵

下行沟通，是指信息从组织的高层结构向低层结构传递的过程，即自上而下的沟通。在下行沟通过程中，信息发送者是上级、管理层或企业的代表，接收者是下级、工作群体和团队、全体员工。下行沟通的内容通常是管理决策、规章制度、工作目标和要求、对工作业绩的反馈等企业经营管理中正式的和严肃的内容。下行沟通的媒介包括文件、通知、手册、报告、会议、口头指示等。

下行沟通是组织中最重要和最强大的沟通流程，是企业中各级领导使下级了解其意图、统一思想与行动的一种重要手段。下行沟通的主要目的有五个：一是传递工作指示；二是促进员工对工作及其他任务的了解；三是向下级提供关于程序与操作实务的资料；四是向下级反馈其工作绩效；五是向职工阐明企业的目标，使职工增强责任感。

下行沟通的主要优点是：使下级主管部门和员工及时了解企业的总体奋斗目标和具体措施，增强职工的责任心和使命感，并且可以协调企业内部各层次之间的活动，加强各层次之间的联系。

其缺点是：如果企业组织机构层次太多，信息经过层层传递往往会发生歪曲，甚至遗失。同时，这种沟通过程迟缓，影响其传递效果。所以，如果企业内部缺乏民主管理的习惯和气氛，下行沟通极易导致一种权力氛围，影响士气，挫伤职工的积极性，而且容易给下属执行具体决策带来心理负担。

2. 下行沟通的障碍

造成下行沟通障碍的原因是多方面的，既有组织结构的问题，也有上级的问题。一般来说，下行沟通的障碍主要表现在以下几个方面：

（1）企业组织结构复杂化。一项著名的关于美国公司管理沟通状况的调查显示，信息在下行沟通中好像一个漏斗，层层过滤，假设董事会的原始信息是100%，口头传递经过5个层次到达最后一个接收者那里就只剩20%了。可见，结构复杂，信息经过层层机构进行传递，就可能导致信息传递延误、失真、错误。

（2）对沟通的忽视。许多企业不断地修订长期目标和短期目标，却很少注意用有效的沟通去传达这些目标，让全体员工都理解并接受它。

（3）管理层与员工的隔阂。管理层与员工在组织结构中的地位差异，使得双方在权利和资源拥有上也存在差异，这些差异经常导致双方存在不信任情绪，产生“我们”和“他们”的区别，地位低的员工更容易产生压抑感，从而拒绝发表意见。

（4）上级很少检查自己的沟通技巧。某些上级长期养成了一些与下属沟通的方式和习惯，但从不考虑这些方式和习惯是否恰当，是否需要改进或存在更加有效的方式，甚至也不知道信息是否被接收或正确接收了。比如主管与下署之间的沟通方式通常分为两种：支持性沟通和防卫性沟通。防卫性沟通容易产生恶性循环；而支持性沟通方式则更温和，会使公司内部凝聚力增强，沟通进入良性循环。

（5）上级不愿意与下级沟通。在企业中，有些上级把信息的了解当作一种权力和管理工具，有意隐瞒信息，不愿意与下属进行沟通，或者将信息作为奖赏的手段只传达给个别员工。

（6）传递中信息的遗漏和曲解。小企业的管理层和员工通常面对面的接触多，信息沟通层次少，沟通渠道畅通，信息传递的保真度比较高；大型企业中职权结构复杂，沟通层次多，信息经过层层传递，很可能导致延误、失真甚至错误。所以说，企业结构中层级越多，信息传递中曲解就越多，而不恰当的沟通媒介也会给信息传递造成损失。

3. 下行沟通常用策略

为了保证下行沟通渠道的畅通，提高下行沟通的效率，管理者有必要掌握一定的沟通策略。下行沟通的策略主要包括以下几个方面：

（1）制订沟通计划，建立沟通制度。为了保证管理者能够及时有效地下传信息，必须根据每个部门的工作性质及责任范围制订相应的沟通计划，把沟通活动纳入制度建设之中，从而使下行沟通活动做到制度化和规范化，以改变下行沟通的随意性。这些沟通制度包括以下内容：管理者必须将有关事宜及时通知下属；必须将公司计划、指令和目标告知公司员工；必须鼓励、培育和建立一个稳定的双向沟通渠道；必须就有关重要事件的信息及时与员工沟通；划拨足够的资金和工作时间实施公司沟通政策。

（2）“精兵简政”，减少沟通环节。随着企业规模的扩大，企业的组织结构变得越来越复杂，层次也越来越多，这给管理沟通的有效进行构成了极大的障碍，不仅延缓了信息传递的效率，而且容易导致信息传递的失真或过滤。因此，精简企业组织机构，变“宝塔型”为“哑铃型”已经成为组织变革的必然趋势。如日本丰田公司就将组织机构精简到五个层次，大大提高了管理沟通的效率和效果。不仅如此，广泛利用现代网络技术手段，将高层管理者的邮箱公之于众，同样能够将沟通环节简化，提高沟通的效率和质量。

（3）坚持例外原则，实现有效授权。科学管理之父泰勒（Frederic Winslow Taylor）早就提出，管理者必须遵循例外原则，即将例行的日常事务的处理权交给下属，管理者只保留例外事项的处理权。而实行例外原则的关键在于日常管理活动的规范化和管理者的有效授权。合理有效的授权，不仅能够对下属产生巨大的激励作用，而且能够缓和下行沟通冷冰冰的纯粹命令的气氛，从而极大地改善沟通低效的状态。如台湾宏基电脑公司总裁就很重视沟通和授权的作用。宏基的员工80%都是刚毕业的大学生，宏基总裁不仅高度信任他们，而且对他们大胆放手，进行分级授权。1995年，宏基推出的大获成功的“渴望”电脑，就是由总裁高度授权的平均年龄只有29岁的青年工程师团队齐心协力、共同研制出来的。

（4）建立有效反馈机制。可以肯定的是，让下行沟通真正发挥作用的办法不是关闭反馈的渠道，而是开掘上行沟通的通路，建立有效的反馈机制。虽然下行沟通的主要任务在于向下属传达指示、布置任务，但为了保证下传信息能够被正确地理解和接受，管理者还必须利用各种反馈渠道，倾听下属的意见和建议，这样不仅可以帮助管理者判断信息沟通的效果，而且能够在信息没有被错误地执行之前及时发现问题并采取补救措施，从而保证执行工作的成功实施。

（5）采取正确方法，减少下行沟通中的抵触和怨恨情绪。在下行沟通中，最令管理者头痛的莫过于向下属传递负面的信息，或者与员工沟通一些他们不希望接纳的信息，因为在进行此类信息沟通时，容易引起员工的抵触甚至怨恨情绪。面对这种情况，管理者注意以下几点是非常必要的：第一，要掌握事实。在与员工正面交谈之前，要尽可能多地了解事实情况，信息了解越具体、越准确就越有利于面谈。道听途说是十分危险且不明智的。第二，要了解当事人的想法。让你的员工有时间和机会仔细说明当时的经过是十分有益的，借此可以缓和气氛，或可以了解当事人对问题的自我看法以及他对问题的自我意识的深浅。第三，尽量私下处罚员工。当众批评、指正或训斥员工是让人难以接受的。此类沟通应选择私下场合比较好，但切不可滞后。不要在员工已将此事遗忘之后再提及。第四，不要对人身进行攻击。对员工进行批评时，应尽量就事论事，而不要涉及人的个性，只说明你对他的行为的改变的具体期待。如果你不注意措辞而因此伤及员工自尊心，则为以后的有效沟通设置了障碍，埋下了隐患。第五，不要意气用事。人们怒不可遏时很少能保持理智、公正和客观。因此，在正面接触员工之前，一定要头脑冷静、心平气和。当然，在员工处于发怒状态之时，马上进行批评训斥也是不合适的。

（6）利用多种沟通渠道和方式。例如每月和员工举行讨论会，每月在公司的刊物上发布公司的最新消息，等等。福特汽车的CEO纳瑟（Jacqueser，1999—2001年在任）创造了“让我们谈谈生意吧”的沟通方式。每周五傍晚，他会群发一封电子邮件给福特公司在全世界的大约10万名员工，分享自己的经营心得。在邮件中他会谈全球的经济发展趋势，谈克莱斯与奔驰的合并，谈福特的亚洲市场发展前景等，让员工了解高层主管的经营观点，进而让他们有类似的思考角度，同时他也鼓励所有的员工回寄任何想法、观点和建议。再如，在惠普公司，总裁的办公室从来没有门，员工受到顶头上司的不公正待遇或看到公司发生问题时，可以直接提出，还可越级反映，这种企业文化使得人与人之间相处时，彼此之间都能做到互相尊重，消除对抗和内讧。

（二）上行沟通

1. 上行沟通的内涵

上行沟通，是指信息从组织的低层结构向高层结构传递的过程，即自下而上的沟通。在上行沟通过程中，信息发送者是下级、工作群体和团队、全体员工，接收者是上级、管理层或企业的代表。上行沟通有两种表现形式：一是层层传递，即依据一定的组织原则与组织程序逐级向上反映；二是越级传递，即减少中间层次，让决策者与组织成员直接对话。在管理过程中，上行沟通的内容通常表现为下级的工作汇报和工作总结、当前存在的问题、申诉、建议和意见等。沟通媒介主要包括口头汇报、交谈、书面工作总结、座谈会、意见书等。

上行沟通的优点是：下级可以把自己的意见向上级反映，激发了组织成员的参与热情，使之获得一定程度的心理满足；管理者也可以通过这种方式了解企业的经营情况，与下属形成良好的关系，提高管理水平。

其缺点是：在沟通过程中，上下级因级别不同而造成心理距离，形成一定的心理障碍，可能抑制或歪曲反映情况的真实性与客观性，最终导致信息失真。通过上行沟通，上级可以及时了解下级和整个企业的运营状况，了解员工对工作和企业的态度，便于及时发现问题、解决问题。

可以说，上行沟通的状况是评价一个企业气氛的关键内容。在有效的上行沟通中，企业可以建立一种和谐而富有建设性的氛围，这种氛围对于人力资源的开发与管理具有重要作用。

2. 上行沟通的障碍

引起上行沟通障碍的原因是多方面的，概括起来，上行沟通的障碍主要表现在以下几个方面：

（1）高层管理者不鼓励上行沟通。一些企业的管理者，尤其是高层管理者，认为自己是了解下级员工的需要的，也坚信自己的决策是正确的。因此，他们不鼓励上行沟通，既不设置上行沟通的渠道，又不重视上行沟通的信息，久而久之，就会严重损害或全面排除上行沟通，其危害之大无法估量。

（2）各级管理者过滤上行沟通信息。研究表明，企业内上行沟通的每一步骤几乎都会有信息过滤和扭曲的情况发生，尤其是在明确了解决某些事件有可能对自己不利时，对信息的过滤就更严重。各级管理者过滤上行消息的主要原因有二：一是不愿上交问题。上行沟通中的一部分信息是反映问题的，各级管理者都希望在自己这一层面解决问题，认为如果解决不了会被看作无能或不力，因此有意无意地延迟了信息的流动。二是报喜不报忧。各级管理者都快速回应高层主管感兴趣的事情，或者报告好消息而延迟坏消息，尽量使某些不好的信息不向上流动。

（3）存在沟通瓶颈。有时上行沟通不畅是由于沟通链上出现了瓶颈。这个瓶颈可能是上级的秘书或行政助理，他们过滤所接收到的信息，并传送他们认为上级应该知道的信息；也可能是力图升迁者，他们占有信息资源以显示自己的优势；还可能是竞争者，他们希望自己或自己的部门比其他部门更好而保留了可能有利于其他人和其他部门的信息。

（4）下级员工缺乏上行沟通的动机。由于高层管理者不鼓励上行沟通和各级管理者对上行信息的层层过滤，致使相当部分的下级员工认为上行沟通是无意义的行为，结果严重缺乏上行沟通的动机，使整个企业死气沉沉，效率明显下降。另外，上下级关系不良，缺乏信任，双方不肯花时间去相互了解和真诚沟通，也会导致下属不愿意与上级进行沟通。

3. 上行沟通的策略

成功的组织沟通来自下行沟通和上行沟通的平衡。组织可以采取一些措施保障上行沟通的畅通。譬如，定期实施员工调查，了解员工对组织和工作的感觉；设立员工意见箱，允许员工提出问题和想法，并得到高层管理者的解答；建立恳谈会制度，定期举行高层管理者与员工的座谈会，让上级与下级员工进行对话和交流；在公司内部刊物设立有关栏目，对员工的疑问予以解答；开发申诉程序，使员工的不满及时得到处理；对管理者的沟通技能进行培训，提高他们的沟通水平；管理者进行走动管理，即走出办公室，深入工作现场，与员工面对面地直接交流。

四、横向沟通

横向沟通是指发生在同一工作群体的成员之间、同一等级的工作群体之间以及任何不存在直线权力关系的人员之间的沟通。

（一）横向沟通的类型和形式

根据沟通涉及的主体是否来自同一部门，我们可以将横向沟通分为同一部门内的横向沟通和不同部门间的横向沟通，而后者又可分为不同部门同级管理者之间的横向沟通、部门管理者和其他部门员工之间的横向沟通以及不同部门员工间的横向沟通。

根据沟通主体是否来自同一管理阶层，我们可以将横向沟通分为两种类型：一是同一层次成员之间的横向沟通，包括部门管理者之间的沟通和部门内部员工之间的相互沟通；二是不同层次的没有隶属关系的成员之间的交叉沟通。

横向沟通既包括部门经理间的沟通、部门内部员工间的沟通，也包括部门经理与其他部门员工间的沟通以及某一部门员工与另一部门员工间的沟通。

不同类型的横向沟通采用的沟通形式不同。跨部门的横向沟通通常采用会议、备忘录、报告等沟通形式，其中会议是最经常采用的沟通形式，如决策性的会议、咨询性的会议和通知性的会议等。而部门内员工的横向沟通更多地采用面谈、备忘录的沟通形式。由于沟通主体相互熟知，并且有着同样的业务背景，此类沟通效果通常比较理想。而对于部门员工与其他部门的经理或员工的沟通来说，面谈、信函和备忘录等可能显得更合适。

（二）横向沟通的作用

横向沟通的存在是为了增强部门间的合作，减少部门间的摩擦，并最终实现公司的总体目标。这对公司的整体利益有着重要的作用。

1. 保证公司总目标的实现

基于劳动分工原理诞生的部门化，便于企业提高劳动生产率，进行有效管理，但部门化势必使员工在追求提高具体工作效率的同时忽略公司的全局利益。横向沟通能够增强员工对其他部门的了解，便于本部门从宏观的层次上认识本职工作，并自觉协同其他相关部门进行操作，最终实现公司总体目标。

2. 弥补纵向沟通造成的不足

不管企业多么致力于疏通上下行沟通渠道，关注沟通场合、时间等因素，仍不可避免信息遗漏、沟通误解等情况出现。多数情况下，横向沟通是为了简化上行沟通、下行沟通这类烦琐的垂直交流，或者为了加快工作速度，使信息更有效和准确地传递而进行的正式或非正式的沟通。与纵向沟通相比，横向沟通能够创造比较轻松的沟通氛围，不仅有利于部门之间以及员工之间更好地达成共识，而且能够有效弥补纵向沟通造成的不足。

3. 实现各部门信息共享

企业是一个有机的整体，每个部门都是整个企业大系统中相互影响、相互依存的子系统，只有协调各个子系统间的关系，才能为企业创造更好的整体效益。企业中各个部门不是一个孤立作战的个体，而是作为一个整体的部分而存在的。认识到这一点，也就清楚了各个部门间合作的需要，而且这种需要又缔造出分享信息的需要，横向沟通正是为了满足不同部门间的信息共享而产生的。

（三）横向沟通的障碍

从理论上讲，横向沟通由于不存在等级差异，沟通主体是平等自主的，这样的沟通应该更加有效。然而事实上，横向沟通的现状同样令人担忧。正因为没有权力关系的约束，许多沟通主体采取“事不关己，高高挂起”的态度，沟通不畅的情况时有发生。产生横向沟通障碍的原因主要有以下几个。

1. 部门本位主义

很多情况下，一些部门为了达到自己的目标或维护自己的利益，无视其他部门乃至整个组织的利益而擅自行事，许多人也认为没有必要去了解其他部门正在发生的事情。当部门经理们置身于自己戒备森严的城堡之中时，坚硬冰冷的四壁便阻断了他们的视线，使他们彼此看不到沟通的需要，甚至还会由于利益、目标的差异而冲突不断。工作业绩、利益的不同以及评估体系的存在，正是造成部门本位主义泛滥的主要原因。为了维护本部门利益，每个部门都是强调本部门的业绩，视其他部门为无物，斤斤计较自己的得失，而不是采用“公司——本部门——其他部门”三维观点立体地看待本部门在整个公司中的地位以及相应的利益。

2. 认为自己的价值最大

有些部门只站在本部门的角度认识、看待问题，只强调本部门的价值，认为本部门最为重要，而忽视其他部门对公司的贡献。例如，营销部门认为本部门贡献最大，比其他部门重要；而人力资源部门也同样认为本部门贡献最大，比其他都门重要。如此一来，每个部门都只看到自己的价值，而忽视其他部门的存在。这种认为组织部门有贵贱等级之分的成见，必然会影响横向沟通的正常进行。

3. 部门之间职责交叉

分工是管理的基础。不少企业在管理过程中由于未能进行科学的分工，或者分工不够明确，导致部门之间职责交叉、权限不明、责任不清，结果是各个部门都把利益归于自己，而把责任推给别人，出了问题后相互推诿，甚至一味责怪别人，取得成绩后则相互争夺，这样难使企业内部各个部门形成一个有机的整体。

4. 性格冲突

横向沟通失败、低效甚至产生摩擦的另一个主要原因，是沟通各方性格以及思维行为、习惯的冲突。每个人因为其独特的工作领域、成长经历和生活体验，会形成独特的思维行为和沟通方式。如果缺乏对沟通对象的沟通方式的了解，就会产生沟通障碍。

5. 猜疑、威胁和恐惧

缺乏信任的后果不完全是猜疑和恐惧，但引发猜疑、威胁和恐惧的原因一定是缺乏信任。过去经历的负面沟通会使人产生猜疑，或感觉到威胁。当然，这也与沟通主体的个人性格有关。

6. 对有限资源的争夺

部门之间或员工之间为工作资源、职位的竞争与冲突，也是横向沟通常见的障碍。你拥有的资源越是稀缺和不可替代，你在组织中的影响力就越大。有时，为了保持这种稀缺性和不可替代性，人们可能会采取被认为是不合逻辑的行为，如不愿透露自己的工作技巧和经验，编撰专门的语言和术语来防止别人了解他们的工作，或故意神秘行事，使工作看起来比实际更复杂和更困难。

（四）横向沟通的策略

对于横向沟通中出现的问题和存在的障碍，我们可以通过调整沟通的思路来加以消除。

1. 树立“内部顾客”的理念

“内部顾客”的理念认为与本职工作相承接的下一个工作环节就是本职工作的顾客。要用对待外部顾客、最终顾客的态度、思想和热情去服务于内部顾客。

2. 倾听而不是叙述

在横向沟通过程中，每个参加者最擅长的就是描述本部门的困难和麻烦，同时指责其他部门配合协作不力，却很少花时间倾听。当沟通的各方仅仅关注如何组织发言，去阐述、强调本部门和本岗位中遇到的阻碍和困难时，对别人的发言他们就不会去倾听，这很不利于有效沟通。

3. 换位思考

试着采用他人的思维和沟通框架，设身处地地替他人着想，并体会他人的看法，会是很有益的。跳出自我的模式，进入他人的心境，未必要同意他人，但能了解他人看待事实和认识事物的方式，这样才能找到合适的沟通方式，并行之有效。在沟通中倘若能与他人一起感受、一起思维则会有更大的收益。

4. 选择正确的沟通形式

横向沟通的方法、形式多种多样，要根据沟通的目的选择相应的沟通方法和形式。比如会议，对于决策性会议，与会的人数要尽量做到少和精，减少人多带来的意见纷杂，以提高集合度。对于咨询性的会议，因其目的就是集思广益，所以应采用“头脑风暴”法，扩大与会人数和与会人员的背景，以提高覆盖面。对于通知性的会议，只要让所有需要知晓信息的人接收到信息即可，同时注意反馈，以确保接收者准确无误地理解了信息。

5. 设立沟通部门，建立沟通制度

针对横向沟通中经常出现的互相推诿、讨论裹足不前的现象，可以采取设立专门部门或沟通人员的办法。这些沟通人员负责定期召开部门沟通会议，要求各部门人员定期相互提交报告，从而让不同部门的人员了解各自正在进行的活动，并鼓励其提出有建设性的意见和建议。如在日本，企业非常重视不同部门人员的接触和沟通，要求每个工人要定期参加某个小组，讨论与工作相关的事宜。小组会议召开的目的主要是增强员工间的沟通，而非解决问题或制订计划。在会议上，一个员工可能会谈及他所在部门正在研制的新产品，另一个员工可能会谈及他的本职工作，还有一个员工可能会讲述他们部门正在试用的新的计划表。这种性质的会议无疑可以帮助员工拓展其对工作的认知角度，给他们带来更多本职工作以外但与工作相关的知识，其结果是将组织有机地结合成一个整体。

案例分析

案例一

谁之过？

一个公司分管公司生产经营副总经理得知一较大工程项目即将进行招标，由于采取向总经理电话形式简单汇报未能得到明确答复，使这位副总经理误以为被默认，因而在情急之下便组织业务小组投入相关时间和经费跟踪该项目，最终因准备不充分而成为泡影。事后，在总经理办公会上陈述有关情况时，总经理认为副总经理“汇报不详，擅自决策，组织资源运用不当”，并当着部门同事面给予他严厉批评，而副总经理反驳认为是“已经汇报、领导重视不够、故意刁难，是由于责任逃避所致”。由于双方信息传寄、角色定位、有效沟通、团队配合、认知角度等存在意见分歧，致使企业内部人际关系紧张、工作被动，恶性循环，公司业务难以稳定发展。

请大家认真阅读案例，讨论一下副总和总经理属于哪种类型的组织沟通？评论下两者在沟通中存在哪些问题？你认为他们应该怎么做比较合适？

案例二

恒大公司的内讧

某年恒大公司所有部门都卷入一场内讧，大家彼此指责对方。产品研发部对营销部大为不满，认为他们没有为新产品提供详细的计划书，他们对销售人员也不满，认为销售人员没有向他们反馈客户对新产品的意见。生产部，认为销售部的人员只关心他们的销售额，不惜以牺牲公司利益的方法来推销产品。同时，他们也信不过市场营销部的人，因为他们缺乏准确预测市场趋势的能力。另外，市场营销部则认为，生产部的人思想保守、不愿冒险，他们对生产部的不合作和无休止的诽谤非常愤怒。他们也看不惯产品研发部的人，认为他们动作迟缓，对他们的要求根本没反应。而销售部的人则认为营销部的人没有工作能力，有时在电话上跟生产部的人大吵大闹，指责生产部的人对客户提出的售后服务的要求置之不理。

请大家讨论下恒大公司究竟面临什么危机？产生这场内讧的原因是什么？怎样才能帮助恒大公司走出这场危机？

任务二　如何与上级沟通

任务目标

了解上司的性格、管理风格、学习与上司沟通的基本策略，掌握与上司沟通的基本方式和技巧。

参考学时　2学时

引导活动　游戏——上级和下属

活动要求

一、游戏规则和程序

1. 找两个学员扮演企业的上级和下属。

2. 让上级扮演者站在桌子上大声朗读附件中（不含括号中的内容）的相关文字。

3. 让下属扮演者在桌子前面对上级扮演者朗读附件中（不含括号中的内容）的相关文字。

4. 组织学员进行相关讨论。

二、相关讨论

1. 为什么考虑问题的角度不同会导致差异极大的结果？思维方式的不同在现实中主要有哪些方面的表现？

2. 作为优秀的下属，应该怎么样回答上级的问题？

3. 领导有没有可以对员工产生影响的地方？

4. 员工的思路可能会受到哪些方面的影响？

附件：上级和下属的对话

上级：你认为，要多久才能完成这个计划书？

（上级的理解：我请他参与决策。）

（下属的理解：他是老板，他为什么不直接告诉我？）

下属：不知道，你认为要多久？

（上级的理解：他拒绝承担责任。）

（下属的理解：我请他指示。）

上级：你自己应该清楚要多久？

（上级的理解：我逼迫他应该对自己的行为承担责任。）

（下属的理解：真是胡说！看来我必须要给他一个回答才行。）

下属：30天。

（上级的理解：他缺乏估计时间的能力。）

（下属的理解：我就是随便说的，肯定不准确。）

上级：那么15天怎么样？15天内完成？

（上级的理解：我和他约定，并希望他主动。）

（下属的理解：他在下达命令了，我只好接受。）

实际上，这个计划书需要30天才能完成，所以下属只好夜以继日地工作，但15天过得很快，但他还需要一天的时间。

上级：计划书呢？

（上级的理解：我想确认他是否完成了工作。）

（下属的理解：他要看我的工作绩效呢。）

下属：明天就可以完成了。

（上级的理解：我就知道他完成不了。）

（下属的理解：明明是要一个月的工作。）

上级：我们不是说好了，15天完成，今天应该完工了。

（上级的理解：我要让他承担责任，完成工作。）

（下属的理解：他让我十几天就干了一个月的活，我不再替这样的人干活了。）

……

下属递交了辞职申请。

知识支撑

一、上司的管理风格

虽然组织领导的职责是类似的，即负责制订商务组织的计划、方针、政策、授权范围，进而奖励、监督和控制商务组织的各项活动，但是他们的管理风格和工作作风却又很不相同。了解自己上司的管理风格，商务人员就能更好地做好与上司之间的沟通。

根据领导科学的理论观点，领导的管理模式可以从不同的角度分为许多类型。

1. 利克特的四种领导模式

1961年，美国管理学家利克特提出了商务组织领导的四种风格学说。这四种风格分别为：

（1）专权独裁式。专权独裁式是指权利集中在最高一级，下属无任何发言权。管理者对下属缺乏信任，商务组织的目标设置和决策都由领导者决定，直接布置任务让下级执行。下属只是执行一系列的命令，而无权参与决策，上下级之间缺乏信任，很难进行有效的沟通。

（2）温和独裁式。这种领导方式，权利虽然控制在最高一层，但中下层也能得到部分的授权，管理者和下属之间有种“主仆般”的信任，下属可以部分地参与决策。

（3）协商式。协商式是指商务组织中重要的决策权仍在最高一层，次要的问题交给中下层去作决定。上司对下属有相当程度的信任，上下级之间的沟通较多。

（4）参与式。这种类型的领导完全信任下属，上下处于平等的地位。出现矛盾与问题，双方民主讨论协商，员工可以广泛地参与商务组织决策、报酬制定、目标设置、方法改进、实施评估等整个活动过程。领导者能够发动下级讨论，共同商议，集思广益，然后决策。参与式领导风格能够做到上下融洽，左右协调，齐心协力地工作。

这四种领导风格是领导对下属的信任度逐步提高的，沟通程度随之逐步提高。

2. 领导的四分图理论

领导四分图理论也叫二元理论，是美国俄亥俄州立大学研究小组在大量调查研究的基础上，在20世纪中叶提出来的一种领导方式理论。他们将领导行为归结为两个维度，即对人的关心与体谅和对组织效率的关心。对人的关心与体谅主要表现为尊重下属的意见，尊重下属的感情和需要，强调建立相互信任的气氛。对组织效率的关心主要表现为重视组织设计，明确各岗位的职责关系，确定工作目标和任务。综合这两种维度，就构成了四种不同的领导方式（图5–1）。

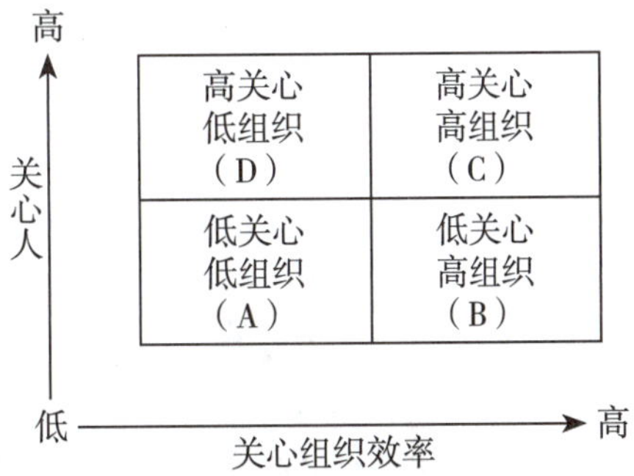

图5–1　俄亥俄州立大学的领导四分图

3. 勒温的领导风格类型理论

美国依阿华大学的研究者、著名心理学家勒温（Kurt Lewin）和他的同事们从20世纪30年代起就进行了关于团体气氛和领导风格的研究。勒温等人发现，团体的任务领导并不是以同样的方式表现他们的领导角色，领导者们通常使用不同的领导风格，这些不同的领导风格对团体成员的工作绩效和工作满意度有着不同的影响。勒温等研究者分析出了三种领导行为或领导风格，即专制型、民主型和放任型的领导风格。勒温认为，这三种不同的领导风格，会造成三种不同的团体氛围和工作效率。

（1）专制型领导。专制型的领导者只注重工作的目标，仅关心工作的任务和工作的效率。他们对团队的成员不够关心，被领导者与领导者之间的社会心理距离比较大，领导者对被领导者缺乏敏感性，被领导者对领导者存有戒心和敌意，容易使群体成员产生挫折感和机械化的行为倾向。

（2）民主型的领导。民主型领导注重对团体成员的工作加以鼓励和协助，关心并满足团体成员的需要，营造一种民主与平等的氛围，领导者与被领导者之间的社会心理距离比较近。在民主型的领导风格下，团体成员有较强的工作动机，责任心也比较强，团体成员自己决定工作的方式和进度，工作效率比较高。

（3）放任型的领导。放任型领导采取的是无政府主义的领导方式，对工作和团体成员的需要都不重视，无规章、无要求、无评估，工作效率低，人际关系淡薄。

勒温等人通过实验发现，放任型领导者所领导的群体的绩效低于专制型和民主型领导者所领导的群体；专制型领导者所领导的群体与民主型领导者所领导的群体工作数量大体相当；民主型领导者所领导的群体的工作质量与工作满意度更高。勒温还指出在实际的组织与企业管理中，很少有极端型的领导，大多数领导者都是界于专制型、民主型和放任型之间的混合型。

4. 管理方格图理论

管理方格图理论（Management Grid Theory）是研究企业的领导方式及其有效性的理论，是由美国得克萨斯大学的行为科学家罗伯特·布莱克（Robert R·Blake）和简·莫顿（Jane S·Mouton）在1964年出版的《管理方格》一书中提出的。这种理论倡导用方格图表示和研究领导方式。他们认为，在企业管理的领导工作中往往出现一些极端的方式，或者以生产为中心。为避免趋于极端，克服以往各种领导方式理论中的“非此即彼”的绝对化观点，他们指出：在对生产关心的领导方式和对人关心的领导方式之间，可以有使两者在不同程度上互相结合的多种领导方式，这就形成了如图5-2所示的领导方格图。

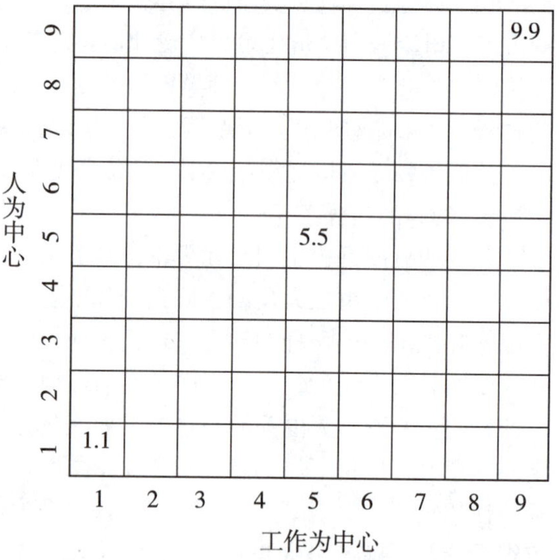

图5-2　管理方格图理论

这张图包括纵轴和横轴各9等分的方格图，纵轴和横轴分别表示企业领导者对人和对生产的关心程度。第1格表示关心程度最小，第9格表示关心程度最大。全图总共81个小方格，分别表示“对生产的关心”和“对人的关心”这两个基本因素以不同比例结合的领导方式。

对于领导还有很多不同的分类，他们都从一个角度揭示各不同类型领导的特点，了解领导，才能知道怎样与之相处。

二、与上司沟通的策略

在与上司进行沟通时有些基本原则是需要遵循的：

（1）尊重而不吹捧。与上司沟通，要注意尊重自己的上司，尊重上司的权威，自觉维护上司的威信，积极主动完成上司交代的任务。但同时切不可阿谀奉承，刻意讨好。

（2）请示而不依赖。作为上司的助手、参谋、下级，应尽可能全面领会上司的意图，如遇到不懂的问题或超出个人职权的问题，应请示上级的意见。但工作中又不可事事、时时请示上级，应在自己能力范围和职权范围内积极发挥主观能动性，完成任务。

（3）主动而不越权。作为员工，工作要积极主动，懂得主动与上级沟通，不要凡事等上级找你，但更要注意明确个人身份，不要擅权越位。无论是请示、汇报、反映情况，都严格按照上司的职责分工进行。

（4）动脑分析，灵活变通沟通方式。不同的领导有不同的性格和领导风格，所以与领导、上级相处，也不能千篇一律、统一模式，而应该根据上级的不同情况采用不同的沟通方法。例如对待专权独裁式领导，要懂得尊重他的权威，如果要提出自己的主张，就要十分讲究策略。他看中的是下属对他的服从和忠诚。对待温和独裁式的领导，明确自己的授权范围，凡事多向上司汇报，多让上司审核，学会将原则性、规范性和灵活性、主动性很好地结合起来。对待协商式领导则可多采取非正式的沟通形式，要把握好向上司进言的方法和时机，要努力在上司和下级员工之间搭起沟通的桥梁。对待参与型领导不妨适当地提出对于公司、单位的意见，可表现自己的工作能力。

（5）面对面沟通和多渠道沟通相结合。在所有的沟通方式中，我们提到面对面的沟通信息传递及时，反馈及时，保真度高，因此它是沟通效果最好的一种方式。当然组织中，员工与上司的沟通在条件允许的情况下，面对面地坐下来，言简意赅地交换意见和想法，是非常有成效的沟通渠道。但现在随着工作节奏的加快和互联网技术的发展，当面对面沟通无法实现时，考虑到信息的性质不同以及客观条件，与上司沟通也应采用多渠道进行。

小故事

小莉在一家化妆品公司做财务，自从上班的第一天起，她就踏踏实实地工作，工作能力也很强。但她一直停在那个位子上，没有获得提升，原因是她不善于主动与老总进行沟通，许多事都要等着老总亲自来找她。后来由于工作上的竞争，她被同事“踩”在了脚底下。

小莉吸取了失败的教训，积极总结经验，又以全新的面貌到另一家公司上班。一个月后，她接到一份传真，上面说她花了两个星期争取的一笔业务出现了问题。如果在以前，她会等老总来找她，再向老总汇报。但现在她马上就去找老总。老总正准备用电话同这位客户谈生意，她就在此之前将情况向老总作了汇报，并提出具体的建议和意见。老总掌握了这些资料后，与客户交谈时顺利地解决了出现的问题。

此后，小莉常常主动向老总汇报工作上的情况，及时进行良好的沟通，并在销售和管理方面提出一些不错的方案，不断地得到老总的认同。不久，她被提升为业务主管。

三、与上司沟通的技巧

（一）怎样得到上司的赏识

1. 关键时刻挺身而出

与上级打交道，不能只是一味地唯唯诺诺，挖空心思地讨好上级。无论上级是对还是错，都不要一味地顺从上级，生怕自己的意见与其不符而得罪他，其实，这样是不对的。一味地顺从就失去了个性，一味地迁就就没有了主张，特别是在关键时刻，更是要懂得表现自己，勇敢地说出自己的独特见解。

在与上级打交道的过程中，有时可能会出现这种情况：在关键时刻，上级并未发现事态的严重性，员工却看到了。这个时候，员工如果贸然地提出来可能会使上级认为你是不相信他的能力，在他面前过分地表现自我，从而损害到自己在上级心目中的形象。但如果你的提议可以使公司免受损失，或者增加效益，那么情况就会大大不同了，上级会赏识、感激你，并且器重你。所以在关键时刻要懂得表现自己。

作为一个员工，要懂得在关键时刻表现自己，并具备无所畏惧的精神。因为谁都知道“雷区”很危险，“蹚雷者”时时刻刻都有丢掉性命的可能。员工与老板之间虽然没有如此夸张，但有时员工能够挺身而出确实不容易，这可是搞不好就丢饭碗的事情。不过，也只有具备这种魄力，你才有可能发展得更好，并成为老板的心腹。

2. 勇于为上司作牺牲

作为上级，也难免遇到棘手的事情，这时往往人人向后躲，生怕捅上马蜂窝。作为一个聪明、有魄力的下级，在这种时候，理智的做法不是往后躲，而是站出来为上级作牺牲。上级的眼睛是明亮的，谁付出得多，他心里最清楚。对于勇于为他作牺牲的人，他是绝不会亏待的。

小故事

安东尼是位著名的服装缝纫师。他出生在西西里岛，17岁来到美国加州的一个小镇，拜一个叫莫亚德的服装店老板为师，学习服装缝纫技术。由于天资聪颖，又肯上进，时间不长，安东尼缝纫的服装便在小镇上小有名气。安东尼是个很会办事的人，每次城里的富人到小镇找他缝制服装，完成后都是他抢先把衣服给他们送去。老板莫亚德心里明白，在所有顾客中，给富人送衣服是最麻烦的，那些人总是横挑鼻子竖挑眼，故意说衣服没做好而对你横加指责，而安东尼总是这样为自己“蹚雷”，这让他有些过意不去。于是他给安东尼涨了工资，幅度比别人的两倍还高。安东尼心安理得地接受了，一如既往地工作着，继续为老板“蹚雷”。最终，安东尼受到莫亚德的重用，两人合伙干起了大事业，将服装店搬到底特律，在那里创建了“法兰克礼服出租店”。他们生产的服装，在市场上占有很大的份额，一年下来就获得了巨额利润。莫亚德明白，这一切都离不开安东尼的努力，他尽最大可能去回报安东尼。

3. 为上司出谋划策

不要以为，出谋划策是上级的事，员工只要听从指挥就行了。不必总是担心别人误解你“越级”，只要你的意见是可行的、有利于工作进展的，那不妨提出来，只要能对工作起到促进作用，上级就会对你另眼看待的。

小故事

日本有家乡间旅店，由于地理位置不佳，生意一直很萧条。一天下午旅店老板望着后面山上的一片空地出神，忽然间，他的脸上露出笑意，大概是想出了能使旅店生意火起来的妙计……

第二天，老板来找空地的主人川雄一男，对他说：“我看这块空地不利用十分可惜。你能不能在空地上栽些树，绿化一下，也改变一下旅店的环境。”

川雄叹气说：“唉，我也有这种想法，可惜资金不够，力不从心呐！”

由于旅店生意冷清，也因为缺乏资金植树，老板整天闷在屋子里发愁。一天，一个员工提醒老板：“能不能想办法让顾客种树？”老板茅塞顿开，马上与这名员工商量怎样才能让顾客种树。

第二天，与空地主人协商之后，该旅店登出了一则别出心裁的广告：

“尊敬的旅客，您好！本店后面的山上有片空地，宽阔而幽静，特为旅客朋友种植纪念树所用。如有兴趣，不妨种下小树一棵，本店派专人为您拍照留念。树上可留下木牌，刻上您的尊姓大名以及植树日期……”

广告一出，旅客们纷纷携树而来，没过多久，旅店后山已是满眼绿色。那些栽过树的人，也常来这里看望，旅店从此夜夜灯火通明。旅店生意的好转，完全是因为那名员工的妙计，老板也为他记了一大功，并给了一定的奖赏，以示感谢与鼓励。

其实上级最需要的不是只知道唯命是从的员工，而是富于创新精神、有谋略的好助手。要想得到上级的赏识，在关键时刻挺身而出帮助上级，是让上级对你另眼相看的最佳途径。陪同上级去见重要的客户，洽谈对公司生存与发展至关重要的业务时，你适时地补充一句，可使上级顺利度过偶然出现的思维“停滞”阶段；在很重要的会议上，上级可能会忘记某些信息或举止有失得体，你若能及时提醒，给老板一个顺利过渡的阶梯和及时纠正的机会，他就能避免陷入尴尬的境地。

另外，作为一个有责任心的下级，如果发现上级决策错误时，从维护公司的利益出发，应对其提出忠告和建议。在向上级提建议时，一般要注意以下几个方面：

①多从正面阐发自己的观点。要多从正面去阐发自己的观点，也就是说，少从反面去否定和批驳上级的意见，甚至要通过迂回变通的办法有意回避与上司的意见产生正面冲突。

②注意维护上级的尊严。下级向上级提出忠告和建议时，要多利用非正式场合，少使用正式场合，尽量与上级私下交谈，避免公开提意见。这样做不仅能给自己留有回旋的余地，即使提出意见出现失误，也不会有损自己在公众心目中的形象，而且有利于维护上级的个人尊严和自尊心，不至于使上级陷于被动和难堪。

③要让自己的想法变成上级的。下级向上级建议时，注意不要直接去点破上级的错误所在或越俎代庖替上级作出你所谓的正确决策，而是要用引导、探询、征询意见的方式，向上级讲明其决策、意见本身与实际情况不相符合，使上级在参考你所提出的建议、资料后，水到渠成地作出你想要说的正确决策。戴尔·卡耐基曾经说过：“如果你仅仅提出建议，而让别人自己去得出结论，让他觉得这个想法是他自己的，这样不更聪明吗?”人们往往对自己得出的看法，比强加给他的看法更加坚信不疑。

（二）如何巧妙地拒绝上司

不懂拒绝上级、唯命是从的员工并不是最好的员工。在与上级沟通中，要根据角色、关系、能力等实际情况，来决定是否该拒绝上级的要求。如果不懂拒绝，往往会出现麻烦。

对于上级的要求或命令，不能接受或承担的时候要给予拒绝。上司不喜欢只会说“是”的人。这种人总是盲目地接受命令，缺少独立性、主动性与创造性，很难在工作上作出大的成就，相反还可能因此而影响到工作。因此，受制于客观因素而无法完成的事情就应拒绝。但拒绝时要讲究方式方法，不能直白地说“我不去”“我干不了”之类的话，要讲究艺术，运用技巧。一般来说，拒绝上级的技巧主要有以下几个。

1. 要以委婉的方式表达自己的立场

在拒绝、反驳上级的时候，应委婉地提出自己的观点，这样既可维护上司的面子，也能让他感觉你说得很有道理，从而容易使上级改变原来的主张。在陈述理由的时候，一定要以公司为主，表现出你的拒绝完全是出于工作考虑。尽可能避免使用“不能”“没有道理”“不愿意”“能力不足”等显示我们软弱无能的负面字眼。拒绝之后尽量给出建设性意见，替上司指出解决之道。

比如如果老板将手头上的事情交给你去做，完全不顾企业管理的基本原则——把正确的人放在正确的位置上。你觉得自己无法很好地完成老板交代的任务，你该如何拒绝他呢？直接说“我干不了”显然不合适，可以这样委婉地回答他：“我的特长是后勤管理和物流控制，如果您让我做前期策划，我当然十分乐意去学习。只是这样恐怕会占用一定的时间，影响项目的整体运作效率。所以我还是建议您派士弘去做这份项目，而我继续在自己擅长的领域全力配合。”

2. 运用合理借口来拒绝上司

有时在使用语言表达自己拒绝意愿效果不明显时，可以运用适当的借口来拒绝上司的要求，让上司更加明白自己的心思。但要注意的是这个借口必须是合情合理的。

小故事

上司每次约见重要客户都要带着万璐，万璐已经成了公司里有名的“业务交际花”，因为她是最漂亮并仍旧单身的女孩，这种应酬最直接的“后果”是，万璐经常被一些或真心或假意的男人“骚扰”。烦的是上司还要发话：“这是重要客户，不要得罪他们。”很多时候，万璐都忍受着，不知道该如何拒绝上司，该如何拒绝客户。一次，万璐认识了一位34岁的“钻石王老五”，“王老五”似乎看万璐很顺眼，频频向万璐发出私约邀请。出于不得罪的规矩，万璐随叫必到，不想“王老五”“一根筋”，硬是“认准”了万璐的不拒绝就暗示着接受。其实“王老五”人是不错，只可惜不属于万璐喜欢的类型。可是“王老五”的爱情攻势日见猛烈，在工作上还有求于人，万璐不禁进退两难。

终于有一天，“可怕”的时刻到来了，“王老五”让万璐“表态”。

“我有男朋友了。”万璐说。“我问过你们老总，他说了你没有。”“王老五”一点都不死心，“我现在不想谈恋爱，”万璐说。“没关系，我们可以慢慢相处。”“王老五”依然不死心。

万璐想来想去，这个事情要和上司好好谈谈。

万璐是这样对上司说的：“首先，我不是交际花，如果工作需要我去出席某种场合，那么我可以去，但是像这样的骚扰我不希望有，我希望您能尊重我的隐私，不要将我的私人情况告诉给客户。其次，这段时间我很累，我想好好休息，请给我三天假期，让我好好清静一下。”

上司看了看万璐，微笑着说：“对不起。”

3. 借助于他人的力量

当上级要求你做某件事，你想拒绝但又不好说出口时，不妨请来两位同事和你一起到上级那里去，借助他人达到拒绝的目的。

去见上级之前，你要与同事商量好，他们两个谁是赞成的一方，谁是反对的一方，然后与上级争论。争论一会儿后，你再向反对的一方靠拢，说：“原来是这样，那可能太勉强了。”这样一来，就可避免直接拒绝上级，而表明自己的态度。通过这种方法，上级会认为“大家是经过讨论之后，才作出这种结论”的，而包括上级在内的所有人，都不会觉得哪一方受到了伤害，从而上级会自动放弃原来的想法。

总之，对上级说“不”的时候，一定要注意方式，采用一定的技巧因时、因地、因人、因事灵活机动地随机应变。

（三）如何对待上司的批评

俗话说：“金无足赤，人无完人”。无论是谁，工作做多了，特别是因对领导的意图领会不够、客观条件影响、工作能力所限、思想精力不够集中等因素的影响，出现失误在所难免，甚至还会出现完全错误的时候。因此，在实际工作中，员工如果出现了失误，领导肯定都会站在全局的立场，对下属工作中出现的错误进行批评。

由于人在心理上都有自我保护的倾向，所以面对领导的批评往往会产生抵制情绪，很多人在挨了批评之后，情绪焦虑、抑郁、愤怒等；也会出现一定程度的逃避、退缩、依赖，甚至敌对、攻击等行为。那在工作中应如何对待领导的批评，如何走出挨批评之后的心理阴影呢？下面就来介绍以下几个解决办法和应对策略。

1. 挨批评时要沉着冷静

不管是因为什么原因，在遭受批评之后，沉着冷静是第一要务。面对批评，人的第一反应往往是情绪激动，并试图为自己的过失寻求开脱和辩解，特别是在受到误解时，然而在情绪激动时的辩解多数会转成无谓争吵，跟上司吵架显然是不明智的。你的激动会强化对方的情绪激动，而你的冷静可能会在一定程度上平息对方的怒气。让批评你的上司平静下来，对你是有利的。也只有冷静，才能让自己对此事件中的表现做出及时、客观的自我评价。

2. 受到批评时不能当面顶撞上司

一般来说，作为领导，在批评员工时，基本都会本着“惩前毖后，治病救人”的原则以及坦诚和负责的态度。因此，我们也就没有必要过度紧张，也没有必要有太多的想法。所以受到批评时，你跟上司纠缠、争辩，“寸土必争”“寸理不让”，非要分个高低，实在没有必要。在犯了错误之后，则要本着“有则改之，无则加勉”的态度去对待领导的批评，有错误要勇于承认，千万不要推卸责任，捏造事实编造假象，甚至恼羞成怒，顶撞上级。如果确有冤情，确有误解怎么办？可找合适的时间表白一下，点到为止，让领导明白即可。即使领导没有立即为你“平反昭雪”也完全用不着纠缠不休。因为这种斤斤计较型的部下，是最让领导头疼的。

3. 挨批评后注意事后沟通

受到上司的训斥以后心情极度糟糕，如果回到自己的部门后牢骚满腹，甚至对同事和下属乱发脾气，他们只能对你敬而远之，这也会影响自身的形象。合理的方法是回到自己的部门后把事情的来龙去脉理清楚，找出问题出在哪里。如果你确有冤情，可再找机会向上级澄清即可。

小故事

陈嘉是某公司的文员，在快到春节的时候，经理交给她一大堆名片，并亲自挑选了很多精美的明信片，要她按照名片逐一打印寄出。陈嘉在接过名片时，曾提醒经理将地址已发生改变或在业务上已没有往来的客户挑出来，但经理不耐烦地说："你别管，把所有名片都寄出去就是了！"

两天后，当陈嘉把打印好的明信片交给经理过目时，经理却大声指责她将一些已经不在中国的客户错误地打印在了"最精美"的明信片上。陈嘉觉得很委屈，回去后，她大哭一场，可心里还是别扭，以致影响到了工作。后来陈嘉利用休息时间去拜访经理，坦诚地说出内心的想法。结果令陈嘉出乎意料，高高在上的经理竟向她诚恳地承认了错误。从此，他们二人在工作上配合得相当默契，公司创造了显著的业绩。

（四）如何防止和克服"越位"

正确认识自己的社会角色、地位，真正做到出力而不"越位"，这是处理好上下级关系的一项重要艺术。"越位"是下级在处理与上级关系过程中常发生的一种错误。其主要表现如下几个发面。

1. 决策越位

决策作为领导活动的基本内容，处于不同层次上的领导者其权限不同。有的决策可以由下级作出，有些则必须由上级作出。如果该上级做出的决策而下级却做了，就是超越权限的行为。

2. 表态越位

表态，是表明人们对某件事的基本态度，一般与一定的身份相联系，超越身份胡乱表态，是不负责的表现，是无效的。一般说来，如果单位之间交涉问题，对带有实质性问题的表态，应由上级或上级授权才能进行。而有的人作为下级，上级尚未表态也未授权，他却抢先表明态度，造成喧宾夺主之势，陷领导于被动之中。

3. 干工作越位

哪些工作应该由谁干，这里面有时也有几分奥妙。我们应该做权限范围内的工作，越俎代庖就会适得其反。有的人就是不明白这一点，本来由上级出面更合适的工作，他却抢先去做，从而造成干工作越位。

4. 答复问题越位

有些问题，往往要有相当权威的人士才能答复，但是有的人明明缺乏这种权威，却擅自答复，这其实也是越位。

5. 某些场合越位

有些场合（如同客人应酬、参加宴会）也应适当突出上级，有的人作为下属，张罗过欢，突出自己过多，也会造成越位。我们在处理与上级关系时，很有必要注意在一些大场合少突出自己，才能避免场合越位现象。

从上述五个方面注意不要出现越位行为，才能真正做到“主动而不越权”。

案例分析

案例一

不懂拒绝的霞

霞刚进公司就碰上一位对公司来说相当重要的国外客户。谈判伊始，对方就拿出一些国际惯例跟她谈。由于双方的文化背景、思维方式、运作存在着较大差异，谈判很快陷入僵局。但霞是那种绝不轻言放弃的人，她一遍又一遍地研究对方的资料，挖掘对方的弱点，用自己的认真和敬业来感化对方，一星期下来，终于扭转了局面，使谈判成功，霞也欣然接受了顶头上司吃饭的邀请。

霞说：“我当时的高兴劲儿，真可以用眉飞色舞来形容。在上司面前也顾不上矜持，吃过饭，他邀我去跳舞，我也爽快地答应了。”

从此，上司便经常请她吃饭、泡酒吧、打保龄球、逛珠宝店，借口多半是庆祝霞的出色表现和突出业绩。有时霞并不想去，但看到上司诚恳的眼神，又想想他是自己的上司，总是不好意思拒绝。上司每次出差都会给她带回一些精致的小礼物，这当然逃不过外人的眼睛。一来二去，同事便在背后议论她和上司的事，这其中不乏对霞的出色表现心怀嫉妒者。为此霞烦恼不已，以至相恋两年的男友听到传闻后也来找她理论。他怀疑好强的霞一定是利用了上司的私人感情才做出那么骄人的成绩。霞怎么解释他也听不进去，最终两人只得分手，霞由于情绪低落，业绩下滑，也被炒了鱿鱼。

阅读上述案例，讨论下你认为霞主要的问题出在哪儿？你觉得她该怎么做比较合适？

案例二

聪明的罗军

罗军是某公司的销售主管，他能力出众，性格热情，刚到公司半年就成了公司里的销售明星，颇得大老板赏识，大老板总在会议上夸赞他，并号召大家向他学习。这种情况下，直接上司的态度越来越古怪了，在公司里对罗军是爱答不理；但罗军只要出了公司，不管是在拜访客户还是去拜访客户的路上，甚至在晚上10点请客户吃饭的时候都会接到他的“关心”电话：“这个客户联系到哪一步了？他觉得我们公司怎样？他对合同还有什么不满意的？他对价格还有异议吗？……”

最初的抱怨过后，罗军开始想办法。鉴于上司是怕自己弄权，所以他的第一招就是主动接近上司，把自己的每一个计划告诉上司，并故意留下破绽装成很笨的样子请教上司；老板再夸他的时候，罗军就谦虚地归功上司，说强将手下无弱兵，自己的业绩都是上司调教出来的等客套话。种瓜得瓜，慢慢地罗军发现上司的态度多云转晴了，似乎放了心的上司，开始告诉罗军，不要这么婆婆妈妈的，大部分事情他自己可以做决定——当然，罗军也懂得，做完决定再到上司那里备个案，一直遵循着多汇报工作进展，不擅作主张等明哲保身职场潜规则的罗军在后来成了上司最倚重的下属。

在组织中与上司的沟通必不可少，这则案例中罗军的哪些做法给你留下了深刻印象？从罗军身上你获得的最大的启发是什么？说说看。

案例三

约翰的人事调动

约翰所在的公司要进行人事调动，负责人罗伯特对约翰说："把手下的工作放一下，去销售部工作，我觉得那里更适合你。你有什么意见吗？"

约翰撇了撇嘴，说："意见？您是负责人，我敢有意见吗？！"实际上他的意见大得很。当时销售部的状况特别糟糕，他想："这一次人事变动把我调到那个最不好的部门去，肯定是负责人罗伯特搞的鬼，见我工作出色就嫉妒得要死，怕抢了他的位置。好，你就等着瞧吧，我会让你难堪的。"

来到销售部以后，约翰的消极情绪非常严重，总是板着一副脸孔，对同事爱理不理，别人主动和他打招呼，他只是应付地点一下头，一来二去，同事们渐渐疏远了他。

有一天，一个客户打来电话，请约翰转告罗伯特，让罗伯特第二天到客户那里参加洽谈会，请罗伯特务必赶到，有非常重要的生意要谈。约翰认为这是个绝好的报复机会，就当成什么事也没发生一样，吹着口哨溜达着回家了。

第二天，罗伯特将他叫进办公室，严厉地说："约翰，客户那么重要的电话你怎么不告诉我？你知道吗？要不是客户早晨打电话给我，一笔一千万美元的大生意就白白地溜走了！"罗伯特看了看约翰，见他一副毫不在意的样子，根本没有承认错误的迹象，便说："约翰，说实在的，你的工作能力还不错，但在为人处世方面还不够成熟，我本想借此机会锻炼你一下，可你却让我大失所望。我知道你心里对我不满，而你非但不与我沟通，反而暗中给我使绊子。你知道吗，部门的前途差一点儿毁在你的手里。你没能通过考验，所以我现在只能遗憾地宣布：你被解雇了！"

请大家认真阅读上述案例，讨论下列问题：

（1）罗伯特与约翰的沟通属于哪种类型？

（2）你认为约翰最终被解雇的主要原因是什么？

（3）如果你是约翰，面对这样的人事调动，你认为怎样做更合适？

任务三　如何与下属沟通

任务目标

了解与下属沟通的必要性，掌握与下属沟通的若干技巧。

参考学时　1学时

引导活动　情景模拟——主管与职员

情景描述

在某一个极度繁忙的下午，某一女职员突然要求告假2小时回家，因为家具店将送一批家具到家里，她必须回家开门并点收。面对这种情况，一般无经验的管理者通常会采取下面两种对策之一：一是断然拒绝这种不合时宜的要求，不理会她的感受；二是因担心触怒她，或是想充好人而勉强接受她的要求。

活动要求

请大家以小组为单位讨论如下问题：

（1）假如你就是领导，面对员工的这种要求，你认为怎么做比较合适？

（2）挑选两个组员根据你们讨论的对策进行情景模拟。

（3）学员评选最佳表演奖，最佳解决方案奖。

（4）教员点评。

知识支撑

一、与下级进行沟通的必要性

在日常生活中，上下级出现沟通问题屡见不鲜。领导者在处理人与人之间的各种矛盾时谴责、贬斥、误解，或是以一种“我是领导我怕谁”的态度对待别人，都会把事情搞糟。这类情况，即使在最大、最有名的公司里，也是司空见惯的。

只有有能力进行有效沟通的领导，才能真正激励员工，从而成就自己，成就事业。

小故事

美国银行现任总裁史蒂芬·盖瑟曾经亲身体会了作为领导者与下级沟通的重要性。盖瑟少年得志，20世纪80年代末期，大学刚毕业的他就在一家大规模的投资公司任业务主管。他在洛杉矶西区拥有住宅，又开着一辆奔驰，而他当时不过25岁。此时他自认为是商业神童，可谓呼风唤雨，要什么有什么，而且在他人面前毫不掩饰这种自大的态度。

但是，20世纪90年代以后美国经济开始萎缩，裁员的风暴毫不留情地刮了起来。起初，他还不以为然，认为这与自己无关。可没想到有一天，老板对他说：“史蒂芬，你的能力没话讲，可是问题出在你的态度上，公司里没有人愿意与你配合，我恐怕必须请你离开公司。”这真是晴天霹雳，像他这样的优秀人士居然被开除了！此后，经过几个月求职的挫折，他以前那种自大的态度已荡然无存，只剩下一层结结实实的恐惧。

因为以前自己对人的态度恶劣，这个时候当然也就无处投靠、无人倾诉。他当时简直就要崩溃了！

盖瑟终于意识到应该对他人感兴趣，做有效的沟通，并帮助那些处境比自己还糟的人。他换了一种态度去待人，变得更有人情味、更可爱、更能共事了。周围的人也开始关心他。三年后，他又回到高级主管职位，只不过这一次，周围的同事都是他的朋友了。

通过这个故事可以看出在工作和生活中，我们无时无刻都要同别人打交道，这些是很好的沟通机会。一个领导者，只把自己关闭起来是成就不了事业的，因为再高明的主意，不拿出来与下级沟通并付诸实践也只是空想。真正有效的沟通并不会妨碍工作，相反通过沟通，管理者可以得到员工对商务组织决策和组织变革的认同、谅解和拥护，能够创造良好的组织文化和沟通氛围。

二、与下属沟通的技巧

1. 让员工对沟通行为及时做出反馈

沟通的最大障碍在于员工误解或者对管理者的意图理解得不准确。为了减少这种问题的发生，管理者可以让员工对管理者的意图做出反馈。比如，当你向员工布置了一项任务之后，你可以接着向员工询问：“你明白我的意思了吗?”同时要求员工把任务复述一遍。如果员工出现了差错，应及时进行纠正。

2. 对不同的人使用不同的语言

在同一个组织中，不同的员工往往有不同的年龄、教育和文化背景，这就可能使他们对相同的话产生不同理解。另外，由于专业化分工不断深化，不同的员工都有不同的“行话”和技术用语。因此管理者应根据沟通对象的不同使用不同的语言，以求得最高效的结果。

3. 积极倾听下属的发言

沟通是双向的行为。要使沟通有效，双方都应当积极投入交流。当下属发表自己的见解时，管理者也应当认真地倾听，这一点非常重要。William.R.Tracey曾在《关键技能》一书中建议人力资源经理花65%的时间倾听，25%的时间发言，余下的10%的时间才用于阅读和写作。美国著名的“玛丽·凯化妆品公司”创始人玛丽·凯说：“一位优秀的管理人员应该多听少讲，也许这就是上天为何赐予我们两只耳朵，一张嘴巴的缘故吧。”

4. 注意恰当地使用肢体语言

在倾听他人的发言时，还应当注意通过非语言信号来表示你对对方的话的关注。比如，赞许性地点头，恰当的面部表情，积极的目光相配合；不要看表，翻阅文件，拿着笔乱画乱写。如果员工认为你对他的话很关注，他就乐意向你提供更多的信息；否则下属有可能把自己知道的信息也怠于向你汇报。

研究表明，在面对面的沟通当中，一半以上的信息不是通过词汇来传达的，而是通过肢体语言来传达的。要使沟通富有成效，管理者必须注意自己的肢体语言与自己所说的话的一致性。

5. 注意保持理性，避免情绪化行为

在接受信息的时候，接收者的情绪会影响到他们对信息的理解。情绪能使我们无法进行客观的理性的思维活动，而代之以情绪化的判断。管理者在与下属进行沟通时，应该尽量保持理性和克制，如果情绪出现失控，则应当暂停进一步的沟通，直至恢复平静。

6. 减少沟通的层级

人与人之间最常用的沟通方法是交谈。交谈的优点是快速传递和快速反馈。在这种方式下，信息可以在最短的时间内被传递，并得到对方的回复。但是，当信息经过越多人传送时，信息失真的可能性就越大。每个人都以自己的方式理解信息，当信息到达终点时，其内容常常与开始的时候大相径庭。因此，管理者在与下属进行沟通的时候应当尽量减少沟通的层级。越是高层的管理者越要注意与下属的直接沟通。当然减少沟通的层次，可以通过多种渠道来实现。比如设立公司见面会制度、公开领导邮箱、利用BBS、精简组织机构等方式和手段。

案例分析

案例一

主管马林的问询

小刘刚办完一个业务回到公司，就被主管马林叫到了他的办公室。

“小刘哇，今天业务办得顺利吗？”

“非常顺利，马主管，”小刘兴奋地说，“我花了很多时间向客户解释我们公司产品的性能，让他们了解到我们的产品是最适合他们使用的，并且在别家再也拿不到这么合理的价钱了，因此很顺利就把公司的机器，推销出去100台。”

“不错，”马林赞许地说，“但是，你完全了解客户的情况了吗，会不会出现反复的情况呢？你知道我们部门的业绩是和推销出的产品数量密切相关的，如果他们再把货退回来，对于我们的士气打击会很大，你对于那家公司的情况真的完全调查清楚了吗？”

“调查清楚了呀，”小刘兴奋的表情消失了，取而代之的是失望的表情，“我是先在网上了解到他们需要供货的消息，又向朋友了解了他们公司的情况，然后才打电话到他们公司去联系的，而且我是通过你批准才出去的呀！”

“别激动嘛，小刘，”马林讪讪地说，“我只是出于对你的关心才多问几句的。”

“关心？”小刘不满道，“你是对我不放心才对吧！”

请问在上述案例中谁做错了？为什么做错了？如果你是当事人，你觉得怎样做更合适？

案例二

下属与老板的两段对话对比

对话一：

下属：嗨！老板，我刚听说又要更换颜色，那么我们刚持续生产了30分钟，又要把设备拆洗一遍，我和伙计们都不情愿。

老板：Bubba，你和你的伙计们最好别忘了谁在这儿说了算，该做什么就做什么，别再抱怨了。

对话二：

下属：嗨！老板，我刚听说又要更换颜色，那么我们刚持续生产了30分钟，又要把设备拆洗一遍，我和伙计们都不情愿。

老板：你们真的为此感到不安吗，Bubba？

下属：是的，这样我们得多做许多不必要的工作。

老板：你们觉得这类事情实在没必要经常做是吗？

下属：嗯，也许像我们这种一线部门没法避免临时性变动，有时我们不得不为了某个特殊顾客加班赶订单。

老板：对了，在现在的竞争形势下，我们不得不尽一切努力为顾客服务，这就是为何我们都有饭碗的原因。

下属：我想你是对的，老板，我们会照办的。

老板：谢谢，Bubba。

请以小组为单位讨论下，该案例中涉及的两段对话有何不同？你认为哪段对话的沟通效果好？为什么？

案例三

张经理的沟通经验

某公司张经理在实践中深深体会到，只有运用各种现代科学的管理手段，充分与员工沟通，才能调动员工的积极性，才能使企业充满活力，在竞争中立于不败之地。

首先，张经理直接与员工沟通，避免中间环节。他告诉员工自己的电子信箱，要求员工尤其是外地员工大胆反映实际问题，积极参与企业管理，多提建议和意见。经理本人则每天上班时先认真阅读来信，并进行处理。

其次，为了建立与员工的沟通体制，公司又建立了经理公开见面会制度，定期召开，也可因重大事情临时召开，参加会议的员工是员工代表、特邀代表和自愿参加的员工代表。每次会议前，员工代表都广泛征求群众意见，提交经理公开见面会上解答。1998年12月，调资晋级和分房两项工作刚开始时，员工中议论较多。公司及时召开了会议，厂长就调资和分房的原则、方法和步骤等做了解答，使部分员工的疑虑得以澄清和消除，保证了这两项工作的顺利进行。

请你分析张经理与员工在沟通方式上所做的选择，这些方式有何特点？沟通的主要内容是什么？从这个沟通案例中，分析管理者在沟通中所起的作用。

任务四　如何与同事沟通

任务目标

清楚工作中与同事沟通的基础，掌握与同事沟通的若干技巧。

参考学时　1学时

引导活动　从同事到冤家

情景描述

陈正是公司市场部的一名员工，为人比较随和，从不与人争执，和同事的关系相处得比较好。但是前一段时间，不知道为什么，与他同一部门的、本来没有任何冲突的张林老是和他过不去，有时候还故意在别人面前说他的不是，甚至还在客户面前说他的缺点，并且还抢了他的几个客户。

起初，陈正觉得都是同事，没什么大不了的，忍一忍就算了。但是，看到张林越来越嚣张，陈正一气之下，告到了经理那儿。结果是：经理把张林批评了一通，从此，两人成了冤家，形同陌路。

小组讨论

1. 陈正与张林的关系出现转变后，陈正应该采取什么样的沟通方式？
2. 在经理那边告状对二人的关系产生什么样的影响？
3. 如果你是陈正，你应该如何解决这种沟通矛盾？
4. 经理处理问题的方法是否妥当？有更好的办法吗？

知识支撑

在职场，一个人想获得成功，要靠集体的力量，没有他人的理解与工作中的配合，事业是很难成功的。因此与同事沟通对一个职场中人来说是成功的关键因素。下面就来说说如何与同事沟通。

一、与同事沟通的基础

1. 要以诚相待，平等对待同事

真诚是人与人相处的根本，沟通的有效性在于真诚，“精诚所至，金石为开”。对方认可了你的真诚，沟通就有了良好的基础。在工作中，无论是什么样的同事，你都应当平等对待，互帮互助，建立和谐的工作关系。

2. 要学会尊重同事

有效的沟通必须做到尊重和理解，不是所有的沟通都能使彼此同意对方、达成共识，意见分歧、观点对立是常有的事，重要的是尊重和理解。彼此尊重，从自己先做起，宜采用商谈、讨论以及提出建议的方式，而不能以“命令”或责怪的口吻把自己的想法强加于沟通对象。

3. 对同事要宽容

我们的世界因多元化而精彩。要容许形式的多样性，风格的多样性，存在方式的多样性。宽容就是尊重个性，不能强求一律。要学会积极主动地适应别人的性格特点；容忍别人有和你不同的见解和感受，体谅别人的处境；在心理上接纳别人，学会欣赏别人。只有你欣赏别人，别人才会欣赏你。

二、与同事沟通的技巧

1. 灵活表达观点

和同事意见相左，或看到同事有明显错误或缺点，如果无伤大雅，不关原则，大可忽视，不必斤斤计较。即便是确有必要指出，也要考虑时间、地点和对象的接受能力，委婉指出。如果过于直率，即使你是实话实说，也不会受到欢迎。沟通中的语言至关重要，应以不伤害他人为原则，不用直言伤害的语言；要用鼓励的语言，不用斥责的语言；用幽默的语言，不用呆板的语言等。

2. 赞美常挂嘴边

同事的进步，要适时关注，适当赞美，同事的微小变化也要注意发现。要时常面带微笑，对他人微笑本身就是一种赞美。微笑的魅力是无穷的，每次走进办公室，抬头挺胸，微笑着向同事问好，情绪是会感染他人的。只有这样，别人才愿意与你交往。

3. 务必要少争多让

不要总是去争什么荣誉，你如果帮助同事获得荣誉，他会感激你的功绩和大度，要远离争论，对一些非原则性的问题，切忌去争什么你输我赢，否则，其结果只能是双方受到伤害，百害而无一利。

4. 与同事勤联络

在同事交往中，可能会有相处要好的，则形成了自己的交际圈。在激烈竞争的现实社会中，空闲的时候给同事打个电话、发个电子邮件、发个微信，哪怕是只言片语，同事也会心存感激。对进入自己人际圈的同事要常常联络，一个电话、一声问候，就拉近了彼此的距离。

三、与同事沟通的忌讳

1. 切忌背后打小报告

尊重别人的隐私是保护自己的最好方法。绝不能把同事的秘密当作取悦别人或排挤对方的手段，害人之心不可有。以宽容、平和的心对待别人的隐私，是在为自己减少惹来不必要的危险和烦恼的机会。

2. 切忌将所有责任背上身

很多人不会拒绝同事的请求，怕得罪人，企图在办公室作一个老好人，这样的想法是错误的。谨记自己不是“超人”，公司并不会要求你解决所有难题。所以最好专注去做一个比较重要和较紧急的工作，这比每件工作都弄不好要理想得多。委婉地道出你的苦衷，说出你的原则，必能获得同事的谅解，赢得对方的尊重。

3. 和同事交朋友一定要谨慎

和同事过于亲密，就容易让彼此有过高的期望值，就很容易惹麻烦，容易被误解。把朋友的这种感情带到同事中来，在有些情况下是可行的，但是在某些情况下则不太容易处理好。如果感情掺杂在同事关系中，有时候会把事情弄得更糟。另外，在办公室的利益冲突下生长的友谊有时候很脆弱，很容易受伤。同事情是一种感情，朋友情是另一种感情。最好和某些同事保持一定的距离，这里并不是排斥友谊，而是要遵守同事间的游戏规则。

案例分析

案例一

打小报告不会为你加分

王凯和李冰同在一家公司工作。李冰在公司人缘极好，他不仅技能精湛，而且总是笑脸迎人，和同事和谐相处，乐于帮助别人，同事对他的评价很高。

一天，王凯有事找经理，到了经理门口时，听到里面正在说话，并且依稀有李冰的声音，他听到李冰正在向经理说同事的不是，平时很多不起眼的小事被李冰添油加醋地说着，并且还说到自己的坏话，借机抬高他本人。王凯不由得一阵厌恶。

从此以后，王凯对于李冰的一举一动，每一个表情，每一句话都充满了厌恶和排斥感，他无论表演得多好，说任何好听的话，王凯都对他存有戒心。而经理对李冰的态度也发生了变化，他对李冰很冷淡，因为他有一双眼睛，他发现有些事并非像李冰所说的那样严重，他觉得李冰的人品有问题，因而在内心已生厌恶之感。

请对上述案例中李冰的做法进行讨论，从这个案例中你有什么感受。

案例二

职场需要委婉的表达

刘小姐工作多年了，各种事情遇到很多，但是她经常得罪人。原因是她的心里搁不住事，有什么就说什么，从不会隐瞒自己的想法。

有的同事把茶水倒在纸篓里，弄得满地都是水，她会叫他不要这样做；有的同事在办公室抽烟，她会很反感，请他出去抽；有的人爱没完没了地打电话，她就告诉她不要随便浪费公司的资源……她这样做是好心，因为上述情况如果让经理看到了，免不了会受到批评。

可是，好心没好报，她这样做的结果是把同事们都得罪了。每个人对她有一大堆的意见，甚至大伙一起去郊外游玩也故意不叫上她。有一次她实在很生气，就向经理反映，没想到经理也没有对她表示认同，弄得她在公司里更加被动。她很想不通，明明我是实话实说，为什么结局会这样？难道做人就一定要虚伪吗？

通过这则案例，你对于刘小姐的做法赞同吗？谈谈你的看法。

任务五　如何与客户沟通

任务目标

了解何谓客户，掌握与客户沟通的若干实用技巧，并从细节入手提升服务质量。

参考学时　2学时

引导活动　情景模拟——销售中的异议

一、游戏规则和程序

1. 以小组为单位进行下列场景的模拟演示。

2. 从小组中选出4人，两两组合，进行演示。组合中一个是A，扮演销售人员，另一个是B，扮演顾客。

3. 场景说明：

场景一：A现在要将公司的某件商品卖给B，而B则想方设法地挑出本商品的各种毛病，A的任务是一一回答B的这些问题，即便是一些吹毛求疵的问题也要让B满意，不能伤害B的感情。

场景二：假设B已经将商品买了回去，但商品现在有了一些小问题，需要进行售后服务。B要讲一大堆对于商品的不满，A的任务仍然是帮他解决这些问题，提高他的满意度。

4. 表演结束后，如果时间允许，可以交换角色，然后再做一遍。

5. 将每个组的问题和解决方案公布于众，选出最好的组给予奖励。

二、相关讨论

以小组为单位讨论下列问题：

对于A来说，B的态度让你有什么感觉？在现实的工作中你会怎样对待这些顾客？

对于B来说，A怎样才能让你觉得很受重视，很满意，如果在交谈的过程中，A使用了“不”“你错了”这样的负面词汇，你会有什么感觉？谈话还会成功吗？

三、总结

对待客户最好的方法就是要真诚地与他们沟通，站在他们的角度思考问题，想方设法地替他们解决问题；能够解决的问题尽快解决，不能解决的也要对顾客解释清楚，并且表示歉意。在与客户的交流中，需要特别注意语言的选择和非语言的肢体表现。

知识支撑

作为职业人，组织外的沟通重点便是与客户的沟通。只有与客户高效沟通，才能及时发现客户需求，为客户提供优质的服务，更好地推销商品，增加企业利润，进而提升企业知名度。人与人不同，如何与客户沟通是一门很深的学问，需要我们不断地努力和学习。下面就简单来谈谈如何与客户沟通。

一、何谓客户

目前随着竞争越来越激烈，企业已经清楚地认识到“客户就是上帝”对其生存和发展的意义。如何在交往中与顾客有效沟通并建立长久联系，越来越成为企业在竞争中取胜的决定性因素。

通常我们把客户限定为“公司外部依赖你提供服务的人”，这仅仅是客户的一层含义。通过扩展，客户不仅可以是外部的，也可以是内部的。外部客户是指那些与你面对面或通过电话与你打交道的人，在你这里购买商品或要求服务的人。他们是传统意义上的客户。外部客户通常称为：顾客、客户、客人等。内部客户是指公司内部为你提供服务的人。他们不是传统意义上的客户，但是他们也需要得到你给予外部客户同样的服务。内部客户通常称为：会计部、营销部、工程部、生产人员、老板、同事、上司、部下等。内部客户与外部客户的关系构成了客户链。公司里的每一个人都在为满足客户的需求尽着自己的职责，每次同一个内部客户的交往都是在间接地为外部客户提供服务。当然我们将要探讨的重点仍然是如何与外部客户沟通。

二、与客户沟通的技巧

与客户沟通的技巧，涉及的知识面很广，可以说这是一门博大精深的学问，所以很难用一两句话可以讲得很透彻。目前市面上讨论这方面的书籍也很多，此处仅对与客户沟通时通用的一些小技巧进行简要说明。

1. 要对客户显示出真诚、积极的态度

一般来说，你对别人什么态度，别人对你也是什么态度，因此，想要尽快与客户沟通并建立联系，应对客户显示出积极的态度。通常商务人员可以从外在形象、身体语言、说话的语气、保持精神饱满几个方面进行努力，争取留给客户良好的第一印象。

2. 了解并尽力满足客户的需求

不同的客户需求是多种多样的，这些需求有生理上的也有心理上的。我们要与客户进行有效沟通就必须对客户的需求进行了解。要了解客户的需求，首先要学会的就是善于倾听。美国人寿保险创始人弗兰克·贝特格说过“有些销售人员之所以失败，是因为他们根本不知道什么是销售的关键点。其实关键点很简单，就是：客户最基本的需求或最感兴趣的细节。”戴尔·卡耐基也说过：“在生意场上，做一名好听众远比自己夸夸其谈有用得多。如果你对客户的话感兴趣，并且有急切想听下去的欲望，那么订单通常会不请自到。”在充分了解了客户的需求之后，就要尽力满足客户的需求。

小故事

一家仓储服务公司的经理陪同一位有意向的客户参观公司的仓储库房。这位客户即将有一大批设备要暂存，她对该公司的存储设备感到满意。就在经理觉得大功告成之时，女客户突然说：“我们要求将货物按不同生产日期分别堆放。”经理有些惊愕，因为无论按技术要求，还是取货便利，都是按照货物型号种类储存更好。但他随即回答：“好的，我们会努力提供能给客户的一切便利。”女客户满意地点点头说：“那就这么定了。非常感谢你们的理解，我已经联系过五个别的仓储公司，可他们无一例外地想劝说我们按货物型号分类，说这样可节省不少空间和时间。”

3. 力求使你的客户成为回头客

有统计资料显示，吸引一个客户所花的时间是保持现有客户所需时间的六倍。因此，在满足客户的需求后，还要促使其成为回头客。维系客户的方法主要有：

（1）搜集客户信息，建立客户档案。从第一次和客户接触时就有意识地搜集客户基本资

料，然后不断地完善。客户档案一般应包含这样的信息：客户的姓名、性别、年龄、生日、工作单位、地址、E-mail、兴趣爱好、家庭成员、联系电话、身份证号码、体质类型、健康状态；每一次商谈的内容、购买的商品、规则、数量、购买时间、产品消费记录、投诉记录、投诉处理结果等。

收集到这些信息后，还要对数据进行检查、挑选、修改和更新，以保证数据的可靠性、真实性与及时性。

（2）采用多种方式，与客户保持联系。其实，对客户的售后维系花不了你太多的时间，关键是让客户感觉到你没有忘记他们。最好做法就是为其提供附加服务，如一个祝福的电话，在客户生日时，给予小礼物祝贺；当老客户购物超过一定数目时，给予价格上的优惠等。总之，附加服务是给老顾客以额外的价值和惊喜。这样的销售策略会使老顾客体会到自身的重要性，才能与客户建立长久的合作和联系。

4. 根据与客户沟通的媒介不同采用不同的沟通技巧

现代沟通媒介众多，组织与客户的沟通在渠道上的选择也很多，但每种媒介其具有不同的特点，因而应注意沟通媒介不同，沟通技巧也应有所变化。比如用电话，要注意电话沟通技巧和电话礼仪，用网络要注意网络沟通中存在的问题。

5. 无法满足客户需求时，应委婉地礼貌拒绝

当你无法满足顾客的需求时，你不得不说“不”时，你可以将生硬的拒绝转变为服务性的、礼貌性的拒绝。例如，当有人到你的服装店买衣服，恰巧缺货，这时你可以对顾客说：“真抱歉，我们这里暂时没有您想要的这种款式。我所能做到的是将您想要的衣服记下来，当货到时通知您或给您寄去。假如您愿意的话，您只要交付一定的押金，并留下您的联系方式给我，以便我能填写订单，或到时能尽快通知您或寄给您。”

6. 换位思考，用心与每位客户沟通

在与客户沟通中，只有技巧没有心是行不通的，所以要想达到高效沟通的效果，用心体会对方的心情，换位思考，懂得移情他人是非常重要的。在工作中有时会遇到比较难对付的客户，在这种时候，要努力做到让客户发泄，认真倾听，平复对方的情绪，并换位思考，主动帮其解决问题，协商解决方案，切不可态度恶劣，对客户产生负面评价，急于推卸责任。

三、与客户沟通需要注意的具体细节

细节决定成败，只有注重细节，才能更好地服务客户。

1. 与客户沟通五点注意事项

（1）准时。

（2）言而有信。

（3）承诺要留有余地。

（4）给予客户选择的机会。

（5）对客户的想法表示理解。

2. 接待客户有“九避免”

（1）避免说：“我不知道”，应该说：“我想想看”。

（2）避免说：“不行”，应该说：“我想做的是……”

（3）避免说：“那不是我的工作”，应该说：“这件事可以由×××来帮助你”。

（4）避免说："我无能为力"，应该说："我理解你的苦衷"。
（5）避免说："那不是我的错"，应该说："让我来看看该怎么解决"。
（6）避免说："这事你应该找我们领导说"，应该说："我请示一下领导，看这事该怎么办"。
（7）避免说："你要求太过分了"，应该说："我会尽力的"。
（8）避免说："你冷静点"，应该说："我很抱歉"。
（9）避免说："你再给我打电话吧"，应该说："我会再给您打电话的"。

3. 商业机构不当的无声语言及标识

（1）把停车场设在离接待处最远的地方，自己方便了，客户不方便。
（2）接待处无人或上锁。
（3）接待处没有座位。
（4）顾客排长队，而只安排少量人慢腾腾地服务。
（5）顾客按约定时间来到，却无人接待，无人听说过。
（6）无人负责给客户回信等。

有些商业机构生硬标识也不宜出现，如：
（1）禁止倚靠。
（2）禁止触摸。
（3）禁止拍照。
（4）不收信用卡，不收支票，概不退款。
（5）不准带包进入。
（6）不准搬动椅子。
（7）售出商品概不退换。
（8）营业场内不准吃东西。

4. 如何应对"难以对付的客户"

（1）顾客怒气冲冲，很可能是因为他们的需要没有得到满足。
（2）仔细、耐心倾听并理解顾客的讲话是解决问题的关键。
（3）如果不设身处地地体谅顾客，就难免麻烦。
（4）耐心向顾客介绍产品知识，使他们打消顾虑和不满。
（5）解决问题的办法很多，你应该找一个令顾客满意又不使公司利益受到损失的办法。
（6）你不能做到令所有顾客都满意，但你可以尽量同他们协商。

案例分析

案例一

威伯的电力推销

在20世纪30年代，电力并不像现在一样被所有美国人所认可，对于那些身处偏僻乡村的人来说，电力简直简直就是一种奢侈而无用的东西。可是，就是在这种情况下，某电气公司的电力推销员威伯与很多乡村客户建立了十分友好的关系，他的销售业绩一度居于该电气公司的首位。

威伯曾经到一所富有的农家销售电力，给威伯开门的是一位老太太，——这家的女主人。当得知威伯在推销电力时，老太太把威伯推出了门，然后任凭威伯再三恳求，老太太也不肯开门。

第二天，威伯继续到这家叫门。老太太从窗户中看到仍然是电气公司的销售员时，依旧不客气地把威伯挡在门外。威伯只好在门外与老太太进行沟通，他说："真是不好意思，我知道您对用电不感兴趣。所以这次并不是来推销电的，而是来向您买些鸡蛋。"听到这些，老太太把门开了一点，他继续说："很多人都说您这里的鸡蛋是全村最好的，我想买一些新鲜的鸡蛋回城。"说完之后，威伯停顿了一会儿，他想看看老太太的反应。

老太太果然对威伯的话很感兴趣，她把门开得更大了一点，并且问威伯："为什么不回城里买鸡蛋?"

威伯诚恳地回答："城里的鸡蛋哪里有乡村的鸡蛋好吃？而且我太太就喜欢您这里的鸡蛋，她说您这里的鸡蛋又好吃又好看，而且保证新鲜，所以她特地让我到您这里购买一些鸡蛋回去。"

听到对自己的夸奖，老太太十分高兴，他打开家门邀请威伯到家里坐坐。威伯表示，想要到鸡舍看看。来到鸡舍之后，他们继续聊有关鸡蛋和鸡的事情，威伯恰到好处的夸奖已经让老太太把他视为知己了。老太太还主动向威伯介绍了许多养鸡的经验，威伯认真听着，并且时不时地问一些问题。后来威伯寻找到一个机会，假装不经意的向老太太提出建议："如果能用电灯照明的话，那么鸡蛋的产量将会更高。"这时，老太太已经不再对有关电的问题那么排斥了，她反而向威伯询问了一些有关用电的问题，威伯给予了认真的解答。同时，威伯告诉老太太："其他乡村的一些养鸡户已经把电接到鸡舍中，据说已经使鸡蛋的产量得到提高。您可以到这些养鸡户家中去了解一些情况。"

之后，威伯带着新鲜的鸡蛋回去了，老太太热情地把他送到了大门外。不到半个月，威伯再次来到老太太家中，只不过这次他是带着施工人员来为老太太的鸡舍接通电线的。

通过这个案例，对于如何与客户沟通你有哪些感受？请大家以小组为单位讨论，并把每人的感受一条一条地记录下来，看看哪个组的思维最活跃。

案例二

巧对顾客投诉

一位怒气冲冲的顾客来到乳制品公司，声称他在食用该公司生产的奶粉中发现了一只苍蝇，他要求该公司为此进行索赔。但事情的真相是，该公司的奶粉经过了严格的卫生处理，为了防止氧化作用特地将罐内的空气抽空，再充入氮气密封，苍蝇百分之百不能存活。过失明显在于消费者。然而，面对顾客的强烈批评，该公司的老板并没有恼怒，而是耐心地倾听。等顾客说完了之后，他才说："是吗？那还了得！如果是我们的过失，这问题就非常严重了，我一定要求工厂机械全面停工，然后对生产过程进行总检查。"接着老板进一步向顾客解释："我公司的奶粉，是将罐内空气抽出，再装氮气密封起来，活苍蝇绝不可能，我有信心要仔细检查。请您告诉我您使用时开罐的情况和保管的情况好吗？"

经过老板的这一番解释，顾客自知保管有误，脸上露出尴尬的表情，说："是吗？我希望以后别再发生类似的事情。"通过这则案例你对于处理客户投诉、与客户沟通有什么心得？

案例三

王雪的冒失

良友公司的王雪是一个新员工，她在前台负责接待来访的客人和转接电话。每天上班后一到两个小时之间是她最忙的时候，电话不断，客人络绎不绝。一天，有一位与人力资源部何部长预约好的客人提前20分钟到达。王雪马上通知人力资源部，部长说正在接待一位重要的客人，请对方稍等。王雪转告客人说："何部长正在接待一位重要的客人，请您等一下。请坐。"正说着电话铃又响了，王雪匆匆用手指了一下椅子，赶快接电话。客人面有不悦。王雪接完电话，然后为客人送上了一杯水。

请分析并指出该案例中王雪在与客户沟通时有哪些方面做得不妥，以致引起了客户反感？你认为怎么做更合适？

自我测评

组织沟通能力测评

对下面每个题目，请你选择出最能表达你自己真实想法或做法的答案。

1．一位合作伙伴提出了一种新的想法。这个想法与你将要提出的想法相似，但因你还没有信心所以没有将它公开提出。根据你以往的情况，这时你最可能说什么话？

A．"这很有趣。我正准备提出一个极其相似的想法。"

B．"这个想法很好，但是无法像所介绍的那样得到贯彻。还有许多工作要做，还要对它进行认真的分析和论证。"

C．关于有类似想法的事只字不提，仅向提出者表示祝贺。

D．如果我是领导，我会鼓励其他人员来研究新的想法，或提出一些可能与之相反的新建议。

2．在会议上，每个人都在参加讨论，但有一个人保持沉默。对其沉默，你可能做出什么反应？

A．最好不去管他，并非人人都爱说话。

B．我直接向他提个问题，引他发言。

C．就他的沉默我开句玩笑。比如我说："某某人恐怕不愿将他的伟大思想贡献出来。"

D．对他说："任何想法都是有价值的，即使一些想法开始听起来有些荒唐。"

3．你负责在会议室里为下次会议安排座位，窗口处座位光线耀眼，拐角处座位要受人来来往往的影响。你最经常怎么做？

A．我肯定坐在一个背对耀眼窗户的位子上。

B．我暗地里讨厌老张，我有意给他分配窗口或拐角的座位。

C．小李是新来的大学生，有些害羞，我把最舒适的座位分配给她。

D．小吴和老赵总是支持我的发言，我把他们的座位安排在我的左右。

4．一位与会者总是在打乱别人的发言，对此你感到不快，你将如何解决这一问题？

A．直接告诉他闭口，让别人发言。

B．用他提出的想法来反驳别人的想法，以此让大家打倒他或接受他。

C．要求扰乱者进一步展开自己的想法。

D．限制每人的发言时间。

5．组成一个团队最好的方法是？选择一项回答。

A．邀请有同样兴趣的来自同一部门的人。

B．邀请来自公司不同部门和工作岗位的人。

C．将各类反对者放在一起。他们中有保守派、革新者、"刺儿头"、幻想家和求实者。

D．该团队的成员有技术人员、销售人员、组织人员和制订长期计划的人员。

6．你来组织一个班子去解决公司的一项问题。除你之外，只能选择5人，你将选择哪5人？

A．一位技术人员，他是该领域的行家。

B．一位生产专家，他知道如何把事情办妥。

C．一位懂得市场和竞争的人。

D．一位富有创造性的人。

E．一位对整个工程都提出怀疑并认为公司根本不应牵涉进这一项目的人。

F．公司会计。

G．公司律师。

H．一位计算机和数据专家。

7．你就职的公司计划新开一家海外办事处，已经有一份备忘录散发下来，要求对新办事处有兴趣的人参加一个会议。你对此邀请最可能做出什么样的反应？

A．我会无言可发。我对调动不感兴趣。

B．我去参加会议，弄不好这还是一次有趣的机会。

C．虽然我对调动不感兴趣，但我觉得我能提出一些很好的建议。

D．会议将有很多人发言，什么也谈不出。如果收到特别邀请我就去，但不积极。

E．我不知道还有谁去参加会议。在决定参不参加之前我要先打听一下。

评分标准

（1）A=1　B=3　C=4　D=2

（2）A=2　B=3　C=1　D=4

（3）A=1　B=2　C=4　D=3

（4）A=1　B=4　C=3　D=2

（5）A=1　B=3　C=4　D=2

（6）ABCDE=4　CDEFG=3　ABCEF=2　其余=1

（7）A=1　B=5　C=4　D=2　E=3

结果评价：

根据上述答案所给的分数计算出你的得分。第1/3/6/7题测试你作为一名合作伙伴的水平。这四题的最高得分是17分。第2/4/5题测试你作为一名组织者的方法。这三题的最高分是12分。我们将得分结合起来，为的是使测试的分类不太明显而更接近真实。你可以将两组测试分开，看看每一组的得分情况。整个测试的最高分是29分，最低为7分。

如果你的得分在22~29分，表明你具有出色的合作和组织能力，两者的能力互相重叠。

如果你的得分在15~21分，表明你的合作和组织能力较为一般。

如果你的得分在7~14分，表明你的合作和组织能力较差，需要注意这方面的培养和训练。

项目六 团队沟通

我们常说："团结就是力量""人心齐，泰山移"。在如今国际竞争日益激烈的大背景下，创建高素质的团队，弘扬团队精神已经具有极其重要的意义。而无论是团队的领导或成员，只有掌握团队沟通的技巧，才能保证团队的工作效率。

任务一 团队的特征、类型及成员分析

任务目标

理解团队的含义、掌握团队的特征和类型，明确培养团队精神的重要性。

参考学时 2学时

引导活动 《西游记》中的团队角色分析。

活动要求

西游记中，唐僧、孙悟空、沙和尚、猪八戒去西天取经的故事，是大家都耳熟能详的，许多人会被这个群体中四位性格各异，兴趣不同的人物所感染。人们不禁会诧异：这样4个在各方面差异如此之大的人竟然能容在一个群体中，而且还能相处得很融洽，甚至能做出去西天取经这样的大事情来。难道这是神灵、菩萨的旨意，而绝非凡人力量所能及吗？

请以小组为单位讨论分析下师徒四人在团队中的角色。如果要裁员，你认为可以裁掉谁？为什么？

知识支撑

一、何谓团队

所谓团队，是指按照一定的目的，由两个以上的组织成员所组成的工作小组，他们分工合作，沟通协调，齐心协力并共同承担失败责任。

团队与群体是不同的概念，群体，在英文中为Group，团队，在英文中为Team。群体的范围比较大，它是一群人的集合，成员数量可多可少，沟通效率可高可低，群体可能会有好的表现，也有可能只是一群乌合之众，不具备高度的战斗能力。但团队通常是由少数人组成的，具有高度竞争力、战斗力、高效沟通能力的群体，成员之间相互信任、技能互补，互相协作（Team spirit）。

小故事

德国科学家瑞格尔曼曾经做过一个拉绳实验。实验的具体内容是参与测试者被分成四组，每组人数分别为一人、二人、三人和八人。瑞格尔曼要求各组用尽全力拉绳，同时用灵敏的测力器分别测量拉力。测量的结果有些出乎人们的意料：二人组的拉力只为单独拉绳时二人拉力总和的95%；三人组的拉力只是单独拉绳时三人拉力总和的85%；而八人组的拉力则降到单独拉绳时八人拉力总和的49%。

二、高效团队的特征

1. 共同的愿望和清晰的目标

共同的愿望使团队的存在有了基本的主观条件，共同的愿望和目标中包含着团队成员个人的愿望和目标，反映了成员个人的意志和利益，从而使成员具有了强烈的认同感、归属感、责任感。只有这样团队成员之间才能肝胆相照、同舟共济，面对问题才能积极参与，共商大计，为团队贡献自己全部的聪明和智慧。高效的团队对要达到的目标有清楚的理解，并坚信这一目标包含重大的意义和价值，这一目标能够激励着团队成员把个人目标升华到群体目标。

2. 高素质的队员

高效的团队是由一群有能力的成员组成的。团队每位成员都有着过硬的专业知识、独到的技能和经验，团队的成员相互负责、互相学习、相互帮助。他们讨论并决定任务和角色，一旦达成一致，所有成员都会全力支持、热情高涨地投入工作。

3. 高效而成熟的领导

领导者的角色在团队中的作用举足轻重。领导者个人的素质、性格、管理方式和风格对团队的形成和效率有着决定性的影响。如果领导是高素质、民主型的，就能使团队内部的沟通通畅而充分；如果团队领导是专制型的，团队成员就不会畅所欲言，就不会富有创造精神，信息就会堵塞、不能畅达；如果团队领导是自由放任型的，团队沟通就会漫无目的，缺乏自觉性和主动性，效率很低。

4. 相互间的信任

团队成员间的相互信任是高效团队的显著特征，每个成员对其他成员的品行和能力都确信不疑。因为信任是相当脆弱的，它需要花大量的时间去培养而又很容易被破坏。因此，只有信任他人才能换来被他人信任，所以，维持团队内的相互信任是高效团队得以维持的关键。

5. 良好的沟通

高效团队拥有全方位的、正式的和非正式的沟通渠道。团队的沟通基本上是无滞延的，沟通的气氛是充分坦诚、开放的，沟通的层次是少而精的，信息的传递、反馈和保真度是极高的，而且速度快捷。成员可以通过团队会议充分发表自己的意见，也能接纳他人的意见，并能建立起有效的反馈系统。团队内部有一些约定俗成并共同遵守的规范、条例，并有一些集体默认、心照不宣的行为方式，即所谓的“惯例成规”。

6. 高度的忠诚

高效的团队成员对团队表现出高度的忠诚，为了能使群体获得成功，他们愿意去做任何事情，愿意奉献一切达成团队目标。这种忠诚是团队精神的重要组成部分。

7. 内外部的支持

要成为高校团队的最后一个必需条件就是它的支持环境。从内部条件看，团队应拥有一个合理的基础结构，这包括适当的培训、一套易于理解并用于评估员工总体绩效的测量系统以及一个起支持作用的人力资源系统。从外部条件看，管理层应给团队提供完成工作所必需的各种资源。

小故事

1994年4月5日下午两点，一个德国的经销商打来电话，要求海尔必须在两天内发货，否则订单自动失效。而两天内发货意味着当天下午所要的货物就必须装船，而此刻正是星期五下午两点，如果按海关、商检等有关部门下午五点下班来计算的话，时间只有三个小时，而按照一般程序，做到这一切几乎是不可能的。如何将不可能变为可能，此时海尔人优良的团队精神显示了巨大的能量，他们采取齐头并进的方式，调货的调货、报关的报关、联系船期的联系船期，全身心地投入到工作中，抓紧每一分钟，使每一个环节都顺利通过。当天下午五点半，这位经销商接到了来自海尔货物发出的消息，他非常吃惊，吃惊再转为感激，还破了十几年的惯例向海尔写了感谢信。

海尔公司神奇般的崛起和茁壮成长，绝不仅得益于它的统军人物张瑞敏，还得益于张瑞敏麾下的整个团队中的每位员工的努力。海尔把自己的价值观定义为“人的价值高于物的价值，共同价值高于个体价值，共同协作的价值高于独立单干的价值，社会价值高于利润的价值”。而这种文化牵引力确保了海尔最大限度地调动员工的积极性。

三、团队的分类

（一）根据职能、目标和任务划分，企业中的团队主要有以下四种类型

1. 工作型团队

工作型团队是为了完成企业基本的工作任务而组成的，它从事制造、装配、销售工作或向内部或外部顾客提供某种产品和服务，它的任务一般比较具体，团队的结构一般比较稳定，其工作绩效可从产品和服务的质量、成本、交货期限和顾客满意度等方面明确衡量。

2. 项目型团队

这类团队一般根据具体项目和任务而组建，时间多为几年，它灵活性很强，组成成员一般需要具有专门的知识和判断力，常常来自不同的部门和岗位。当项目结束或产品开发完毕，即告解散，新的团队又会因新的项目而组建。

3. 整合型团队

整合型团队其主要表现形式是企业里各个层次的管理团队。其主要任务是使企业内部不同部门的工作相互协调，形成整体的战斗力，管理团队对下属部门进行指导，使其成为一体。高层管理团队制定组织战略，指导公司整体的绩效。整合型团队指导和协调工作型团队之间的关系，解决他们之间的矛盾和冲突。

4. 促进型团队

促进型团队是为了提高企业的能力和效率组建的。团队成员往往来自于组织内的不同部门和岗位。其基本工作方式是通过重新设计和改进组织内原有的基本工作方式来促进效益的提高，主要活动是对各种方案的设计与实施进行改进。

（二）根据团队成员的来源、拥有自主权的大小以及团队的目的分为三种类型

（1）问题解决型团队。团队成员往往就如何改进工作程序、方法等问题提供建议。

（2）自我管理型团队。组织成员共同决策，探讨问题的解决方案，并承担具体工作的实施以及全部责任。它强调团队成员既要独立自主，又要紧密协作。

（3）跨功能型团队。这种团队由来自同一等级、不同工作领域的员工组成，能够使

组织内的员工加强交流，相互激发新的观点，共同解决面临的问题，联手完成复杂性的工作。

四、团队精神

1. 团队精神

在企业现实的管理中，我们也经常看到号称“团队”的工作小组或小团体，但是成员却离心离德，各行其是，团队绩效很差；或者只是表面一团和气，互不相扰，但缺乏协作和创新能力。由此可见，并非自称团队就能够发挥团队的效应；那么，团队成功要素是什么？是一种精神，一种灵魂。

所谓团队精神，是特指团队内部的每个成员能够在相互尊重、彼此理解的基础上，尽心尽力、积极主动地为团队的目标和利益做出贡献的信仰和意愿。

2. 团队精神的表现

团队精神主要表现在以下两个方面：

（1）心理上的社会认同。社会认同就是说团队成员在信仰、态度、目标上有共同性。在现实社会中，人们总是习惯于用“他们——我们”的思维模式来看待世界，总是喜欢把自己归属于某个特定的组织。团队成员会自觉地把自己的前途和命运与整个团队紧紧地联系在一起，对团队有强烈的归属感和一体感。这种归属感和一体感，主要来自于团队目标与成员目标的高度一致。也就是说，团队目标既符合团队的利益，又符合绝大多数成员的利益，是一个集体和个人双赢的目标。团队通过一系列的制度化使它与团队成员结成一个高度牢靠的统一体，还可以通过持久而强大的一体化宣传及一系列活动，在潜移默化中培养成员的共存共荣意识，并与团队产生深厚的感情。因此，在团队中，共同愿望高于个人愿望，个人愿望服从共同愿望，团队成员能够同舟共济，甘苦与共，协同一致。他们极具荣誉感和使命感。在对待团队的工作和事务时，充满热情，主动认真。他们为团队的成功而骄傲，为团队的困难而忧虑。这是决定团队成功与高效的关键。

（2）行为上的合作默契。团队精神的另一面体现在团队成员行为上的默契合作。在一个团队中，每个成员都发挥作用，但个人的作用不能单独产生效应，而必须与团队的其他成员通过相互作用，形成合力，创造出一种“运作上的默契”，每位成员都相互配合，默契一致，才能获得团队的优良的总体绩效。这主要表现为：第一，团队成员被看成是大家庭中的一员，他们同舟共济，相互依存。第二，队员之间相互信任，能够互相容纳各自的差异性，真诚相处。第三，在工作中相互帮助，共同前进。团队成员的“运作默契”说到底是他们能够分享一种共同拥有的信仰和准则，并为此能自觉地调整个人的行为、爱好和态度以适应团队需求。

此外值得一提的是，团队精神与集体主义意识有着微妙的区别，团队精神比集体主义更强调个人的主动性，而集体主义则强调共性大于强调个性。诚信、创新是内在的、自律的，因而不可能在强制的条件下发挥出来，必须以个人的自由、个人的独立为前提，在此前提下合作的人们才有可能形成一个整体。

企业要获得最佳的经营效果，打造团队、修炼团队精神就成为企业领导的重要任务。而团队精神的基本前提是合作，合作才能形成默契和合力，而合作的关键在于沟通。

五、团队领导

团队的领导是一个团队的核心人物，他的性格、管理风格和方法、沟通水平都对团队的运作情况有着至关重要的意义。一个高效的团队，领导者所起的是应该是教练和后盾的作用，他们对团队提供指导和支持，他的任务不是控制下属，而是改变组织内部权力的运用方式，为团队营造一种相互尊重、合作协调的工作氛围，确保和提升团队成员的信心。

1. 团队领导的类型

理论上常常将团队的领导分为两种类型。

（1）先锋型领导。所谓先锋型领导是指事事身体力行，试图通过榜样的力量灌输给团队成员同样的品质。他们往往认为下属缺乏积极性、主动性、创造性，不愿或不敢承担责任，需要领导者提供方法和指导，强调领导对团队的要求及如何激发成员现有的能力。

（2）赤字型领导。所谓赤字型领导是指领导善于寻找团队的薄弱环节，及时进行补差，主动提供各种资源。这种领导注重团队对领导者的要求，认为团队下属具有强烈的创造欲和求知欲，他们勇于并且敢于承担责任，领导的责任是积极为团队成员提供发挥其聪明才智的空间，应注重培养、鼓励、支持下属，团队如果欠缺活力，领导者就通过改变组织结构和内部权力运用方式来增加活力；团队如果欠缺控制，领导者就通过完善制度和规范来控制。随着社会的发展，赤字型的团队领导越来越显示出他的优势。

2. 团队领导建立高效规范团队的主要措施

（1）使团队成员互补。团队的领导要在充分考虑到团队任务的特点的基础上，注意成员间的技能互补，重视给团队成员分配适合他们的不同角色，使个体能够给团队带来最大的个人优势。

（2）明确团队的目标，成为一个参与型的领导。让团队成员共同参与决策，使成员自觉致力于自己参与确定的目标，为成员提供可靠信息和各种资源，避免独裁专断。

（3）使团队维持小规模。小型团队可使个体感觉自己是重要的贡献者，团队内部容易进行深层沟通，相互的信任度也高。

（4）维持团队进入的高门槛和社会高标准。要使团队成员对团队有较强的归属感，就要让他们跨入团队的门槛时有一定的难度，只有经过有相当难度的面试、笔试竞争，并通过不断的培训和教育，才能使团队成员为自己的这种身份而感到自豪。作为一个高效团队的成员，本身就是荣誉的象征。

（5）团队内部建立促进开放、建设性信息交流的气氛。允许不带个人冲突和偏见的不同意见的存在，支持在可接受范围内进行不同的实验，团队成员能够坦诚交流，信息共享，领导者要提供定期的信息反馈，并做好在信息和技术方法上的指导与建议。

（6）从团队外部引入挑战。使团队不仅清楚自己的目标，而且在和其他团队的竞争中，形成成员之间更紧密的团结，增强团队的凝聚力。

总之，团队绩效的高低一定程度上取决于团队领导对成员的潜能开发和利用的程度。作为教练，团队领导应正确地评价下属的优缺点，以正确的心态和辅导技巧去挖掘下属的潜力，强化他们的正向行为，改变他们的消极行为。

六、团队角色

剑桥产业培训研究部前主任贝尔宾博士和他的同事们经过多年在澳洲和英国的研究和实践，提出了著名的贝尔宾团队角色理论，即一支结构合理的团队应该由八种角色组成。这八种团队角色分别为执行者IMP（Implementer）、协调者CO（Coordinator）、塑造者SH（Shaper）、智多星PL（Planter）、外交家RI（Resource Investigator）、监督员ME（Monitor Evaluator）、凝聚者TW（Team Worker）、完成者CF（Completer Finisher）。每一种角色都有其不同的特征、积极特性、缺点以及在团队中的作用。

团队角色	典型特征	积极特性	能容忍的缺点	团队中的作用
执行者	保守、顺从、务实可靠	有组织能力、实践经验，工作勤奋，有自我约束力	缺乏灵活性，对没有把握的主意不感兴趣	把谈话与建议转换为实际步骤，考虑什么是行得通的，什么是行不通的，整理建议，使之与已经取得一致意见的计划和已经有的系统相配合
协调者	沉着，自信，有控制局面的能力	对各种有价值的意见不带偏见地兼容并蓄，看问题比较客观	在智能以及创造力方面并非超常	明确团队的目标和方向，选择需要决策的问题，并明确它们的先后顺序，帮助确定团队中的角色分工、责任和工作界限，总结团队的感受和成就，综合团队的建议
塑造者	思维敏捷，开朗，主动探索	有干劲，随时准备向传统、低效率、自满自足挑战	好激起事端，爱冲动，易急躁	寻找和发现团队讨论中可能的方案，使团队内的目标和任务成形，推动团队达成一致意见，并朝向决策行动
智多星	有个性，思想深刻，不拘一格	才华横溢，富有想象力，智慧，知识面广	高高在上，不重细节，不拘礼仪	提供建议，提出批评并有助于引出相反意见，对已经形成的行动方案提出新的看法
外交家	性格外向，热情，好奇，联系广泛，消息灵通	有广泛联系人的能力，不断探索新的事物，勇于迎接新的挑战	事过境迁，兴趣马上转移	提出建议，并引入外部信息，接触持有其他观点的个体或群体，参加磋商性质的活动
监督员	清醒，理智，谨慎	判断力强，分辨力强，讲求实际	缺乏鼓动和激发他人的能力，自己也不容易被别人鼓动和激发	分析问题和情景，对繁杂的材料予以简化，并澄清模糊不清的问题，对他人的判断和作用做出评价
凝聚者	擅长人际交往，温和，敏感	有适应周围环境以及人的能力，能促进团队的合作	在危急时刻往往优柔寡断	给予他人支持并帮助别人，打破讨论中的沉默，采取行动扭转或克服团队中的分歧
完成者	勤奋有序，认真，有紧迫感	理想主义者，追求完美，持之以恒	常常拘泥于细节，容易焦虑，不洒脱	强调任务的目标要求和活动日程表，在方案中寻找并指出错误、遗漏和被忽视的内容，刺激其他人参加活动，并促使团队成员产生时间紧迫的感觉

案例分析

案例一

越权的亨利

亨利是一家营销公司的一名优秀的营销员。他所在的部门里，曾经因为团队工作的精神十分出众，而使每一个人的业务成绩都特别突出。

后来，这种和谐而又融洽的合作氛围被亨利破坏了。

那段时间，公司的高层把一项重要的项目安排给亨利所在的部门，亨利的主管反复斟酌考虑，犹豫不决，最终没有拿出一个可行的工作方案。而亨利则认为自己对这个项目有了十分周详而又容易操作的方案。为了表现自己，他没有与主管磋商，更没有贡献出自己的方案。而是越过主管，直接向总经理说明自己愿意承担这项任务，并向他提供了可行性方案。

他的这种做法，严重伤害了部门经理的感情。结果，当总经理安排他与部门经理共同操作这个项目的时候，两个人在工作上不能达成一致意见，产生了重大的分歧，导致了团队内部出现了分裂，团队精神涣散了下来，项目最终也流产了。

请结合该案例谈谈下列问题

1. 对于亨利的做法你认同吗?
2. 亨利的这种做法的心理根源是什么?
3. 谈谈团队精神的重要性。

案例二

外企的别样招聘

一个外企招聘白领职员，吸引了不少人前去应聘。应聘者中有本科生，也有研究生，他们头脑聪明、博学多才，是同龄人中的佼佼者。聪明的董事长知道，这些学生有渊博的知识做后盾，书本上的知识是难不倒他们的，于是，公司人事部就策划了一个别开生面的招聘会。

招聘开始了，董事长让前六名应聘者一起进来，然后发了15元钱，让他们去街上吃饭。并且要求，必须保证每个人都要吃到饭，不能有一个人挨饿。

六个人从公司里出来，来到大街拐角处的一家餐厅。他们上前询问就餐情况，服务员告诉他们，虽然这儿米饭、面条的价格不高，但是每份最低也得3元。他们一合计，照这样的价格，六个人一共需要18元，可是现在手里只有15元，无法保证每人一份。于是，他们垂头丧气地出了餐厅。

回到公司，董事长问明情况后摇了摇头，说："真的对不起，你们虽然都很有学问，但是都不适合在这个公司工作。"

其中一人不服气地问道："15元钱怎么能保证六个人全都吃上饭?"

董事长笑了笑说："我已经去过那家餐厅了，如果五个或五个以上的人去吃饭，餐厅就会免费加送一份。而你们是六个人，如果一起去吃的话，可以得到一份免费的午餐，可是你们每个人只想到自己，从没有想到凝聚起来，成为一个团队。这只能说明一个问题，你们都是以自我为中心、没有一点团队合作精神的人。而缺少团队合作精神的公司，又有什么发展前途呢?"

闻此话，六名大学生顿时哑口无言。

请大家以小组为单位讨论以下问题：

1. 案例中的招聘考核主要考的是什么?
2. 你认为他们求职面试失败的关键是什么?
3. 谈谈案例带给你的启示。

任务二　团队沟通实用技巧

任务目标

明确团队沟通的重要性，掌握团队的决策技巧和冲突的处理方法。

参考学时　2学时

引导活动　游戏——纸砌高

活动要求

1. 以小组为单位完成此次游戏。
2. 游戏道具：每个小组20张A4白纸，1卷塑料胶带。
3. 只能运用白纸和胶带进行砌高。
4. 不可以借助外力。
5. 每组15分钟时间砌高。
6. 砌高作品必须站立至少10秒。
7. 排次以砌高作品的高度决定，最高者冠军，奖励优胜者。
8. 让优胜者小组分享下他们的砌高过程和组内的沟通情况。

知识支撑

一、团队的沟通过程

团队运转是否良好，团队的组织结构设计是否有效，关键要看团队的沟通是否存在问题。团队的沟通，既有团队内部的沟通，也有团队成员与外部的沟通；既有纵向的沟通，又有横向的沟通。团队沟通的过程实际上是成员更好地融入和同化于团队的过程。

和一般组织和团体的沟通过程是一样的，都要分为六大步骤。

1. 创造有价值的信息

团队沟通是根据团队运转的需要所形成的信息交流。每位成员都是信息源，是信息的发送者，因为团队成员相互依赖度高，彼此了解较深，因此发送的指令、计划、态度、要求多是经过深思熟虑的完整信息，失误和残缺的信息较少。

2. 信息的编码过程

信息发送者要把发送的信息通过某种方式表现出来。信息是经过信息源编码的物理产品，被编码的信息受到信息源四个条件的影响：态度、技能、知识和社会文化系统。

（1）团队成员的态度影响其行为，每个成员对许多事都有自己预先定型的想法，这些想法所影射到的态度会影响到我们的沟通。

（2）信息的传递依赖于传递者必要的编码技能。如果传递者没有一定的文化水平，不具备听、说、读、写和逻辑推理能力，就难以用恰当理想的方式把信息传递给其他成员。

（3）信息的传递还受到在某一特定问题上人们所掌握的知识范围的限制，团队成员需掌握较为广博的知识，并能形成知识和能力方面的互补，团队的沟通才能有效。

（4）团队外部的因素，即社会文化系统，如人们的信仰、价值观、生活习惯、爱好、风俗等都会影响到信息源及其编码过程。

3. 选择传递媒体

选择传递媒体就是建立传递通道。采取什么样的传递通道，取决于信息发送者对某种通道的看法。团队成员是采用正式沟通还是非正式沟通；是以口头、书面还是非语言或电子介质沟通，都取决于他们对不同情况的判断和选择。在团队沟通中，沟通渠道的突出特点是通道短、环节少，这样，信息的损失少、失真少，可保证传递的准确性和可靠性。

4. 接收者收到信息

信息接收者是信息指向的客体，接收者应善于读和听，接收时的环境和渠道对于接收的效果影响巨大。

5. 解码过程

信息的接收者需将介质加载的信息翻译成自己理解的形式。解码过程就是对信息解释和翻译的过程。成功的解码取决于两方面的因素：一是编码者选择的编码方式是否能清晰和恰当地表达；二是接收者在态度、技能、知识和社会文化系统方面与发送者是否具有相似性以及接收者在团队中的地位和环境因素。

6. 接收者对信息作出反应

信息接收者通过对所接收的信息加以判断并给出某种反应，信息发送者也可根据反应者的行为判断信息是否准确传递。这是反馈的过程。

小故事

项羽在推翻秦王朝的战争中起了非常关键的作用，属于实力派人物，其势力远远超出刘邦，而且他“力拔山兮气盖世”。若论单打独斗，别说他能以一当十，就是以一当百也不为过；在与刘邦争夺天下的过程中，一开始，只要他亲临战斗，则每战必克，刘邦则临战必败，但结果却是刘邦势力越来越大，而他的势力却越来越小，最终落得个被围垓下、自刎乌江的结局。他至死也没弄明白，他到底失败在什么地方，还说："此天亡我也，非战之罪也。"

反观刘邦，不仅本领不如张良、萧何、韩信这"兴汉三杰"，而且还"好酒及色"，早在当亭长时，"廷中吏无所不狎侮"，简直就是地痞流氓。但在与项羽的战争中，却最终打败项羽，夺得天下，胜利还乡，高唱《大风歌》。为什么？刘邦在建国后的一次庆功会上，曾向群臣解释说："夫运筹帷幄之中，决胜千里之外，吾不如子房（张良）；镇国家，抚百姓，给饷馈，不绝粮道，吾不如萧何；连百万之众，战必胜，攻必取，吾不如韩信。三者皆人杰，吾能用之，此吾所以取天下者也。项羽有一范增而不能用，此所以为吾擒也。"

事实上刘邦的胜利，是团队的胜利。刘邦建立了一个人才各得其所、才能适得其用的团队；而项羽则仅靠匹夫之勇，孤军作战，所以失败是情理之中的事。

二、团队的主要沟通方式

团队的沟通方式主要有两个：团队会议和交谈倾听。

1. 团队会议

成功的团队都非常注意利用会议这种沟通方式。通过会议，团队成员可以交流信息、讨论问题、协调工作、集思广益、联络感情、统一思想、确立目标、布置任务等。团队会议根据情况的不同，可以分为许多种类型。

（1）例行会和非例行会。例行会是指那些定期举行的会议，如晨会、周会、双周会、每月会、年度会等。晨会是工作团队每天早晨在开始工作前几分钟的聚会，主要是为了沟通情况，安排当天的工作次序，提出并解决一些问题。周会则是团队在每周举行的例行会议，用以探讨本周的工作成果，讨论未来的工作计划，研究一些重要问题等。非例行会主要指那些不定期开的，用来解决一些突发性的问题和重大问题的会议。

（2）正式会议和非正式会议。正式会议的形式由一定的规则和条例所规定。通常需要有一定的人数出席，并事先制定会议的程序，包括议程（即讨论的内容）、回顾（即上次会议以来做了什么事情）、动议（提议采取的行动）、修正（对提议所作的修改）、辩论（一般性的讨论）、选举和投票（采纳或拒绝提案）及会议记录（会议内容的书面记录）等。相对正式会议而言，非正式会议的主持方式和与会者的行为都要自由得多。

根据会议的目的和特点的不同，团队会议还可以分为以下几种类型：

（1）告知信息的会议。召开这种会议只是为了传达信息，如方针和政策等，并进行讨论，以深化对信息的理解，促进其贯彻执行。因此，告知性会议不需要形成任何决议，亦无需采取行动。

（2）建设性会议。这种会议是团队常见的会议。它要求团队成员就某些问题各抒己见，找到对某些问题的解决方案。诸如发展战略研讨会；新产品开发研讨会；各团队为协调各自的工作，或为了解决团队成员之间、工作之间的衔接问题而召开的协调会等都属于这种类型。

（3）任务分配会议。即团队负责人利用会议这种形式，来部署下个阶段的工作重点及每位成员的职责。由于任务分配是公开的，这将有利于员工之间发展任务分配的公平性，利于员工之间良好的合作关系。

2. 交谈倾听

在团队沟通中，坦诚的交谈是为了集思广益，使团队智慧超越个人智慧。在坦诚交谈时，大家可以无拘无束地探讨，以不同的观点探讨复杂的议题，每个人都说出心里的想法和经验，这样，整个团队的沟通才会进入最佳的一种状态。但是要做到坦诚的交谈，并非易事。因为防卫心理是人类一种根深蒂固的习惯。对多数人而言，暴露自己的真实想法有时是一种威胁，自己暴露越多，别人越容易发现自己的弱点。因此人们为了避免这种尴尬或境地，很多情况下会有防卫心理。要消除这种防卫心理可以用自我批评和自我反思与问询的方法，找到了防卫的症结，才能去解开它。

倾听在团队沟通中也是非常重要的。倾听可以让你从团队别的成员那里获得重要的信息，可以调动他人的积极性，改善你的人际关系，也有助于你解决问题。“听、说、读、写”，“听”在“说”之前，人不仅要会说，更要会听。

三、团队决策技巧

有效的团队一定是自主型的、自我管理型的群体。团队决策属于群体决策或集体决策的一种。群体决策可集中各类专家或不同知识结构和专业背景人员的意见，因此群体决策较一般的个人决策会更加有效、全面、稳妥。

1. 群体决策可根据人们参与的程度分为三种类型

（1）决策者作为个人去收集资料和作出决策。其他人不直接介入决策选择过程，只是帮助做一些资料、信息收集的辅助工作，也无权评价各种选择方案。

（2）决策者和其他人协商。决策者会听取他们的意见和建议，然后自己进行归纳和整理，并形成组织决策。

（3）决策者和其他人一起讨论。所有群体中的人都参加讨论并直接成为一名决策者，参加讨论的人达成一致意见并一起决策。

团队决策采用的主要是第三种。这种群体决策，使团队成员各自的利益需求得到了充分的表达，每个成员都能深入理解决策的意图，也会自觉执行这一决策。

2. 团队决策的主要技巧

在长期的社会实践中，人们摸索总结出了许多有特色的群体决策技巧，这些群体决策技巧也被广泛应用到了团体决策中，主要有以下几种：

（1）头脑风暴法（Brain Storming）。

①头脑风暴法的含义。

头脑风暴法又称智力激励法、BS法，是由美国创造学家奥斯本于1939年首次提出、1953年正式发表的一种激发创造性思维的方法。此法经各国创造学研究者的实践和发展，至今已经形成了一个发明技法群，如奥斯本智力激励法、默写式智力激励法、卡片式智力激励法等。

头脑风暴法就是指在决策环境中，对决策参与者不加任何限制，让其头脑中的各种想法都能表达出来，大家互相激发，从而形成许多新方案。新方案越多，就越有可能得到一个创造性的、科学性的解决问题的机会。学习和掌握这一方法，不仅能培养员工的创造性，还能提高工作效率，塑造一个富有创造性的工作环境。

②头脑风暴法的操作步骤。

头脑风暴法是一种通过会议的形成，让所有参加者在自由愉快、畅所欲言的气氛中，自由地交换想法或点子，并以此激发与会者的创意及灵感，以产生更多创意的方法。其大致操作步骤如下：

首先是准备阶段。在这一阶段主要内容为选定基本议题，选定参加者（一般不超过10名，并事先挑选记录员1名），确定会议时间和场所，准备好海报纸或大白纸，记录笔等用于记录的工具，布置场所（如将海报纸贴于黑板上，将座位安排为“凹”字形为佳、便于全体都能看见海报纸上的记录），会议主持人应掌握智力激励法的细节处理方法（如彻底了解本法的五大原则，实施要点等）。

其次是实施阶段。这一阶段的内容包括开始智力激励会议，主持人首先必须向参加者简介该方法大意，应注意的问题，如五大原则，之后让会员畅所欲言，同时记录员记录参加者激发出的灵感。到此结束会议。

最后是归纳总结阶段。内容为将会议记录整理分类后展示给参加者；从效果和可行性两个方面评价得到的所有方案或点子；最后选择最合适的方案或点子。

③头脑风暴法的五大原则。

在通过头脑风暴法激发创意时，团队成员一定要遵守以下原则：

- 禁止评论他人构想的好坏；
- 最狂妄的想象是最受欢迎的；
- 重量不重质，即为了探求最大量的灵感，任何一种构想都可被接纳；
- 鼓励利用别人的灵感加以想象、变化、组合等以激发更多、更新的灵感；
- 不准参加者私下交流，以免打断别人的思维活动。

④头脑风暴法的适用范围。

头脑风暴法虽然可以激发人的创造性思维，但这一方法通常只适合于解决那些比较简单、严格确定的问题，比如研究产品名称、广告口号、销售方法、产品的多样化研究等以及需要大量的构思、创意的行业，如广告业。

小故事

盖莫里公司是法国一家拥有300人的中小型私人企业，这一企业生产的电器有许多厂家和它竞争市场。该企业的销售负责人参加了一个关于发挥员工创造力的会议后大有启发，开始在自己公司谋划成立了一个创造小组。

在冲破了来自公司内部的层层阻挠后，他把整个小组（约10人）安排到了农村议价小旅馆里，在以后的三天中，每人都采取了一些措施，以避免外部的电话或其他干扰。

第一天全部用来训练，通过各种训练，组内人员开始相互认识，他们相互之间的关系逐渐融洽，开始还有人感到惊讶，但很快他们都进入了角色。

第二天，他们开始创造力训练技能，开始涉及智力激励法以及其他方法。他们要解决的问题有两个，在解决了第一个问题，发明一种拥有其他产品没有的新功能电器后，他们开始解决第二个问题，为此新产品命名。

在第一、第二两个问题的解决过程中，都用到了智力激励法，但在为新产品命名这一问题的解决过程中，经过两个多小时的热烈讨论后，共为它取了300多个名字，主管则暂时将这些名字保存起来。

第三天一开始，主管便让大家根据记忆，默写出昨天大家提出的名字。在300多个名字中，大家记住20多个。然后主管又在这20多个名字中筛选出了三个大家认为比较可行的名字。再将这些名字征求顾客意见，最终确定了一个。

结果，新产品一上市，便因为其新颖的功能和朗朗上口、让人回味的名字，受到了顾客热烈的欢迎，迅速占领了大部分市场，在竞争中击败了对手。

⑤特别提醒。

头脑风暴法开始前，注意明确议题；议题范围应在参加者关心的范围内；五大原则不可违反；讨论时气氛自由、轻松但应避免太乱而无秩序；主持人应注意控制时间。

（2）列单法。列单法也被称为列名团体法。它是指在决策会议讨论之前，群体中的每个成员先不同其他成员讨论就先提出自己的方案，或对已有的方案进行评估，然后再集中讨论每个提案，进而形成科学决策的过程。

列单法是一种运用团队会议形成决策的方法。一般来说，使用这种方法的团队规模在7～10人。具体过程如下：

①由主持人介绍将要讨论的决策问题以及已有的解决方案，然后每个人把自己的意见写在纸上，不要相互商量和讨论，避免影响参与者各自的独立思考；

②在写完之后，隔一段时间，每个人开始读出自己的意见，发言时不按职位顺序和座位顺序，而且每个人每次只读一条意见，并不将意见一次性读完，其目的是让其他人忘记意见提出者；

③由专人记录每条意见，意见常被罗列于记事板或黑板上，直到所有的意见被逐一记下为止；

④按记录下来的提案进行逐条讨论，重点在对每条意见的优缺点、可行性等进行讨论，每个参与者都可发表意见；

⑤对各条提案进行文字形式的投票表决，计算投票的结果，对提案按投票次序排列，得票最多的提案就可作为团队的决策，也可将前几个提案的内容加以综合决策。

列单法避免了团队成员之间相互影响，有效地防止了决策过程中的压制和屈从问题。但是在实行列单法的过程中，仍应提倡秘密表决，以避免部分参与者屈从权威而不敢表达自己的意愿。在一些团队中规定团队正式会议都采取这种方式。

（3）德尔菲法。德尔菲法是美国著名的兰德公司20世纪50年代发明的一种决策方法，这个名字起源于古希腊著名的德尔菲神谕，目的是避免面对面的讨论所造成的不利影响。

德尔菲法又被称为专家调查法，多用于收集专家的意见，可形成专家与决策主持人之间的互动。德尔菲法的具体实施步骤如下：

①组成专家小组。按照课题所需要的知识范围，确定专家。专家人数的多少，可根据预测课题的大小和涉及面的宽窄而定，一般不超过20人。

②向所有专家提出所要预测的问题及有关要求，并附上有关这个问题的所有背景材料，同时请专家提出还需要什么材料。然后，由专家做书面答复。

③各个专家根据他们所收到的材料，提出自己的预测意见，并说明自己是怎样利用这些材料并提出预测值的。

④将各位专家第一次判断意见汇总，列成图表，进行对比，再分发给各位专家，让专家比较自己同他人的不同意见，修改自己的意见和判断。也可以把各位专家的意见加以整理，或请身份更高的其他专家加以评论，然后把这些意见再分送给各位专家，以便他们参考后修改自己的意见。

⑤将所有专家的修改意见收集起来，汇总，再次分发给各位专家，以便做第二次修改。逐轮收集意见并为专家反馈信息是德尔菲法的主要环节。收集意见和信息反馈一般要经过三四轮。在向专家进行反馈的时候，只给出各种意见，但并不说明发表各种意见的专家的具体姓名。这一过程重复进行，直到每一个专家不再改变自己的意见为止。

⑥对专家的意见进行综合处理。将所有意见通过统计方法进行集中处理，形成一套方案，供最后的决策人使用。

德尔菲法的主要缺点是过程比较复杂，花费时间较长。

（4）决策树。组织决策是一项非常复杂的系统工程，决策树的方法就是把与决策问题有关的决策方案排列起来，对每种后果加以评价，最后做出选择。实施决策树技术是运用系统论的分析方法，把各种决策方案及可能出现的结果进行分组排列，然后确定最佳方案的决策过程。其图示极像是一棵树的形状，故称“决策树”。

以上的决策技术都是团队决策的常用技术，因而被广泛地用于团队决策之中，它们在决策实践中发挥了很大的作用，但又都有一定的局限性，因而要注意扬长避短。

四、团队中冲突的处理技巧

冲突是一种不可避免的普遍存在的组织现象，具有客观性和普遍性。团队内部、团队与其他组织之间的冲突和矛盾也是在所难免的。所谓冲突是指组织群体之中的人与人、群体与群体之间因为各种原因而产生意见分歧、争吵、对抗等紧张状态，并为双方所意识。在对待冲突的问题上，重要的不是消除、抑制，而是分析认识哪些冲突是有正面功能的，哪些是有负面影响的。团队内部冲突管理的关键是将冲突维持在一个适度的水平，要在冲突出现后有效地处理。

1. 团队内部冲突的控制管理方式

团队内部的冲突必须将其预防控制在一定的水平之内。为了使团队既有竞争力和活力，又有凝聚力和认同感，就需在团队成员的管理中积极推行以下措施：

（1）正确选拔团队成员，使团队的成员都具有较好的合作性和包容性，而将不利于团队团结的人员剔除，使团队内积极的角色多一些，消极的角色少一些。

（2）加强正式和非正式沟通，使团队成员利用各种机会和场合增进了解，互相学习，加强感情上的沟通。

（3）加强信息公开和共享，使信息沟通的渠道畅通，保障团队成员拥有的信息对等。

（4）进行工作轮换，加强对相互工作角色的了解，同时也避免成员长期从事一种工作、担当一种角色的单调和乏味，调动成员的积极性和创造性。

（5）分清权责利，建设崇尚合作、鼓励沟通的团队文化。

2. 团队管理者应对冲突的方法

托马斯–基尔曼冲突模型为团队冲突提供了最优的解决方案和选择方法，如图6–1所示。

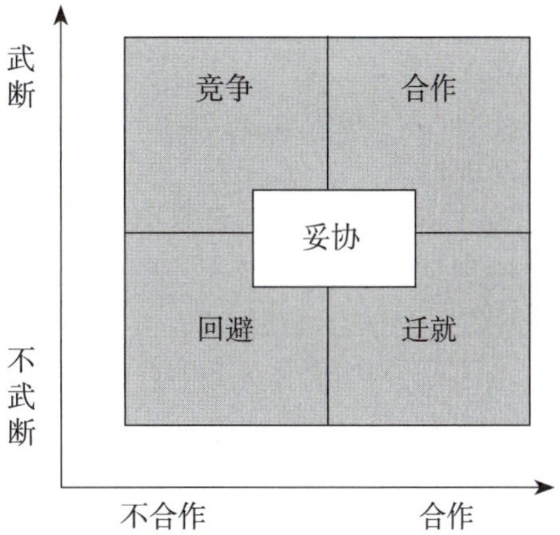

图6–1

其中，武断或不武断是指对自己的观点或行为是否放弃，合作或不合作是指是否对冲突采取宽容、合作的态度。按照坚持程度和合作程度的不同，形成五种冲突处理策略。

竞争：高度武断且不合作。

合作：高度武断且高度合作。

回避：不武断也不合作。

迁就：不武断且保持合作。

妥协：中等程度的武断和合作。

具体的团队冲突处理方法有以下几种：

（1）交涉与谈判。交涉与谈判是解决问题的较好方法，这是因为通过交涉，双方都能了解、体谅对方的问题，交涉也是宣泄各自情感的良好渠道。具体来讲，要将冲突双方召集到一起，让他们把分歧讲出来，辨明是非，找出分歧的原因，提出办法，最终选择一个双方都能接受的解决方案。

（2）第三者仲裁。当团队或成员之间通过交涉与谈判无法解决问题时，可以邀请局外的第三者或者较高阶层的主管调停处理，也可以建立联络小组促进冲突双方的交流。

（3）吸收合并。当冲突双方规模、实力、地位相差悬殊时，实力较强的团队可以接受实力较弱团队的要求并使其失去继续存在为理由，进而与实力较强的团队完全融为一体。

（4）强制。即借助或利用组织的力量，或是利用领导地位的权力，或是利用来自联合阵线的力量，强制解决冲突。这种解决冲突的方法往往只需要花费很少的时间就可以解决长期积累的矛盾。

（5）回避。当团队之间的冲突对组织目标的实现影响不大而又难以解决时，组织管理者不妨采取回避的方法。

（6）激发冲突。在设计绩效考评和奖励制度时，强调团队的利益和团队之间的利益比较；运用沟通的方式，通过模棱两可或具有威胁性的信息来提高冲突水平；故意引入与组织中大多数人的观点不一致的批评家。

小故事

挪威人爱吃沙丁鱼，尤其是活鱼，挪威人在海上捕得沙丁鱼后，如果能让他活着抵港，卖价就会比死鱼高好几倍。但是，由于沙丁鱼生性懒惰，不爱运动，返航的路途又很长，因此捕捞到的沙丁鱼往往一回到码头就死了，即使有些活的，也是奄奄一息。只有一位渔民的沙丁鱼总是活的，而且很生猛，所以他赚的钱也比别人的多。该渔民严守成功秘密，直到他死后，人们才打开他的鱼槽，发现只不过是多了一条鲶鱼。原来鲶鱼以鱼为主要食物，装入鱼槽后，由于环境陌生，就会四处游动，而沙丁鱼发现这一异己分子后，也会紧张起来，加速游动，如此一来，沙丁鱼便活着回到港口。这就是所谓的“鲶鱼效应”。

3. 团队成员应对冲突的方法

作为团队中的一员，要认识到组织冲突是一种必然现象，不允许出现冲突，只会累积成更大的矛盾，最终导致组织的崩溃瓦解。我们可以利用冲突，与其他成员之间达成更深层次的了解和默契，正所谓“不打不成交”，正确面对冲突，有效地控制冲突，才是最好的方法。

（1）要正确对待批评且勇于自我批评。作为团队成员应该遵守具有弹性结构特征的组织规则，不为私人利益而攻击他人，能够理智、冷静地对待他人的批评，并勇于检讨自己。

（2）要学会换位思考。要学会角色置换，将自己放到对方的立场和处境中去思考和体验，寻找与对方合作的共同点，抛弃本位主义，学会互惠互利，努力将“蛋糕”做大，以求得“双赢”。

案例分析

案例一

运用“头脑风暴法”的一个有趣案例

有一年，美国北方格外严寒，大雪纷飞，电线上积满冰雪，大跨度的电线常被积雪压断，严重影响通信。过去，许多人试图解决这一问题，但都未能如愿。后来，电信公司经理应用奥斯本发明的头脑风暴法，尝试解决这一难题。他召开了一种能让头脑卷起风暴的座谈会，参加会议的是不同专业的技术人员，要求他们必须遵守以下原则：

第一，自由思考。即要求与会者尽可能解放思想，无拘无束地思考问题并畅所欲言。

第二，延迟评判。即要求与会者在会上不要对他人的设想评头论足，不要发表“这主意好极了!”“这种想法太离谱了!”之类的“捧杀句”或“扼杀句”。至于对设想的评判，留在会后组织专人考虑。

第三，以量求质。即鼓励与会者尽可能多而广地提出设想，以大量的设想来保证质量较高的设想的存在。

第四，结合改善。即鼓励与会者积极进行智力互补，在增加自己提出设想的同时，注意思考如何把两个或更多的设想结合成另一个更完善的设想。

会后，公司组织专家对设想进行分类论证。专家们认为设计专用清雪机，采用电热或电磁振荡等方法清除电线上的积雪，在技术上虽然可行，但研制费用大，周期长，一时难以见效。那种因“坐飞机扫雪”激发出来的几种设想，倒是一种大胆的新方案，如果可行，将是一种既简单又高效的好办法。经过现场试验，发现用直升机扇雪真能奏效，一个久悬未决的难题，终于在头脑风暴会中得到了巧妙地解决。

结合案例说说“头脑风暴法”的优点和缺点，讨论下这种群体决策的适用范围。

案例二

团队沟通的效能

某服装公司决定加快工艺流程改造，并进行工艺重组，但以前在进行工艺重组时，工人的反应非常强烈，对工艺的改动持敌对态度。为了实施计划的改革，公司管理层采取了三种不同策略：

策略一：与第一组工人采取沟通的方法，向其解释将要进行的改革的内容、目的、意义及这么做的必要性和必然性，然后，给他们一个反馈的期限。

策略二：告诉第二组工人有关现在工艺流程中存在的各种问题，然后进行讨论并得出解决办法，最后派出代表来指定新的标准和流程。

策略三：要求第三组工人每人都讨论并参与设定、实施新标准和新流程，每个成员全部参与，如同一个团队一样。

结果令人惊奇。虽然第一组工人的任务最简单，但是生产效率没有任何提高，并且敌对态度明显，在40天内有17%的工人离职；第二组工人在14天里恢复到原来的生产水平，并在以后有一定程度的提高，对公司的忠诚度也很高，无人离职；第三组工人在第二天就达到原来的生产水平，并在一个月里提高了17%的生产效率。对公司的忠诚度也很高，没有人离职。

问题：

①你从这个案例中间可以得到什么启示？三种策略根本的区别是什么？

②在什么场合下需要采取团队决策的方式，如果不采取团队决策的方式，而由自己做决策是否可行?

结合自己的实践经历，谈谈团队沟通的重要性。

自我测评

团队合作能力评估

一、情景描述

以下每一项都陈述了一种团队行为，根据自己表现这种行为的频率打分：总是这样（5分），经常这样（4分），有时这样（3分），很少这样（2分），从不这样（1分）。

1. 我提供事实和表达自己的观点、意见、感受和信息以帮助小组讨论。

2. 我从其他小组成员那里征求事实、信息、观点、意见和感受以帮助小组讨论。

3. 我提出小组后面的工作计划，并提醒大家注意需要完成的任务，以此把握小组的方向。我向不同的小组成员分配不同的责任。

4. 我集中小组成员所作的相关观点和建议，并总结、复述小组所讨论的主要论点。

5. 我带给小组活力，鼓励小组成员努力工作以完成我们的目标。

6. 我要求他人对小组的讨论内容进行总结，以确保他们理解小组决策，并了解小组正在讨论的材料。

7. 我热情鼓励所有小组成员参与，愿意听取他们的观点，让他们知道我珍视他们对群体的贡献。

8. 我利用良好的沟通技巧帮助小组成员交流，以保证每个小组成员明白他人的发言。

9. 我会讲笑话，并会建议以有趣的方式工作，借以减轻小组中的紧张感，并增加大家一同工作的乐趣。

10. 我观察小组的工作方式，利用我的观察去帮助大家讨论小组如何更好地工作。

11. 我促成有分歧的小组成员进行公开讨论以协调思想，增进小组的凝聚力。当成员们似乎不能直接解决冲突时，我会进行调停。

12. 我向其他成员表达支持、接受和喜爱，当其他成员在小组中表示出建设性行为时，我给予适当的赞扬。

二、评估标准和结果分析

以上1~6题为一组，7~12题为一组，将两组的得分相加对照下列解释：

（6，6）只为完成工作付出了最小的努力，总体上与其他小组成员十分疏远，在小组中不活跃，对其他人几乎没有任何影响。

（6，30）你十分强调与小组保持良好关系，为其他成员着想，帮助创造舒适、友好的工作氛围，但很少关注如何完成任务。

（30，6）你着重于完成任务，却忽略了维护关系。

（18，18）你努力协调团队的任务与维护要求，终于达到了平衡，你应继续努力，创造性地结合任务与维护行为，以促成最优生产力。

（30，30）祝贺你，你是一位优秀的团队合作者，并由能力领导一个小组。

当然，一个团队的顺利运行除了以上两种行为外，还需要许多别的技巧，但这两种最基本且较易掌握。如果你得分比较低，也不要气馁，只要参照上面的做法就会有所提高。

项目七 网络沟通技巧

网络沟通是指通过基于信息技术（IT）的计算机网络来实现信息交流的沟通活动。目前网络已经成为人们沟通的重要渠道，网络沟通已经成为普遍的沟通方式。网络改变着我们的生活，它以其独特的优势挑战着传统的沟通方式。网络的飞速发展，带来了便捷，也同时暴露出了问题。所以处在网络时代的我们，只有了解网络，掌握网络沟通的各种技巧，才能让网络为我所用，实现世界沟通无极限。

任务一　网络沟通的特点和主要形式

任务目标

了解网络沟通的主要形式，掌握网络沟通的特点，树立正确的网络沟通观念。

参考学时　1学时

引导活动　图表分析

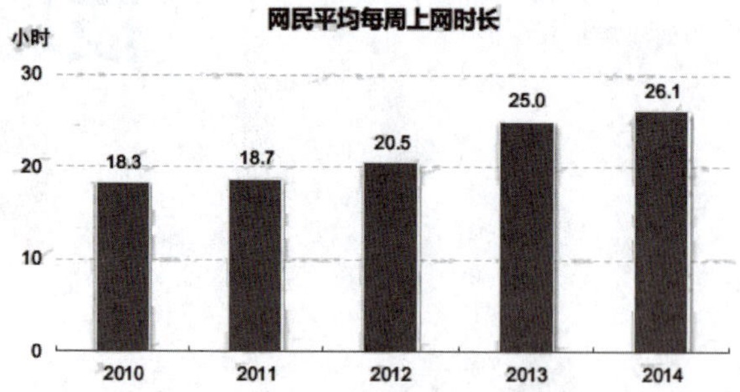

图7-1　网发平均每周上网时长

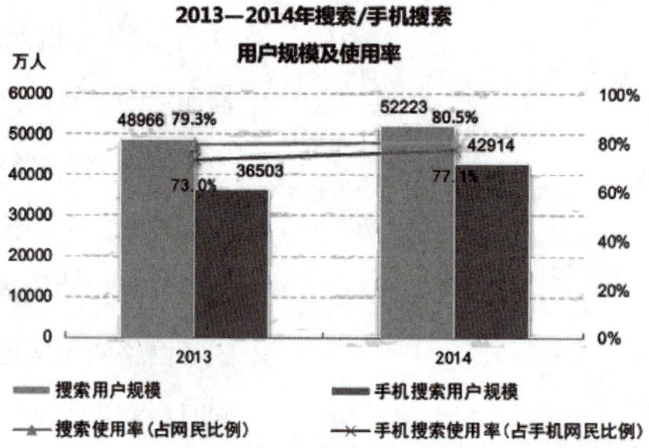

图7-2　2013—2014年搜索/手机搜索用户规模及使用率

图7-1和图7-2均出自《CNNIC第35次调查报告：中国互联网络发展状况统计》，通过这两张柱形图表你能发现什么？讨论下网络沟通这种沟通方式的利弊。

知识支撑

网络沟通就是以互联网为工具，以文字、声音、图像及其他多媒体为媒介的沟通方式。网络沟通的主体包括个体、群体以及企业、政府和国家等组织，沟通环境具有虚拟性，所以网络沟通会受到真实社会价值观和虚拟价值观的双重制导。大而言之，网络沟通是行为主体满足自身生存和发展需要的一种生活方式。

一、网络沟通的特点

英国文豪萧伯纳说过："假如你有一个苹果，我也有一个苹果，而我们彼此交换这些苹果，那么，你我依然是各有一个苹果；如果你有一种思想，我也有一种思想，而我们彼此交换这些思想，那么，我们每个人将各有两种思想。”这段话生动说明了沟通的作用。沟通就是沟通主客体能“同中求异、异中求同”，做到“圆融沟通、化解对立”。

现如今信息技术与电脑网络技术的发展，为人类的沟通创造了一种新的形式——网络沟通。网络沟通的特点是信息可实现几乎同步的传输，利用网络沟通的两个个体可几乎同时共享文字、声音、图像等资料，信息量的传递和获得相关信息的能力比历史上任何一种沟通方式都更具优势，几乎涵盖了传统沟通行为的一切方面。

概括来说，网络沟通相较于传统沟通来说具有如下几种特点。

1. 信息资源极大丰富

网络可以被誉为数字化图书馆，其信息资源的丰富性是任何传统媒介所无法比拟的，也是人类有史以来未曾有过的现象，包括政治、军事、经济、文化、科技等所有领域的相关信息。这就为人们的沟通提供了丰富的信息来源。当然信息量巨大，就需关注信息的筛选和甄别。

2. 沟通速度快、时效性强

在信息时代，沟通变得更快捷，信息的传递几乎在同一时间就可以传遍世界的各个角落。同时网络的发展，沟通速度的加快，带来的直接影响就是信息的时效缩短，沟通频率和节奏变快。

3. 沟通的交互性和个性化表现突出

利用网络进行沟通，可以轻松实现信息的双向传递。在网络中任何一个人既有可能成为新闻当事人，也有能成为新闻制造者。相较于传统沟通，网络沟通的交互性表现更突出，沟通主客体利用网络进行沟通时，不仅注重信息传递，更关注信息反馈。人们不再仅仅作为被动者接受信息，通过网络人们可以以极低的成本向全世界发表自己的意见。

网络的发展，也使得沟通者与人的沟通方式或沟通行为更具特点，追求沟通个性化。

4. 空间开放性和相对平等性

任何个人和团体都可以将自己的计算机和局域网联入网络，在网上读取信息而不受限制，信息的交流不再受空间的限制。传统的沟通方式，你很难想象在同一时刻与不同地域的数百人一起对话，一起欣赏一篇文章或一首歌，还能立即知道其他人的反应，但现在网络可以帮你实现。

在网络上网民可以自由对自己感兴趣的话题发表自己的看法，在人与人相互交流沟通中，地位是平等的，信息和资源是共享的。

5. 沟通形式多样化

随着网络技术的发展，基于网络的沟通方式层出不穷。网络不仅可以传输文字、静态的画面、动态的图像，还可以传输实时的声音，可以说是集广播、电视和报纸的功能于一身。人们可以通过互发电子邮件代替传统信件，可以通过采用一些即时通信工具代替打电话，如QQ、MSN等。若你的电脑配有一对价格低廉的摄像头和小话筒，你甚至可能看着对方的面孔唱情歌，这类似于面对面的交流。

6. 沟通的成本更为低廉

现在，除了在购置电脑、网络支持等一次性投入较大外，网络建成后的每一次信息交流相比其他的传统沟通方式都更为便捷和成本低廉。以要与某人商量一件事为例，进行一次面对面的交谈将包括交通费，来回路上的时间等，打电话包括电话费，要传送某资料还要打印和传真费，而利用网络你只需登录QQ，连上视频，就类似于面谈，再附上一封带资料附件的电子邮件，完成整个过程可能用不上你收拾好资料物品出门打出租车的时间，而且对于宽带包月的用户，上网费用几乎可以忽略不计。

二、网络沟通的方式

网络沟通的方式有很多，比如说：博客，电子邮件，QQ聊天，网上购物等。目前网络沟通的主要形式有如下几种。

1. 搜索引擎

搜索引擎（search engine）是指根据一定的策略、运用特定的计算机程序从互联网上搜集信息，在对信息进行组织和处理后，为用户提供检索服务，将用户检索相关的信息展示给用户的系统。现在大家最常见的搜索引擎是google或百度。搜索引擎对网站的影响巨大，一个网站的命脉就是流量，而网站的流量可以分为两类。一类是自然流量，一类就是通过搜索引擎而来的流量。如果搜索引擎能够多且有效地抓取网站内容，那么对于网站的好处是不言而喻的。因此，搜索引擎是网站建设中针对“用户使用网站的便利性”所提供的必要功能。对于网民来说，可以利用搜索引擎快速查到自己所需要的信息。

2. 电子邮件

电子邮件（electronic mail，简称E-mail，标志：@，也被大家昵称为“伊妹儿”）又称电子信箱，它是一种用电子手段提供信息交换的通信方式，是Internet应用最广的服务。通过网络的电子邮件系统，用户可以用非常低廉的价格（不管发送到哪里，都只需负担电话费和网费即可），以非常快速的方式（几秒钟之内可以发送到世界上任何你指定的目的地），与世界上任何一个角落的网络用户联系，这些电子邮件可以是文字、图像、声音等各种方式。同时，用户可以得到大量免费的新闻、专题邮件，并实现轻松的信息搜索。这是任何传统的方式也无法相比的。正是由于电子邮件的使用简易、投递迅速、收费低廉。易于保存、全球畅通无阻，使得电子邮件被广泛地应用，它使人们的交流方式得到了极大的改变。另外，电子邮件还可以进行一对多的邮件传递，同一邮件可以一次发送给许多人。最重要的是，电子邮件是整个网间网以至所有其他网络系统中直接面向人与人之间信息交流的系统，它的数据发送方和接收方都是人，所以极大地满足了大量存在的人与人通信的需求。

3. 网络电话

网络电话（IP，Internet Phone）按照信息产业部新的《电信业务分类目录》，实现PC TO PHONE，才是具有真正意义的IP电话。系统软件运用独特的编程技术，具有强大的IP寻址功能，可穿透一切私网和层层防火墙。无论你是在公司的局域网内，还是在学校或网吧的防火墙背后，均可使用网络电话，实现电脑—电脑的自如交流，无论身处何地，双方通话时完全免费；也可通过你的电脑拨打全国的固定电话和手机，和平时打电话完全一样，输入对方区号和电话号码即可，享受IP电话的最低资费标准。其语音清晰、流畅程度完全超越现有的IP电话。通信技术在进步，我们已经实现了固定电话拨打网络电话。你通话的对方电脑上已安装的在线uni电话客户端振铃声响，对方摘机，此时通话建立。

4. 网络传真

网络传真（Internet Facsimile）也称电子传真，英文称作efax，是传统电信线路（PSTN）与软交换技术（NGN）的融合，无须购买任何硬件（传真机、耗材）及软件的高科技传真通信产品。

网络传真是基于PSTN（电话交换网）和互联网络的传真存储转发，也称电子传真。它整合了电话网、智能网和互联网技术。原理是通过互联网将文件传送到传真服务器上，由服务器转换成传真机接收的通用图形格式后，再通过PSTN发送到全球各地的普通传真机或任何的电子传真号码上。

5. 网络新闻

网络新闻是突破传统的新闻传播概念，在视、听、感方面给受众全新的体验。它将无序化的新闻进行有序的整合，并且大大压缩了信息的厚度，让人们在最短的时间内获得最有效的新闻信息。网络新闻的发布可省去平面媒体的印刷、出版，电子媒体的信号传输、采集声音图像等。

6. 即时通信

即时通信（IM）是指能够即时发送和接收互联网消息等的业务。自1998年面世以来，特别是近几年的迅速发展，即时通信的功能日益丰富，逐渐集成了电子邮件、博客、音乐、电视、游戏和搜索等多种功能。即时通信不再是一个单纯的聊天工具，它已经发展成集交流、资讯、娱乐、搜索、电子商务、办公协作和企业客户服务等为一体的综合化信息平台。目前比较常用的即时通讯软件主要有QQ、微信等。

7. 博客

博客，又译为网络日志、部落格或部落阁等，是一种通常由个人管理、不定期张贴新的文章的网站。博客上的文章通常根据张贴时间，以倒序方式由新到旧排列。许多博客专注在特定的课题上提供评论或新闻，其他则被作为比较个人的日记。一个典型的博客结合了文字、图像、其他博客或网站的链接及其他与主题相关的媒体。能够让读者以互动的方式留下意见，是许多博客的重要要素。大部分的博客内容以文字为主，仍有一些博客专注在艺术、摄影、视频、音乐、播客等各种主题。博客是社会媒体网络的一部分。

8. 论坛

论坛又名网络论坛BBS，全称为Bulletin Board System（电子公告板）或者Bulletin Board Service（公告板服务），是Internet上的一种电子信息服务系统。它提供一块公共电子白板，每个用户都可以在上面书写，可发布信息或提出看法。它是一种交互性强，内容丰富而即时的Internet电子信息服务系统。用户在BBS站点上可以获得各种信息服务，发布信息，进行讨论，聊天等。

9. 网上购物

网上购物，就是通过互联网检索商品信息，并通过电子订购单发出购物请求，然后填上私人支票账号或信用卡的号码，厂商通过邮购的方式发货，或是通过快递公司送货上门。国内的网上购物，一般付款方式是款到发货（直接银行转账，在线汇款）。担保交易（淘宝支付宝，百度百付宝，腾讯财付通等的担保交易），货到付款等。

网上购物的途径有B2B平台，B2C平台以及独立的网络商城和团购网站等，目前国内购物比较多的B2B网站有阿里巴巴、ecvv、敦煌网、慧聪网等，C2C网站有淘宝网、百度有啊、腾讯拍拍、当当网等，商城有淘宝商城，京东商城等，M2C团购网站有58同城、拉手网、美团网等。S2C（Shop to Customer in city）网站有95百货商城、同城购物。无论是通过哪种方式实现网络购物，都需要在它们的网站上先注册一个账号，然后选购自己需要的商品，按照提示的操作流程操作即可。

10. 网络游戏

网络游戏：英文名称为Online Game，又称“在线游戏”，简称“网游”，指以互联网为传输媒介，以游戏运营商服务器和用户计算机为处理终端，以游戏客户端软件为信息交互窗口的旨在实现娱乐、休闲、交流和取得虚拟成就的具有可持续性的个体性多人在线游戏。网络游戏区别于传统单机游戏的是指玩家必须通过互联网连接来进行多人游戏。一般指由多名玩家通过计算机网络在虚拟的环境下对人物角色及场景按照一定的规则进行操作以达到娱乐和互动目的的游戏产品集合，而单机游戏模式多为人机对战。因此网络游戏的互动性更好，游戏玩家之间的沟通更顺畅。

11. 社交网站

社交网站，也叫社交网，英文全称Social Network Site。社会性网络（Social Networking）是指个人之间的关系网络，这种基于社会网络关系系统思想的网站就是社会性网络网站（SNS网站）。SNS的全称也可以是Social Networking Services，即社会性网络服务，专指旨在帮助人们建立社会性网络的互联网应用服务。也指社会现有已成熟普及的信息载体，如短信SMS服务。严格讲，国内SNS并非社会性网络服务，而是Social Network Sites（即社交网站）。以人人网（校内网）、开心网、白社会SNS平台为代表。

通过社交服务网站我们与朋友保持了更加直接的联系，建立大交际圈，其提供的寻找用户的工具帮助用户寻到失去了联络的朋友们。网站上通常有很多志趣相同并互相熟悉的用户群组。

随着网络技术的发展，网络沟通形式的数量也在不断增多，形式也更多样化。表7–1为《CNNIC第35次调查报告：中国互联网络发展状况统计》中各类网络应用使用率表。

表7–1 2013—2014年中国网民各类互联网应用的使用率

	2014 年		2013 年		
应用	用户规模（万）	网民使用率	用户规模（万）	网民使用率	全年增长率
即时通信	58776	90.6%	53215	86.2%	10.4%
搜索引擎	52223	80.5%	48966	79.3%	6.7%
网络新闻	51894	80.0%	49132	79.6%	5.6%
网络音乐	47807	73.7%	45312	73.4%	5.5%
网络视频	43298	66.7%	42820	69.3%	1.1%
网络游戏	36585	56.4%	33803	54.7%	8.2%
网络购物	36142	55.7%	30189	48.9%	19.7%
网上支付	30431	46.9%	26020	42.1%	17.0%
网络文学	29385	45.3%	27441	44.4%	7.1%
网上银行	28214	43.5%	25006	40.5%	12.8%
电子邮件	25178	38.8%	25921	42.0%	–2.9%
微博	24884	38.4%	28078	45.5%	–11.4%
旅行预订	22173	34.2%	18077	29.3%	22.7%
团购	17267	26.6%	14067	22.8%	22.7%
论坛 /bbs	12908	19.9%	12046	19.5%	7.2%
博客	10896	16.8%	8770	14.2%	24.2%
互联网理财	7849	12.1%	–	–	–

如今网络以其独特的优势影响着我们的生活，而我们也应以更理智的头脑来应用这种媒介进行沟通。

案例分析

案例一

云会议——足不出户搞定远程会议

最近，各大门户网站和IT数码类行业垂直网站页面上，“云计算”都成了关键词，甚至还有很多网站专门开辟出了云计算频道。云导航、云杀毒、云搜索……不知不觉，网络中的你我就已经被“云云”众生所包围，“云计算”渐渐融入每个网民的生活。

关于云计算，前Google中国区总裁李开复曾有过这样的比喻：最早人们只是把钱放在枕头底下，后来有了钱庄，很安全。现在发展到银行可以到任何一个网点取钱，甚至通过ATM或者国外的渠道。就像用电不需要家家装备发电机，直接从电力公司购买一样。 也就是说，云计算就像是银行或电厂，让我们随时随地在云端资源库中获得需要的服务。云计算确实影响着我们，并不断满足着我们的各种工作和生活需求。

商务人士几乎每天都有大把时间浪费在出差和开会的路上，“空中飞人”们都在为日复一日的奔波和为此付出的时间成本而扼腕叹息。如果有这样一种服务，能让人足不出户召开会议，在同一地点会见多个不同地区的客户，那一定是“飞人”们提高效率、改变命运的福音。

云计算似乎就是来拯救我们的，它抓住了我们的迫切需求，把问题一一攻破。基于云计算技术的“云会议”就这样诞生了，而且在短时间内，云计算在商务会议领域中的应用愈发成熟、广泛，越来越多的人开始享受云会议带来的便利。

目前，全球“云会议”的供应商既有思科WeBex、Citrix 这样广泛撒网的业界“大牌”，也有像全时一样专精于云会议领域的后起之秀。 而从用户体验的角度来讲，与在“云会议”领域浅尝辄止的大牌们相比，全时云会议更加便捷和亲民：不需要你购买昂贵的设备，不需要你寻找专门的IT技术支持，只要一台电话或者是电脑，不管是在公司、机场还是麦当劳，只要有网络、只要你有会议需求，全时云会议就能帮你和来自世界各地的合作伙伴召开会议。据悉，全时已经成功为世界500 强企业中的300多家提供“云会议”服务，并正在向更为庞大的中小企业市场进发。

现在看来，“云会议”结合视频、电话、网络、即时通信等远程会议形式，优越性不言而喻，正在渐渐取代传统会议形式。云计算的触角已经伸到了商务领域。

请大家结合这则案例谈谈网络给沟通带来了哪些变化？你认为这些变化是否都是有利的？你的沟通对网络的依赖度高吗？

案例二

网上超市——1号店

1号店开创了中国电子商务行业“网上超市”的先河。公司以确保高质量的商品能低成本、快速度、高效率地流通，让顾客充分享受全新的生活方式和实惠方便的购物体验。

“全力满足顾客需要，追求最完美的顾客体验”一直是1号店的核心经营理念。1号店为顾客提供了直观清晰的商品展示，最大程度模拟真实超市的购物体验，充分体现“逛”的乐趣。他们还为客户提供消费查询、购物工会等多种线上服务。1号店努力保持其商品的价格比线上和线下的商家都更具有竞争力，使得购物不仅不再受时间、地域的限制，还获得实惠。

自上线以来，1号店已经拥有用户100多万，上千个供应商，数百个品牌合作商，商品涉及食品饮料、美容护理、厨卫清洁、母婴玩具、电器、家居、营养保健、礼品卡等大类，480个小类，4万多种商品，志在为顾客提供生活用品的一站式网上购物服务。

请大家思考1号店的运作方式与传统超市有什么相同和不同？你认为1号店“网上超市”的优势在哪些方面？

任务二　网络沟通存在的问题和应对策略

任务目标

了解网络沟通中存在的问题，掌握网络应对策略，客观理性地看待网络沟通的利弊。

参考学时　1学时

引导活动　惊人的网络传输力

一位美国公司高管，他觉得员工太懒惰了，比如一上班就给自己冲咖啡，下午不到5点钟就下班。他就给全体员工发了份E-mail，邮件中说希望所有人7点钟到公司，8点钟开会，晚上5点前不能离开。这封E-mail被一个员工传到雅虎网站，引起了轩然大波，因为美国文化是很反对高压管理的。结果这个公司的股价跌了很多，这名高官也因此辞职。

请大家考虑一下这则案例给我们带来的是怎样的启示？

知识支撑

一、网络沟通存在的问题

尽管网络给人类沟通带来了诸多好处，但任何事物的出现对于人类来说犹如硬币的两面，弊端与优点共存。同样，网络沟通也存在诸多问题，需要我们正视和解决。

1. 沟通信息呈超负荷状态

网络的信息资源极其丰富，信息传递速度快，时效性强，不受时空限制，这些是网络沟通相较于传统沟通的优势。但是这种优势也使得网络时代中沟通信息呈现超负荷状态，沟通中的个体所接收到的信息量往往超过其所能吸收、处理和甄别的能力。

2. 网络安全诚信问题严峻

随着互联网的发展，尤其是商务类应用的快速发展，许多不法分子纷纷将牟利黑手伸向互联网，导致近年来网络安全威胁和诚信危机事件频发。虽然近年来政府不断加大对网络安全问题的集中治理力度，网络安全诚信问题有了明显的改善，但形势依旧严峻，问题仍不容忽视。据统计，2011年上半年遇到过病毒和木马攻击的网民达到2.17亿，比例为44.7%，有过账号或密码被盗经历的网民达到1.21亿人，占网民总数的24.9%，且较2010年年底增加了3.1个百分点。有8%的网民在网上遇到过消费欺诈，该群体网民规模达到3880万。

互联网安全专家表示，互联网安全诚信问题受到来自科技、社会、法制等多方面因素的制约，因此需要政府相关管理部门、互联网相关企业和全体网民共同行动起来，保证网络安全。

3. 沟通行为趋向单一化

网络使人们之间面对面交流的机会越来越少，沟通行为取向单一化，即人与人的沟通更多地依赖于网络。比如网络时代，口头沟通受到极大的限制。一些过去要面谈或打电话解决的事情现在要么上MSN、QQ敲几行字发送，要么利用电子邮件或电子公告板。逢年过节是中国人联络感情的好时机，而现在是电子贺卡代替了明信片，电子邮件代替了带有个人笔迹的书信，连买的礼品也可以网上订购并代你送货上门。我们知道，沟通传递的不只是客观信息，更是情感和意见。尽管网络非常发达，但它毕竟还是与人与人面对面的交流有所不同，话语信息讲完了，而情感的互动却如隔山打牛。沟通方式的单一化有时损失的不仅仅是情感，还有正义感、良知和公德心。

4. 纵向沟通弱化，横向沟通扩张

随着网络的发展，组织中呈现出纵向沟通为主向横向沟通为主的转变。当然，纵向沟通依然存在，只是相对弱化，横向沟通扩张开来。由于官僚体制的阻碍相对减少，在网络环境中横向沟通显得更加自由和顺畅。这种转变势必会导致组织结构发生变化，随之衍生的组织文化也会发生变化。这些变化有好的一面，也有坏的一面，那么怎样改进组织沟通思路，在新的数字化时代真正提高组织沟通效率就成为当前需要探讨和解决的重要问题。

小故事

世界著名的微软公司为我们创造了IT业界公司发展的“神话”故事，他们公司内部的沟通机制也同样为我们在网络时代提高沟通效率提供了典范。

微软公司的总裁比尔·盖茨坚持利用电子邮件来加强与员工和下属的联系，他每天上班的第一件事，就是检查电子邮箱。同时，公司内部的所有员工和下属通过电子邮件频繁地进行信息交流，一本新书、一篇好文章、一种创意、一丝灵感，都是员工和下属电子邮件传递的内容。他们形象地将这种沟通方式称为“东走西瞧”。

5. 网络降低了人与人之间的信任感

现在，我们都讲求诚信社会，但网络先天的虚拟性就决定了它不可避免的虚幻。面对

的是电脑，你讲你是什么人你就是，甚至连性别也可以选择。曾有人戏称，在网络上没人知道你是一条狗。所以很难想象，当沟通缺乏了信任这个基石，其交流的内容还有多少可以相信。网络的虚幻性所带来的一系列的社会问题，都是处于网络时代的我们不得不面对的。

由此我们可以看到，网络既不是人参果百利而无一害，也不是潘多拉魔盒全是灾难。网络在影响和改变着人类的沟通行为的同时，也给人类带来了许多需要我们认真分析和对待的问题。

二、网络沟通的策略

网络之于我们有利有弊，那在网络环境中进行沟通应该采取怎样的策略才能提高沟通效率呢？

1. 掌握收集、处理和发布信息的正确方法

在这个数字化的时代，网络提供了极其丰富的信息。对于浩如烟海的信息，我们只有学会并掌握收集、处理和发布信息的正确方法，才能甄别和挑选出切实有价值的信息，为我所用。比如了解各种搜索引擎的特点，掌握常用的信息查找方法及其特点，信息的分类等。

2. 在管理中加强面对面交流

随着网络的发展，管理者越来越依赖这些新技术传递信息，然而面对面的交流仍然是最重要的管理沟通方式。电子邮件也并不能代替上司与下属的直接交流，在直接交流中上司既可听到下属的声音、运用的语言，也可观察下属的面部表情等肢体动作，从而确保沟通的有效性与反馈的即时性。

3. 信息传递前深思熟虑

网络的快捷使得人们更加追求信息传递的速度，但同时也伴随有忽略信息传递的准确性的现象。在网络沟通中更应该在传递信息前深思熟虑，比如信息是否真实，证据是否确凿，是否合法，利用什么渠道传递更好，是否安全，应采取怎样的沟通风格和方式等沟通中的细节都应该考虑到，否则一旦不真实或不准确信息在网络中迅速传播开来，将带来极大的负面影响。

4. 技术新趋势，要多冷静思考

人们面临电子通信与网络交流的到来，误以为无纸化办公和无纸邮件将全面取代纸上交流。其实，新技术的出现，网络的发展，不会全面取代传统的沟通工具，但它们会全面渗透、融入现有的沟通中。面对这种情况，我们在沟通中要多思考，调整沟通状态以便不断适应合作伙伴、顾客、投资者和支持者等的不同的沟通习惯和交流方式。

5. 讲究网络沟通技巧，增强可信度

网络先天的虚拟性在很大程度上影响到了网络沟通的可信度。要想提高自身在网络环境中的可信度，需要特别注重一些网络沟通技巧。例如使用文明的网络用语，多用感叹词，多使用表情传达情感，注重与传统方式结合，借助多种媒体等技巧。

案例分析

案例一

网络暴力第一案：死亡博客案件

2007年年底，北京白领姜岩在其博客透露丈夫王菲外遇，并最终从24层跳楼自杀，其生前博客被网友称之为“死亡日记”并广泛传播。姜岩大学同学张乐奕开办网站为姜岩讨公道，大旗网制作专题、天涯社区刊登和转载了网民对此事进行评论的帖子。

在这些文章中，网民对姜岩丈夫王菲强烈谴责，导致其被迫离职。因不堪忍受舆论压力，王菲将张乐奕、大旗网及天涯社区告上朝阳法院，索赔13.5万元。

2008年12月18日，北京朝阳法院对由姜岩的死亡博客引发的“网络暴力第一案”进行宣判，确认王菲确实有婚外情行为，并当庭予以批评。同时法院认为，大旗网和北飞的候鸟网站构成侵权，各赔偿王菲3千元和5千元精神抚慰金，天涯社区不构成侵权。

请你针对此案例谈谈你的感受。

案例二

兜售“微信抢红包神器”诈骗

中新网广州2015年9月21日电：广州警方21日通报，警方日前打掉了一个以出售“微信抢红包神器”为幌子的诈骗团伙，抓获犯罪嫌疑人15名。该团伙至少涉案22宗，受害事主遍及全国各地，少则被骗几千元，多的被骗几万元不等，总涉案金额达30余万元。

这也是广州警方首次破获这种类型的诈骗案。

沐沐（化名）是在广东深圳工作的一名白领，她以8000元价格买下“神器”带回家充电72小时后，却发现并不能像卖家所说的那样可以使用。今年7月初，广州警方接到类似沐沐的受害者报警后，展开了侦查，逐步掌握到一家名为“天某电子”的公司涉嫌诈骗犯罪活动。

据警方介绍，该公司在互联网发布出售“微信抢红包神器”软件的信息，称该软件具有微信优先抢红包的功能（经鉴定无此功能）诱骗事主购买，将欲购买该软件的事主指引至广州市广园西路某商贸城七楼的“天某电子公司”内，采取先付款后看货的方式实施诈骗活动。所售商品往往开出几千到数万元的天价，在交易过程中视买家的经济接受能力而随机“打折”。

若事主发现被骗拒绝交易时，该公司人员随即用语言威胁事主以达到诈骗钱财的目的。而对顺利成交的事主，他们则以应付事主沐沐的手法，一步一步让事主落入他们早已设计好的圈套，最后以碎屏为由让事主自己承担损失，很多事主只好不了了之。

令广州警方大吃一惊的是，在搜查该公司时发现，除了所谓的“抢红包神器”，居然在仓库里还发现了大量的其他诈骗“神器”，如扑克牌感应器、麻将透视仪等各种各样的所谓“高科技”产品。

针对此案例谈谈网络沟通的虚拟化特点，并分析网络沟通的弊端，讨论如何合理利用网络，规避缺点。

任务三　网络沟通实用技巧

任务目标

了解并掌握网络沟通中某些实用技巧，提高网络沟通的水平和效率。

参考学时　2学时

引导活动　你会写邮件吗?

背景说明

王宇是一名大学生，他所在班级的班长想请他代表班级参加学院举办的演讲比赛，王宇之前确有参加演讲的经历，但这次因为种种原因不能参赛，请你替王宇写一封邮件发给班长。

活动要求

1. 教员要求每位学员都将自己写的邮件发送到指定的邮箱中。

2. 第二天以小组为单位进行此次邮件的评分，将学员所写邮件平均分配给每个小组，小组长组织讨论对邮件进行评分，如有问题，请注明。

3. 教师点评。

知识支撑

2014年，在移动互联网的推动下，个人互联网应用发展整体呈现上升态势。即时通信作为网民第一大网上应用，在高使用率水平的基础上继续攀升；微博、电子邮件等其他交流沟通类应用使用率持续走低；博客社交性退化，媒体功能凸显，使用率呈现回升态势；电子商务类应用依然保持快速发展，手机旅行预订应用表现突出。下面就来说说这些主流的网络沟通形式中的某些技巧。

一、即时通讯使用技巧

即时通讯（Instant Messenger，简称IM），是指能够即时发送和接收互联网消息等的业务。自1998年面世以来，即时通讯的功能日益丰富，如今即时通讯工具的种类越来越多，这种软件也不再是一个单纯的聊天工具，它已经发展成集交流、资讯、娱乐、搜索、电子商务、办公协作和企业客户服务等为一体的综合化信息平台，是一种终端连网即时通讯网络的服务。

目前即时通信是第一大网上应用，在网民中的使用率继续上升，达到90.6%。常见的及时通信软件有百度hi、QQ、微信、阿里旺旺、新浪UC、MSN、QQIM版、LiveUC、中国移动飞信、企业飞信等。

2014年，手机端即时通信使用也一直保持着稳步增长的趋势。截至2014年12月，手机即时通信使用率为91.2%，较2013年年底提升了5.1个百分点。手机即时通信由于其随身、随时、拥有社交属性和可以提供用户位置的特点，自身定位逐渐从以前单一的通信工具演变成支付、游戏、O2O等高附加值业务的用户入口，以其庞大的用户基数为其他服务提供了巨大的潜在商业价值。

在使用即时通讯软件进行沟通时应注意如下使用技巧：

（1）不随意泄露即时通讯的用户名和密码。

（2）谨慎使用未经认证的即时通讯插件。

（3）不要随便要求别人加你为好友，除非有正当理由。

（4）注意将好友进行分类整理。

（5）在别人状态为 Busy 的时候，不要打扰。

（6）不要随意给别人发送链接或者不加说明的链接。

（7）不要随意拉别人进入群聊。

（8）不要随意发送URL。随意发送URL 是一种很粗鲁的行为，属于强制推送内容给对方，而且容易让别人感染上病毒。

（9）为保证安全，使用完毕，及时退出。

（10）为保证工作高效率，群组分类也至关重要。工作群与聊天群应做类别划分。

（11）利用即时通讯软件谈工作，应注意表述简洁，清楚。

（12）信息量大的文件请使用共享文件的方式，进行传输。

二、电子邮件使用技巧

电子邮件（E-mail）是目前非常重要的一种网络沟通形式，商务人员也多采用这种方式进行商务沟通。但电子邮件的写作和使用也有很多技巧需要注意，否则可能会因为某些细节的处理存在问题而使得电子邮件的沟通效果大打折扣。

（一）关注邮件主题

主题是接收者了解邮件的第一信息，因此要提纲挈领，使用有意义的主题行，这样可以让收件人迅速了解邮件内容并判断其重要性。因此，对于邮件主题要注意以下几点：

（1）一定不要空白标题，这是最失礼的。

（2）标题要简单扼要，不宜冗长。

（3）标题要能真实反映文章的内容和重要性，切忌使用含义不清的标题，如“王先生收”。

（4）一封信尽可能只针对一个主题，不在一封信内谈及多件事情，即尽量做到一文一事。

（5）可适当用使用大写字母或特殊字符（如“* !”等）来突出标题，引起收件人注意，但应适度，特别是不要随便就用“紧急”之类的字眼。

（6）回复对方邮件时，可以根据回复内容需要适当更改标题。

（二）邮件内容的写作

1. 要恰当地称呼收件者

邮件的开头要称呼收件人。这既显得礼貌，也明确提醒某收件人，此邮件是面向他的，要求其给出必要的回应；在多个收件人的情况下可以称呼大家、ALL。此外称呼代表关系，所以应根据与对方的关系确定称谓，通常如果对方有职务，应按职务尊称对方，如“刘经理”；如果不清楚职务，则应按通常的“先生”“小姐”称呼，但要把性别先搞清楚。

2. E-mail 开头结尾最好要有问候语

最简单的开头写一个“Hi”，中文的写“你好”；结尾常见的写个Best Regards，中文的写个“祝您顺利”之类的也就可以了。

3. E-mail 正文要简明扼要，逻辑清晰，行文通顺

E-mail正文应简明扼要地说清楚事情；如果具体内容确实很多，正文应只作摘要介绍，然后单独写个文件作为附件进行详细描述。

正文行文应通顺，多用简单词汇和短句，准确清晰的表达，不要出现让人晦涩难懂的语句。最好不要让人家拉滚动条才能看完你的邮件。

4. 注意 E-mail 的论述语气，尽可能避免拼写错误和错别字

根据收件人与自己的熟络程度、等级关系；邮件是对内还是对外性质的不同，选择恰当的语气进行论述，以免引起对方不适。另外保证拼写正确，也是收件人的基本尊重。在邮件发送之前，务必自己仔细阅读一遍，检查行文是否通顺，拼写是否有错误。

5. 一次邮件交代完整信息

最好在一次邮件中把相关信息全部说清楚，说准确。不要过两分钟之后再发一封什么“补充”或者“更正”之类的邮件，这会让人很反感。

6. 合理提示重要信息

不要动不动就用大写字母、粗体斜体、颜色字体、加大字号等手段对一些信息进行提示。合理的提示是必要的，但过多的提示则会让人抓不住重点，影响阅读。

7. 合理利用图片、表格等形式来辅助阐述

对于很多带有技术介绍或讨论性质的邮件，单纯以文字形式很难描述清楚。如果配合图表加以阐述，收件人一定会表扬你的体贴。

8. 不要动不动使用笑脸字符，在商务信函里面这样显得比较轻佻

Business Email 不是你的情书，所以表情符号最好慎用。

（三）发送附件

（1）如果邮件带有附件，应在正文里面提示收件人查看附件。

（2）附件文件应按有意义的名字命名，不可用外星人才看懂的文件名。

（3）正文中应对附件内容做简要说明，特别是带有多个附件时。

（4）附件数目不宜超过4个，数目较多时应打包压缩成一个文件。

（5）如果附件是特殊格式文件，应在正文中说明打开方式，以免影响使用。

（6）如果附件过大（不宜超过2MB），应分割成几个小文件分别发送，

（四）结尾签名

每封邮件在结尾都应签名，这样对方可以清楚地知道发件人信息。虽然你的朋友可能从发件人中认出你，但不要为你的朋友设计这样的工作。

（1）签名信息不宜过多。电子邮件消息末尾加上签名档是必要的。签名档可包括姓名、职务、公司、电话、传真、地址等信息，但信息不宜行数过多，一般不超过4行。你只需将一些必要信息放在上面，对方如果需要更详细的信息，自然会与你联系。

引用一个短语作为你的签名的一部分是可行的，比如你的座右铭，或公司的宣传口号。

但是要分清收件人对象与场合，切记一定要得体。

（2）不要只用一个签名档。对内、对私、对熟悉的客户等群体的邮件往来，签名档应该进行简化。过于正式的签名档会让与对方显得疏远。你可以在OUTLOOK中设置多个签名档，灵活调用。

（3）签名档文字应选择与正文文字匹配，简体、繁体或英文，以免成出现乱码。字号一般应选择比正文字体小一些。

（五）其他

（1）不要随意转发电子邮件，尤其是不要随意转发带附件的电子邮件，除非你认为此邮件对于别人的确有价值。

在病毒泛滥的今天，除非附件是必需的，否则应该避免Word, PPT附件，多使用PDF。在正文中应当包含附件的简要介绍。邮件要使用纯文本或易于阅读的字体，不要使用花哨的装饰。

（2）如果不是工作需要，尽量避免群发邮件。

特别不要参与发连环信这种活动（把这条消息发送给10个好友之类）。群发邮件容易使得收件人的地址相互泄漏，因此最好使用邮件组或者暗送（Bcc）。两个人商量事情牵涉第三方时，应该将邮件抄送（CC）给第三方。

（3）在给不认识的人发送邮件时，请介绍一下自己的详细信息，要么在签名中注明自己的身份，没有人乐意和自己不明底细的人讨论问题。

（4）如果对方公布了自己的工作邮件，那么工作上的联系请不要发送到对方的私人信箱里去，没有人乐意在和朋友们联系的信箱中看到工作上的问题。

三、博客的使用技巧

自2002年起步，博客在中国已有近13年的历史。博客是一个内容发布平台，它的兴起源自人们自我表达的需求。截至2014年12月，我国博客用户规模为1.09亿，较2013年年底增加2126万，增长率为24.2% 。网民中的使用率为16.8%，比2013年年底增长了2.6个百分点。从社会传播的角度来看，它是一个社会化的草根媒体，让网民从信息的接受者变成信息的发布者和评选者。早期的博客，兼具自媒体属性和交互属性，是公众交流信息、展示自我的重要平台。随着社交媒体和社交网络的兴起，博客的交互属性逐渐被替代。如今博客的创作者主要是精英人群，创造的内容也趋于专业化，博客的阅读者则主要把博客当成获取信息的渠道来源。

在博客的使用上应注意如下事项：

（1）博文转载要事先征得博主同意，转载要注明出处。

（2）博客里面的文章不要涉及他人隐私或者故意揭露他人隐私。

（3）尊重原创，鼓励原创。

（4）用语文明，不说脏话，不随意抨击别人。

（5）发言要客观，不可断章取义。

（6）注意将诸多博文分门别类，有序整理。

（7）对于别人的友好留言，应积极回应，以示尊重。

（8）确立个人博客的主题，提升博客的价值感。

网络沟通形式很多，而且还处在增长状态。所以在此不一一进行论述，网络沟通虽与传统沟通有诸多不同之处，但亦须以诚为本，尊重为先，礼貌待人，讲求技巧。

案例分析

案例一

惊人的邮件

一个寒冷的冬天，美国明尼阿波利斯市有一对夫妇想去相对温暖的佛罗里达度周末。因为他们都有工作，在时间安排上无法一致，所以决定丈夫星期四先飞往佛罗里达，安顿下来后，妻子第二天到达。按照计划，丈夫在旅馆登记住宿后，用随身携带的手提电脑给妻子发了一封电子邮件。然而，他在填写收件人电子邮箱时，无意中漏写了一个字母。

几乎在同时，休斯敦的一个女人刚刚从丈夫的葬礼上回到家。她打开电脑，查阅电子邮件，想看看有没有亲朋发来的吊唁。她读完第一封新邮件，差点晕倒在地。她的儿子闻讯赶来，扶起母亲，然后看到电脑屏幕上有这样一些文字：

发件人：离开了你的丈夫

收件人：我亲爱的妻子

主题：我已经到了!

正文：我已经到了并登记住了下来。我安排好了一切，以迎接你明天的到来。我多想能早点与你见面呀。希望你将和我一样一路顺风。

另：这里的天气温暖宜人。

当你看到这封电子邮件时你是什么感觉？现在的我们早已习惯用电子邮件取代纸质的信件往来，通过上述案例，你觉得电子邮件这种新的网络沟通形式的使用需要注意些什么吗?

案例二

利用微信兜售假冒奢侈品，打击为何这么难?

利用微信平台疯狂兜售假冒奢侈品成为近期一些不法商家的“时尚”。专家认为，由于微信具有高度的隐私性和“一对N”精准朋友圈子的服务特性，对微信监管难度很大。因此，需要采取实名制措施对其加强管理，同时多部门联合打击，以此来规范市场秩序。

假冒奢侈品“傍”上微信

近段时间，网民“Chagall”在自己的微信上发现，朋友圈里突然冒出好多人在叫卖各类“奢侈品”，全部都是国际一线品牌，而价格仅为其国内官方报价的1~2折。

由腾讯控股有限公司推出的公共免费即时通讯平台微信，目前已经拥有超过5亿用户。由于微信交流具有高度的隐私性和“一对N”精准的朋友圈子服务特性，因此不少商家纷纷瞄准这一交流平台。

日前，一个名为“浪哥奢侈品直销店”网友主动将吉林长春市民孙奇加为微信好友。

在对方的微信相册中孙奇看到，千余款男女各类衣物、箱包、手表等商品，清一色是国际知名品牌，并明确标注为“高仿、原单”产品。

经过聊天，对方告知其所有商品“质量保你，跟真的一样”，于是孙奇选中一款手表，售价850元。

通过孙奇提供的聊天记录记者看到，对方表示：“店铺位于辽宁抚顺，而手表需要从香港或广州发货。”

随后，对方给孙奇发来一个账户名为“王蕾”的中国建设银行账号。

“当时我留了个心眼儿，询问其是否有淘宝或其他网店，打算通过第三方支付方式购买。”孙奇说，但对方明确表示只能通过银行转账汇款。

3天后，孙奇收到手表时发现，表的质量跟对方提供图片及描述情况完全不同，于是打算退货。

“对方明确表示不能退货，随后不再和我联系。”孙奇说，“此时我发现快递单上只留了一个电话号码，并无其他地址信息，只能认倒霉了。”

藏身微信“躲避”打击

长春市消费者协会秘书长钟萍表示：“随着国内淘宝等网站对假冒奢侈品打击力度的加大，一些不法商贩将生意转移到微信朋友圈上。”

在网友“若相惜”的微信朋友圈相册中记者看到，从今年 9 月起，几乎每天都上传几款奢侈品照片，目前已经有数百种。

“若相惜”告诉记者：“我销售的所有商品均为实物拍摄，保证商场专柜品质，并配备专柜相同包装，同时提供香港免税店发票及银联签购单。”

随后记者向其询问一款国内商场标价五千余元的知名品牌男鞋，对方表示“本店刚刚开张，特价仅为750元，并支持到专柜对比验货。”

据悉，目前微信朋友圈中所售商品价格普遍仅为国内商场正品价格的1～2折，一些正品店售价百万元以上的名表，微信上面售价甚至不到正品价格的0.01折。

国内奢侈品专家欧阳坤表示，可以肯定的是，这些所谓的“专柜品质、支持验货”的“奢侈品”，几乎都是仿冒产品。

而国内奢侈品代理商刘海波表示，尽管由于关税等原因，我国境内外奢侈品价格差较大，但境外代购奢侈品价格通常不应低于国内专柜价格的 6 折。“因此，对于价格过低的所谓奢侈品来说，其真实性值得怀疑。”

疯狂“假名牌”，打击这么难？

据悉，此前，重庆、安徽等地警方先后摧毁利用微信售假贩假窝点。

假冒奢侈品销售商戴锡庆告诉记者，对于那些收入不高、追求时尚又爱慕虚荣的年轻人来说，假冒奢侈品很有市场。“随着国内仿制工艺的进步，这些高仿品越来越能达到以假乱真的效果，有些假冒商品连业内专家都难以分辨。”他说。

对此，钟萍表示，生产、销售仿冒产品行为会严重扰乱市场秩序，引发市场混乱。“在生产领域，应当由技术监督部门进行查处；在流通领域，应当由工商部门按照相关规定进行查处。”她说。

“微信朋友圈中出现的经营行为几乎都属个人经营，没有正规经营资质，商品无法享受质保和相应保护。”钟萍说，“国家相关部门应当加大查处力度，不给假冒商品生产、销售提供生存空间。同时，消费者应当提高保护知识产权意识，尽量不给假冒商品提供市场。”

目前，微信好友一般是通过微信号、手机号、QQ号，或者扫描二维码添加，定向性很强，私人营销账号一般很难被人查找到。

欧阳坤表示，由于微信的特殊性，对其进行监管存在很大难度。有关部门应对微信实行实名制，同时多部门联动对微信售假行为进行打击。

对此，腾讯公司认为，目前微信主要采取机器过滤、内置安全机制和用户举报等相结合方式保障信息的合法性，同时，根据不同情况给予用户相应的安全提醒，杜绝非法信息传播。

腾讯公司表示，今后一旦发现某些账号存在违规行为，腾讯将视行为情节不同，给予不同程度的处理，严重时，将立即停用甚至封禁该账号。

请你针对上述案例中内容谈谈，你有没有遭遇过微信营销，对于微信营销你是怎么看的？

自我测评

职业沟通能力综合测评

请您根据自己的实际情况判断每一个问题，选出最接近的答案，画“√”。(限单选)

1. 你辛苦工作了一天，自以为对今天的工作相当满意，却不料你的上司还是大为不满，你怎么办？
   A. 不耐烦地听他抱怨，心中满是委屈，但不作声
   B. 拂袖而去，认为自己不应该接受这种委屈
   C. 找上司询问自己做得不好的地方，注意自己做得不够的地方，以后便改正
2. 你上司的上司邀请你共进午餐，回到办公室，你发现上司颇为好奇，此时你会（　　）。
   A. 告诉他详细内容
   B. 不透露蛛丝马迹
   C. 粗略描述，淡化内容的重要性
3. 你刚应聘到一家公司就任部门经理，上班不久，你了解到本来公司就有几个同事就想任你的职位，老板不同意，才招了你，对这几位同事你会（　　）。
   A. 主动认识他们，了解他们的长处，争取成为朋友
   B. 不理会这个问题，努力做好自己的工作
   C. 暗中打听他们，了解他们是否具有与你竞争的实力

4. 如果某位与你竞争最激烈的同事向你借一本经营管理畅销书，你会（　　）。
   A. 立即借给他
   B. 同意借给他，但声明此书无用
   C. 告诉他书遗忘在其他地方了
5. 有位下属对你说：“有件事我本不该告诉你的，但你有没有听到……”，你会说（　　）。
   A. 我不想听办公室的流言
   B. 跟公司有关的事我才有兴趣听
   C. 谢谢你告诉我怎么回事，让我知道详情
6. 在说明自己的重要观点时，别人却不想听你说，你会（　　）。
   A. 既然对方不想听，就不说了
   B. 等等看还有没有说的机会
   C. 想想对方不听自己的原因，换一个方式去说
7. 有位员工连续四次在周末向你要求他想提早下班，此时你会说（　　）。
   A. 我不能再容忍你早退了，你要顾及他人的想法
   B. 今天不行，下午4点要开会
   C. 你对我们相当重要，我需要你的帮助，特别是周末
8. 与不同身份的人讲话，你会（　　）。
   A. 对身份高的人说话，总是有点紧张
   B. 在不同的场合，会用不同的态度与之讲话
   C. 不管什么场合，都是一样的态度与之对话
9. 当有人与你交谈或对你讲解一些事情时，你是否时常觉得百无聊赖，很难聚精会神地听下去？（　　）
   A. 是
   B. 偶尔
   C. 否
10. 开会时，听众中某地位高于你的人士强烈抨击你的提案，你如何应付（　　）。
   A. 针锋相对，反戈一击
   B. 立即打退堂鼓，承认自己的提案中确实有不妥之处
   C. 保持冷静，尽可能在某些方面与他取得一致
11. 你正在和一个怒气冲天的客户通电话，这时候，你的老板突然过来了，你会（　　）。
   A. 立即把客户的电话转给一个关系很熟的同事，或者对客户允诺五分钟之后再打给他
   B. 太棒了，这是个好机会：我会立刻让老板知道，我每天的工作是多么有难度，要面对的都是些什么样的人
   C. 心里免不了七上八下起来，但在老板面前，我不能显示出我的弱点，一

定要保持冷静

12. 你在听别人讲话时，你总是会（　　）。
    A. 对别人的话表示兴趣，记住所讲的要点
    B. 对方老是讲些没必要的话，你会立即打断他
    C. 对方不知所云时，你就很烦躁，就去想或做别人的事
13. 如果一个人说话不清，但是你还必须听他的话，你将怎样回答他的问题才好？（　　）
    A. 重复他的问题，确认理解无误后再进行回答
    B. 听不明白，随便应付过去
    C. 不知所措，找其他人来帮忙
14. 当你和上司存在意见分歧时，你会（　　）。
    A. 我会设法使双方的分歧显得并没有那么重要
    B. 我会坚持我的意见
    C. 为了避免争议，我会保持沉默
15. 在会议中请大家提问时，一位提问者的问题显然表明他漏掉了你讲话中最重要的部分。你会（　　）。
    A. 为自己未将这个问题讲清楚而表示歉意
    B. 等他把话讲完，再把那部分内容重复一遍，解除他的疑虑
    C. 打断他的话，指出这个问题你已经解释过了，不过你乐意重复一遍
16. 你认为你的沟通能力是（　　）。
    A. 高
    B. 中
    C. 低

评分规则

根据下表将各题得分相加，统计总分。

选项/题号	A	B	C
1	1	0	2
2	2	0	1
3	2	1	0
4	2	1	0
5	0	1	2
6	0	1	2
7	0	1	2
8	1	2	0
9	0	1	2

续表

选项 / 题号	A	B	C
10	0	1	2
11	2	1	0
12	2	1	0
13	2	1	0
14	2	0	1
15	1	2	0
16	2	1	0

测评结果分析：

高（30~21分）：

你能根据沟通对象的特点调整沟通方式；表达清晰、有条理，信息量丰富；在沟通中讲究策略，善于接纳别人的观点，能理解别人的立场，有技巧地向他人提出建设性意见，温和而有说服力地说服他人；善于在不同意见之间周旋，往往能获得协调的、双方欣然接受而又满意的结果。你可以胜任如销售人员、客服与员等工作。良好的沟通能力对推进工作，加强同事之间的合作无疑是一大优点，但是同时，踏实、专注地做好每一件事情也是需要去关注的重要品质。

中（20~10分）：

你能在大多数场合中比较清楚地陈述自己的观点，注意到他人的反应，并据此给予反馈。你能认真地听他人发言，但是对于一些自己不感兴趣的话题，你并不会特别积极地发表观点或表达意见。在某些重要场合，与人产生分歧时，你可能会羞于表达真实意见。

低（0~9分）：

一般情况下你不太会主动与人进行沟通交流，并且在多数情况下可能都比较顾虑于表达自己的真实观点，在与他人意见相左时，你可能也难以有效地和他人通过讨论达成共识。一些对沟通能力要求相对较低、专注性要求较高的工作比较适合你，诸如要求在某一方面钻研下去的技术类工作可能与你的性格特征比较相符。无论进行何项工作，与人沟通工作内容、进展等都是必不可少的一部分，掌握一定的沟通技能，提升沟通的有效性是你目前需要解决的问题。

参 考 文 献

1. 武洪明，许湘岳. 职业沟通教程［M］. 北京：人民出版社，2011.
2. 宋文官. 电子商务概论［M］. 北京：高等教育出版社，2013.
3. 赵红瑾. 情绪管理与沟通能力提升［M］. 北京：中国时代经济出版社，2010.
4. 许湘岳，陈留彬. 职业素养教程［M］. 北京：人民出版社，2014.
5. 黄漫宇. 商务沟通［M］. 北京：机械工业出版社，2007.
6. 李晓. 沟通技巧［M］. 北京：航空工业出版社，2006.
7. 魏江. 管理沟通——理念与技能［M］. 北京：科学出版社，2001.
8. 王建民. 管理沟通理论与实务［M］. 北京：中国人民大学出版社，2005.
9. 胡巍. 管理沟通［M］. 济南：山东人民出版社，2004.
10. 康青. 管理沟通教程［M］. 上海：立信会计出版社，2003.
11. 曾仕强，刘君政. 人际关系与沟通［M］. 北京：清华大学出版社，2004.
12. 王一飞. 这样做人社交受欢迎［M］. 天津：天津科学技术出版社，2010.
13. 林善玉. 你是沟通高手吗［M］. 延边：延边大学出版社，2004.
14. 檀文茹，郝杰. 沟通和项目管理［M］. 北京：中国人民大学出版社，2002.
15. 陈永亮. 团队执行力［M］. 北京：北京大学出版社，2009.
16. 海羽. 团队向前冲［M］. 北京：中国工商联合出版社，2005.
17. 陆建军，成杰. 团队精神［M］. 北京：中国工商联合出版社，2010.
18. 王宏. 电话销售人员超级口才训练［M］. 北京：人民邮电出版社，2010.
19. 舒冰冰. 电话销售实战案例精选［M］. 北京：机械工业出版社，2011.
20. ［美］迈克尔·J. 温. 教你如何与客户沟通. 凌华倍译［M］. 北京：中国商务出版社，2003.
21. 李建军，俞慧霞. 与客户有效沟通的N个技巧［M］. 北京：中国纺织出版社，2006.
22. 王景山，范银萍. 商务谈判［M］. 北京：北京理工大学出版社，2007.
23. 李爽. 商务谈判［M］. 北京：清华大学出版社，2007.
24. 金正昆. 商务礼仪教程［M］. 北京：中国人民大学出版社，2009.
25. 黄琳. 商务礼仪（第2版）［M］. 北京：机械工业出版社，2011.
26. 周三多，陈传明，鲁明泓. 管理学——原理与方法［M］. 上海：复旦大学出版社，2006.
27. 中国互联网络信息中心. CNNIC第35次调查报告——个人互联网应用状况，2014.
28. 雅琴. 小故事 大道理［M］. 北京：海潮出版社，2004.